FIORENTINO, Stefano
Lezioni di Diritto Tributario. Parte Generale
Napoli: Edizioni Scientifiche Italiane, 2020
pp. 284; 24 cm
ISBN 978-88-495-4378-0

80121 Napoli, via Chiatamone 7

Internet: www.edizioniesi.it
E-mail: info@edizioniesi.it

Stefano Fiorentino
Professore Ordinario di Diritto Tributario
nell'Università degli Studi di Napoli Parthenope

LEZIONI DI DIRITTO TRIBUTARIO

Parte Generale

Seconda edizione

Edizioni Scientifiche Italiane

Indice

Parte prima
Fondamenti e principi del diritto tributario

 ISBN 978-88-495-4378-0

ISBN 978-88-495-4378-0

Capitolo 7
I soggetti passivi tributari

Capitolo 8
L'interpretazione della norma tributaria

Capitolo 9
Interpretazione, evasione fiscale e abuso

 ISBN 978-88-495-4378-0

Capitolo 10

Interpretazione dell'Amministrazione finanziaria e tutela dell'affidamento

Parte seconda

L'«autoliquidazione» dei tributi

Capitolo 11

La dichiarazione tributaria e gli altri obblighi di tipo formale

Capitolo 12

L'adempimento spontaneo del tributo

ISBN 978-88-495-4378-0

Capitolo 13
Crediti d'imposta del contribuente e rimborso del tributo

Parte terza
L'attività amministrativa di controllo in materia tributaria

Capitolo 14
L'attività amministrativa di controllo (e di collaborazione) in materia tributaria

Capitolo 15
L'attività amministrativa di ricerca e acquisizione di dati e notizie ai fini fiscali (i c.dd. poteri istruttori)

 ISBN 978-88-495-4378-0

Capitolo 16
L'attività amministrativa di accertamento e liquidazione dei tributi: profili generali

Capitolo 17
I poteri di controllo fiscale di tipo automatizzato o formale

Capitolo 18
I poteri di controllo fiscale di tipo accertativo: tipologia generale

ISBN 978-88-495-4378-0

Capitolo 19
Metodi e modalità generali di accertamento del tributo

Capitolo 20
Tipologie particolari di accertamento del tributo

Capitolo 21
Poteri di controllo fiscale ed irrogazione delle sanzioni amministrative tributarie

 ISBN 978-88-495-4378-0

Capitolo 22
Illeciti tributari e sanzioni penali: cenni

Capitolo 23
Poteri di controllo ed applicazione di misure cautelari a garanzia del credito erariale

Capitolo 24
Gli istituti di «definizione» dei procedimenti tributari di controllo

ISBN 978-88-495-4378-0

Capitolo 25
Poteri di controllo fiscale e riscossione tributaria da inadempimento

Capitolo 26
Il processo tributario: cenni

 ISBN 978-88-495-4378-0

ISBN 978-88-495-4378-0

Capitolo 1

Introduzione allo studio del Diritto Tributario

Sommario: 1. Autonomia e specialità del diritto tributario. – 2. Il diritto tributario quale diritto multidisciplinare di secondo livello: unitarietà dell'ordinamento e specialità del diritto tributario

1. Autonomia e specialità del diritto tributario. – Lo studio del Diritto Tributario quale «autonoma materia giuridica», profilo dibattuto lungamente in Italia, è da anni «legittimato» dall'esistenza di un proprio settore scientifico disciplinare.

Autonomia del Diritto Tributario dalla Scienza delle Finanze

L'epilogo di questo percorso, sostanzialmente avviato negli anni '30, è relativamente recente. Ed infatti, ancora negli anni '70, erano ampiamente diffuse cattedre di Scienza delle Finanze e Diritto Finanziario, per lo più appannaggio di economisti.

Il senso di questa tormentata e, per certi versi, recente autonomia, non va peraltro ricercato in una disputa tra studiosi, in cui un manipolo di «giuristi» ha alla fine prevalso, affermando il diritto alla propria autonoma esistenza nell'Accademia delle Scienze Giuridiche. Né tantomeno alla giovane età del prelievo tributario, al contrario di più che millenaria origine (è più che eloquente, in tal senso, la famosa frase contenuta nei Vangeli ove Gesù ribadisce: «*Date a Cesare quel che è di Cesare e a Dio quello che è di Dio*», ove gli obblighi dovuti a Cesare erano appunto quelli tributari).

L'autonomia (solo recente) del diritto tributario, dunque, non è certamente dovuta alla novità o minore importanza delle questioni da esso regolamentate, ma va piuttosto ricercata nella difficoltà di ricondurre, anche tali norme, ai **principi** ed ai **vincoli** di una interpretazione rigorosamente «**giuridica**».

Il profilo economico del tributo e gli interessi pubblici ad esso correlati, cioè, si ritenevano prevalenti, non solo nella prospettiva degli studi economici sull'imposizione, ma anche nella applicazione concreta delle norme tributarie, prima ancora che nello studio universitario di esse.

 ISBN 978-88-495-4378-0

Da ciò si sviluppò quindi l'idea, oggi anch'essa superata, di una **interpretazione economica** e «funzionale» delle norme tributarie, nel senso di una normativa da applicare con metodo libero dai principi «giuridici» di interpretazione e, sostanzialmente, «piegata» alle logiche economiche del tributo.

Senza negare l'importanza degli interessi economici e pubblici che la norma tributaria, ovviamente, tuttora reca in sé, può affermarsi peraltro che l'evoluzione verso la piena giuridicità delle norme tributarie è essenzialmente dovuta ad imprescindibili ragioni di certezza del diritto e di coerenza dell'ordinamento giuridico generale, esigenze oggi non più discutibili.

Può dirsi quindi oramai acquisita, in ragione delle elaborazioni compiute da dottrina e giurisprudenza (anche costituzionale), la riconduzione delle norme tributarie nell'alveo della piena «giuridicità» e, quindi, la loro collocazione nell'ordinamento giuridico generale.

Finalità economica e specialità giuridica del diritto tributario

L'appartenenza delle norme tributarie all'ordinamento giuridico generale, tuttavia, non fa venir meno ogni legame di esse con l'anima economica del tributo. Oggi, come ieri, infatti, la norma tributaria, come già detto, riflette la propria essenziale finalità economico/pubblicistica.

Gli effetti di una tale peculiarità sono intuitivamente percepibili anche ad un approccio superficiale. Basti pensare, infatti, da un lato, alla rilevanza politica, economica e sociale che accompagna l'istituzione e la modifica delle norme tributarie, dall'altro agli immediati e fondamentali riflessi di esse sulla finanza pubblica. Non è un caso, dunque, che per le leggi tributarie l'art. 75 della Costituzione vieti espressamente il *referendum* abrogativo.

Il perseguimento dello scopo economico del tributo, dunque, ad opinione di chi scrive, merita ancora oggi di essere realizzato favorendo una sostanziale primarietà degli studi economici nella progettazione della **tipologia astratta** di tributo e dei suoi effetti potenziali sul piano della politica economica.

Ciò, peraltro, dovrà avvenire favorendo al contempo una prevalenza di studi giuridici (tributari) nella **definizione concreta** del medesimo tributo, così da garantire all'applicazione della norma tributaria una ragionevole collocazione nel sistema ordinamentale generale, nell'ambito cioè di principi e regole giuridiche di interpretazione che in esso devono trovare una complessiva coerenza e compatibilità.

Lo scopo economico del tributo, quindi, ove necessario, potrà certamente determinare una **«specialità giuridica»** del diritto tributario;

ISBN 978-88-495-4378-0

ma ciò dovrà avvenire senza abbandonare, anche per tali norme, un rigoroso metodo giuridico di interpretazione nonché un'adeguata organizzazione di tipo sistematico, nell'ambito di una peculiare, ma purtuttavia inevitabilmente razionale, collocazione di esse nell'**ordinamento giuridico generale**.

Si è accennato al percorso di autonomia del Diritto Tributario dalla Scienza delle Finanze. È utile però soffermarsi anche sui profili di progressivo distacco dal Diritto Amministrativo. Anche in questo caso, infatti, la conoscenza del modo con cui si è sviluppata una tale autonomia è utile allo studio del diritto tributario ed alla comprensione di esso.

Autonomia dal diritto amministrativo

Da un punto di vista generale, il diritto tributario è tradizionalmente inquadrato quale materia appartenente all' «area giuridico-pubblicistica» e, storicamente, quale ramo del diritto amministrativo.

Tant'è che i primi giuristi a cui si deve uno studio sistematico e scientificamente autonomo del diritto tributario sono stati, innegabilmente, studiosi di diritto amministrativo o processualcivilisti. Ciò è avvenuto in una fase storica, come già accennato, in cui si stava affermando la natura «giuridica» della materia tributaria, affrancando gli istituti e l'applicazione delle norme tributarie da uno studio prevalentemente economico.

Le norme tributarie procedimentali così come quelle processuali, infatti, più delle altre si offrivano ad una sistematizzazione giuridica senza soffrire il peso eccessivo della finalità economica del tributo. In questo senso, gli studi sul procedimento amministrativo di imposizione e quelli sul processo tributario, hanno indubbiamente «guidato» la fuoriuscita dei criteri di applicazione delle norme tributarie dalla prospettiva economica; ciò ha consentito la progressiva stabilizzazione della materia tributaria secondo i canoni di un metodo giuridico.

I fondamentali meriti scientifici della dottrina che ha avviato un tale percorso, peraltro, hanno prodotto conseguenze che, per certi versi, hanno travalicato gli obiettivi iniziali. Lo studio delle norme sul procedimento amministrativo di imposizione e quelle sul processo tributario, c.dd. norme tributarie formali, infatti, hanno talvolta assunto un ruolo eccessivamente predominante nella sistematica giuridica del diritto tributario.

Le norme tributarie formali

Ciò è avvenuto, in particolare, ponendo al centro dell'elaborazione concettuale della materia la potestà d'imposizione, intesa quale finalità pubblico-amministrativa di reperimento delle entrate tributarie.

 ISBN 978-88-495-4378-0

In tal senso, il rapporto giuridico tributario continuerebbe a collocarsi concettualmente all'interno del diritto amministrativo, nell'ambito cioè di quella materia giuridica che regola le funzioni degli organi pubblici volte a realizzare una specifica finalità, che, nel diritto tributario, è appunto rappresentata dal conseguimento delle entrate tributarie.

Oggi, però, che l'obiettivo di autonomia giuridica del diritto tributario può dirsi storicamente raggiunto e non più discutibile, è doveroso riaffermare il senso profondo che giustifica una tale autonomia, in primo luogo sul piano dell'applicazione delle norme tributarie, nonché, di riflesso, su quello scientifico e didattico. Ed esso va ricercato, primariamente, nei **fondamenti giuridici dell'imposizione,** così come essi sono attualmente concepiti.

Autonomia del diritto tributario e concorso alle spese pubbliche

L'autonomia del diritto tributario risiede, a ben vedere, nella peculiarità di un settore dell'ordinamento la cui produzione normativa è permeata da una assorbente e caratterizzante finalità di fondo: **l'attuazione concreta del dovere di concorrere alle spese pubbliche**. Questa è la prospettiva costituzionalmente orientata in cui risiede il fondamento del rapporto tributario e, solo quale mera strumentalità ad essa, si pone la potestà d'imposizione (dello Stato) ed ancora più a valle l'azione dell'Amministrazione finanziaria; quest'ultima, peraltro, coerentemente espressione di un potere amministrativo «vincolato», essenzialmente rivolto, cioè, al «mero» controllo di un corretto assolvimento, da parte dei contribuenti, della fattispecie legale del tributo.

È la peculiarità delle regole che esprimono le scelte ed i limiti per la realizzazione di un tale fondamentale scopo, quindi, che delimitano e giustificano l'autonomia di studio e di insegnamento del diritto tributario.

Ma se ciò è vero, il senso primario di una tale autonomia risiede indubbiamente nei principi che fanno da sistema alla istituzione e regolamentazione degli aspetti soggettivi ed oggettivi del tributo, e quindi alle c.dd. **norme tributarie sostanziali o impositrici**, prima ancora che in quelli sul procedimento di imposizione e sul processo tributario.

2. Il diritto tributario quale diritto multidisciplinare di secondo livello: unitarietà dell'ordinamento e specialità del diritto tributario. – Sono state accennate le ragioni che hanno condotto all'autonomia scientifica e didattica del diritto tributario. Si è anche detto che l'affermazione del metodo giuridico nello studio e nell'applica-

ISBN 978-88-495-4378-0

zione delle norme tributarie, deve convivere con la intrinseca finalità economica del tributo, connotato di **«specialità giuridica»** della materia o, più precisamente, di alcuni profili di essa.

Va ora ricordato che, accanto alle cennate caratteristiche, alla disciplina tributaria è associato un tratto di spiccata interdisciplinarietà. Il senso dell'affermazione è abitualmente riferito ad un utilizzo diffuso, nella tecnica di redazione delle norme tributarie, di istituti e nozioni propri di altri settori dell'ordinamento.

Interdisciplinarietà del diritto tributario

Il rapporto tra diritto tributario e regole esterne merita peraltro una precisazione.

In primo luogo, vanno considerati i rapporti tra il diritto tributario ed il diritto amministrativo, come già detto, connotati, anche in chiave storica, in un senso ben preciso e di progressivo distacco del primo dal secondo.

Rapporti con il diritto amministrativo

Un tale aspetto è stato affermato per ribadire i fondamenti costituzionali e l'autonomia sostanziale del diritto tributario; non può essere negato, tuttavia, che le norme del procedimento di imposizione rappresentano un *corpus* normativo concettualmente affine al diritto amministrativo.

La tipologia delle **norme procedimentali tributarie**, cioè, in quanto inerente alle regole di azione di una pubblica amministrazione, è certamente ascrivibile al profilo di studio del diritto amministrativo; lo stesso dicasi per i riferimenti sistematici che hanno dato luogo alla produzione originaria di tali norme, anch'essi a suo tempo essenzialmente mutuati dal diritto amministrativo generale.

Se ciò è indubbiamente vero, va anche detto, peraltro, che la successiva produzione delle norme tributarie procedimentali si è caratterizzata per una progressiva tendenza alla **«completezza e specializzazione»**.

La disciplina del procedimento tributario, cioè, è oggi interamente recata da specifiche norme che, se pure tipologicamente qualificabili quali norme di diritto amministrativo, si sono progressivamente specializzate per attuare la peculiare dinamica del procedimento d'imposizione; tant'è che oggi, in concreto, paiono a tutti gli effetti riconducibili ad un **micro sistema (tendenzialmente) chiuso**.

Le norme procedimentali tributarie quali microsistema chiuso

È dunque all'interno del diritto (amministrativo) tributario che vanno individuati i principi ed i riferimenti sistematici utili a risolvere le correlate questioni di interpretazione delle norme procedimentali tributarie. In concreto, cioè, al di là dell'affinità tipologica e concettuale, non vi è attualmente particolare spazio, in ambito tribu-

 ISBN 978-88-495-4378-0

tario, per l'applicazione di specifici istituti o regole del diritto amministrativo generale, pure ove sussistano esigenze di integrazione della normativa tributaria.

Come già accennato, infatti, la normativa tributaria, almeno per ciò che concerne i tributi statali, disciplina in **modo completo il procedimento di imposizione**, senza rinviare agli istituti del diritto amministrativo generale.

In taluni casi, è addirittura la medesima legislazione generale sul procedimento amministrativo che **«autoesclude»** la propria applicabilità nei confronti dei procedimenti (amministrativi) tributari. Basti pensare, ad esempio, agli articoli 13 e 20 della l. n. 241/90, ove è espressamente stabilita l'inapplicabilità, ai procedimenti tributari, delle disposizioni ivi recate in tema di partecipazione al procedimento amministrativo e diritto di accesso.

Il percorso di progressiva specializzazione delle norme procedimentali tributarie è attualmente così avanzato che si dubita persino della perdurante utilizzabilità, nel procedimento tributario, dei principi generalissimi del diritto amministrativo; a tal fine, infatti, anche la giurisprudenza reputa oggi preferibile riferirsi alle disposizioni generali recate dalla l. n. 212 del 2000 (c.d. Statuto dei diritti del contribuente), oppure, ove rilevanti, ai principi dell'ordinamento europeo (si veda ad es. il principio del contraddittorio endoprocedimentale, ovvero quello di proporzionalità).

Rapporti con il diritto processuale civile

Anche in ambito processuale, ferma l'esistenza di una propria disciplina recante l'organizzazione del giudice speciale tributario e del processo tributario, ampi sono i rinvii della disciplina tributaria alle norme ed ai principi del diritto processuale civile.

Rapporti con il diritto privato e commerciale

Riguardo, infine, alla disciplina **tributaria c.d. sostanziale**, la produzione normativa si caratterizza per un uso, ampio, mutevole e variegato, della tecnica del rinvio a nozioni ed istituti propri di altri settori dell'ordinamento, in particolare ritratti dal diritto privato e commerciale. Le norme tributarie sostanziali, sempre nell'ambito della propria finalità di definizione del tributo, mutuano altresì nozioni e concetti propri della contabilità aziendale.

Rapporti con le discipline contabili

Rapporti con il diritto penale

Il carattere interdisciplinare delle norme tributarie può essere colto anche nella **disciplina sanzionatoria**. Al di là, in particolare, delle norme tributarie recanti sanzioni di tipo penale, ovviamente riconducibili alle regole ed ai principi vigenti in tale ambito, una simile ispirazione (di tipo penalistico), è ravvisabile anche in quelle norme tributarie che prevedono sanzioni di tipo amministrativo.

ISBN 978-88-495-4378-0

Tutto quanto sinora esposto nel presente paragrafo, conduce ad un triplice ordine di considerazioni.

In primo luogo, in ragione della spiccata e complessa interdisciplinarietà richiesta dallo studio delle norme tributarie, è opportuno che esso sia preceduto, quantomeno, da una adeguata conoscenza delle discipline giuridiche (e contabili) di base, con particolare riferimento all'area privatistica.

In secondo luogo, assodata la riconduzione delle norme tributarie ad un metodo giuridico, nonché l'esigenza di una preliminare acquisizione di conoscenze ritratte da altre discipline giuridiche, si è reputato di poter evitare una descrizione, di tipo istituzionale, di quei principi generali già ritraibili dallo studio di altre materie giuridiche (es. disciplina generale delle fonti normative e loro gerarchia, criteri generali di interpretazione della legge e del contratto, ecc.).

La conoscenza delle nozioni di base proprie del metodo giuridico, si considera quindi come già acquisita ai fini dell'esposizione contenuta nel presente manuale; ed è seguendo un tale approccio che la seguente descrizione degli istituti tributari si sofferma solo sugli aspetti, inerenti a tali nozioni di base, specificamente e peculiarmente implicati dallo studio del diritto tributario.

Il terzo ordine di considerazioni, impone invece l'affermazione di una scelta di fondo sul tema delle c.dd. **«qualificazioni tributarie»**.

Qualificazioni tributarie e «specialità» del diritto tributario

Può affermarsi sin d'ora, in termini generali che, ove la normativa tributaria utilizza concetti e nozioni propri di altri rami dell'ordinamento, gli stessi concetti e nozioni si applicano, anche nell'ordinamento tributario, in maniera **uniforme** al modo in cui sono applicati nel settore di provenienza. Ciò in aderenza ad un'esigenza di unitarietà e coerenza dell'ordinamento generale.

Una tale uniformità di applicazione verrà meno, tuttavia, **ove l'esigenza di realizzare in modo coerente l'imposizione tributaria ne imponga un'applicazione «speciale» e funzionalizzata alle esigenze proprie del settore fiscale.**

 ISBN 978-88-495-4378-0

Capitolo 2
I fondamenti giuridici del tributo

Sommario: 1. Il dovere di concorrere alle spese pubbliche nell'art. 53 della Costituzione. – 2. L'adesione all'Unione Europea quale ulteriore fondamento giuridico di imposizione tributaria. – 3. I lineamenti costituzionali del concorso alle spese pubbliche quali tratti fondanti della nozione di tributo sul piano giuridico. – 4. L'imposta e le altre entrate tributarie «in senso lato»

1. Il dovere di concorrere alle spese pubbliche nell'art. 53 della Costituzione. – L'art. 53 della Costituzione, al primo comma, così stabilisce: «*Tutti sono tenuti a concorrere alle spese pubbliche in ragione della loro capacità contributiva*».

Un tale assunto, trascurando per ora il riferimento alla capacità contributiva (su cui *infra*, cap. 3), costituisce il primario e più generale **fondamento giuridico** dell'imposizione tributaria e, al tempo stesso, un pilastro su cui poggia la Repubblica Italiana.

L'adempimento del dovere di concorrere alle spese pubbliche, infatti, è direttamente riconducibile all'art. 2 della Costituzione, essendo espressione di uno dei doveri «inderogabili» di solidarietà politica, economica e sociale, ivi previsti.

Il concorso alle spese pubbliche come dovere di solidarietà economica e sociale

Se il concorso alle spese pubbliche va inteso essenzialmente quale espressione di **solidarietà** (economica e sociale), ciò esclude, tendenzialmente, che la misura di partecipazione a tale concorso si possa definire in termini commutativi.

Il dovere del singolo di concorrere alle spese pubbliche, così come delineato nella Costituzione, non dipende cioè, in senso corrispettivo, dalla qualità e quantità dei servizi o vantaggi che costui riceve dallo Stato.

Il carattere **solidaristico** che la Costituzione ha impresso al dovere di concorrere alle spese pubbliche, può ravvisarsi anche nel secondo comma dell'art. 53, ove è ribadito che «*Il sistema tributario è informato a criteri di progressività*».

Un prelievo tributario che complessivamente deve tendere alla **pro-**

 ISBN 978-88-495-4378-0

gressività, infatti, perseguendo un ideale di contribuzione alle spese pubbliche ripartito in modo più che proporzionale rispetto alla dimensione della ricchezza, sottende indubbiamente una finalità solidaristica e redistributiva.

Universalità e coattività del concorso quali espressioni della sovranità dello Stato

Il concorso alle spese pubbliche è altresì sancito nell'art. 53 in termini di generica universalità. La parola «tutti» (sono tenuti), sta dunque ad intendere una vocazione del dovere di concorrere alle spese pubbliche idealmente e coattivamente estesa ad ogni soggetto cui è ragionevolmente riferibile l'esistenza dello Stato e la sovranità di esso.

2. L'adesione all'Unione Europea quale ulteriore fondamento giuridico di imposizione tributaria. – Dal 1 dicembre 2009 è in vigore il Trattato di Lisbona, che modifica il Trattato sull'Unione europea ed il Trattato che istituisce la Comunità europea.

Come è noto l'Unione europea e, prima ancora, la Comunità europea, nasce essenzialmente per garantire l'attuazione di un mercato comune, concorrenziale e libero da discriminazioni.

Il riparto di competenze tra Stati membri e Unione europea

È in questa prospettiva, dunque, che gli Stati aderenti hanno devoluto una parte delle proprie competenze (sovranità) alla Comunità e poi all'Unione, affinché essa possa assicurare il perseguimento della proprie finalità istituzionali. In tal senso, tra l'altro, i rapporti tra ordinamenti giuridici degli Stati membri e ordinamento europeo sono efficacemente descritti in termini di **riparto di competenze** per materia, piuttosto che in senso strettamente gerarchico.

Non può essere negato, tuttavia, che con l'entrata in vigore del Trattato di Lisbona, le finalità pubbliche enunciate, almeno negli obiettivi programmatici dell'Unione europea, sono certamente più ampie e non limitate al mero funzionamento del mercato comune.

Unione europea e principi tributari

Nonostante le tendenze in atto, a tutt'oggi non sono peraltro ravvisabili disposizioni europee sui fondamenti dell'imposizione tributaria, come tali disciplinanti i principi inerenti al concorso alle spese pubbliche nell'Unione europea. Anche nell'ambito della più recente regolamentazione del Trattato di funzionamento dell'Unione europea (TFUE), infatti, le disposizioni in materia fiscale (cfr. artt. 110 e seg. del TFUE) hanno conservato i tratti e le finalità originarie, privilegiando gli aspetti volti a **garantire il corretto funzionamento del mercato comune**. La disciplina europea, dunque, quando si occupa dei tributi, lo fa ancora, essenzialmente, nell'ambito del proprio originale e limitato obiettivo: assicurare il mercato comune e garantire che il prelievo tributario non ostacoli libertà e concorrenza al suo in-

ISBN 978-88-495-4378-0

terno. Per tale ragione, tra l'altro, la devoluzione di competenza a favore dell'Unione europea in ambito fiscale, privilegia i tributi sulla produzione e circolazione di beni e servizi (c.dd. imposte indirette), preoccupandosi primariamente di evitare che tali prelievi fiscali alterino il funzionamento libero e concorrenziale del mercato comune europeo.

La «sovranità» fiscale europea, quindi, pure se indubbiamente fondamentale per l'istituzione e definizione concreta di alcuni tributi [cfr. essenzialmente dazi doganali, imposta sul valore aggiunto e imposte di fabbricazione (c.dd. accise)], incide in senso ancora troppo marginale sulla definizione generale dei principi inerenti ai fondamenti dell'imposizione tributaria ed al concorso alle spese pubbliche.

Ancora oggi, dunque, può dirsi che, su tali aspetti generalissimi, le indicazioni specificamente ricavabili dal TFUE per la materia tributaria, si limitano solo a precludere modalità di imposizione contrastanti con il corretto funzionamento del mercato comune (rispondono a tale logica il principio di non discriminazione, quello che garantisce la libertà di circolazione e di stabilimento, il divieto di aiuti di Stato, ecc.).

Ciò nondimeno, pur mancando ancora un tale auspicabile intervento del legislatore europeo sui fondamenti generali dell'imposizione, l'integrazione nell'Unione ha prodotto innegabili ed importanti riflessi contribuendo a definire, per altri versi, alcuni **principi fondamentali** e di portata generale anche per la materia tributaria.

Il principio di proporzionalità

Basti pensare, tra i più rilevanti, al principio di **proporzionalità** dell'azione amministrativa (Corte giust., 12 novembre 1996, C-84/94, *Regno Unito c. Consiglio*), che vieta una compressione della sfera privata eccessiva ed irragionevole rispetto allo scopo pubblico perseguito (art. 5 del Trattato sull'Unione europea); ovvero al principio del **contraddittorio** endoprocedimentale (art. 41 della Carta dei diritti fondamentali dell'Unione europea), che impone la necessità, per l'amministrazione, di comunicare al destinatario l'imminente adozione di un atto amministrativo lesivo nei suoi confronti, al fine di ascoltare preventivamente le ragioni di quest'ultimo (Corte giust., 18 dicembre 2008, C-349/07, *Sopropé*).

Il principio del contraddittorio procedimentale

I principi suindicati, infatti, sono oggi applicabili ai procedimenti amministrativi tributari: il primo in modo netto ed indiscutibile; il secondo, quale fondamentale linea di evoluzione e tendenza dell'ordinamento tributario nazionale.

 ISBN 978-88-495-4378-0

3. I lineamenti costituzionali del concorso alle spese pubbliche quali tratti fondanti della nozione di tributo sul piano giuridico. – Se possono essere agevolmente individuati i fondamenti giuridici nel dovere di concorrere alle spese pubbliche e, con essi, una legittimazione costituzionale all'imposizione tributaria, **non** è peraltro ravvisabile, nell'ordinamento, una **nozione giuridica generale di tributo** i cui tratti siano puntualmente e univocamente definiti in una legge.

Assenza di una nozione legislativa di tributo

Non può dirsi, in primo luogo, che sia di ausilio alla definizione della nozione di tributo quanto stabilito nell'art. 23 Cost., ove si afferma che nessuna prestazione personale o patrimoniale può essere imposta se non in base alla legge.

Al di là dell'indubbio rilievo che tale disposizione costituzionale assume per la materia tributaria, come si vedrà *infra* al cap. 4, è però certo che essa non definisce il tributo. La categoria delle prestazioni patrimoniali imposte di cui all'art. 23, infatti, comprende certamente al suo interno i tributi, ma il medesimo art. 23 Cost. non è di alcun ausilio per la **definizione della nozione** di tributo.

Né è utile a tal fine neppure l'art. 2, d.lgs. 546/92 contenente la disciplina del contenzioso tributario, che attribuisce alla giurisdizione esclusiva delle Commissioni tributarie le controversie aventi ad oggetto «*i tributi di ogni genere e specie comunque denominati*».

Anche in questo caso la norma, utilizzando le espressioni «*...tributi di ogni genere e specie comunque denominati*» sottende solo la volontà di fare riferimento, per la giurisdizione tributaria, ad una nozione ampia di tributo, ma non contribuisce in alcun modo a definire una tale nozione.

Né tantomeno è utile, a tale scopo, l'art. 75 Cost., che, come già ricordato, vieta il *referendum* abrogativo per le «leggi tributarie», senza tuttavia precisare, in alcun modo, la nozione di tributo cui riferire il medesimo divieto.

Come si è visto, indicazioni sulla nozione generale di tributo mancano anche nella disciplina europea, priva, come già detto, anche di principi e indicazioni generali sul riparto delle spese pubbliche tra i cittadini europei.

La nozione di tributo, quindi, deve essere delineata **in assenza di indicazioni legislative espressamente utili a tal fine**.

La mancanza di una nozione normativa legislativa, seppure ha contribuito ad alimentare alcune incertezze applicative (in particolare nell'ambito della finanza locale), ha al contempo consentito un maggiore spazio all'elaborazione della dottrina e della giurisprudenza.

ISBN 978-88-495-4378-0

Nell'ambito di tali elaborazioni, sono state valorizzate diverse prospettive della nozione di tributo, tutte utili nell'ambito della propria specifica finalità.

Quella che si ritiene di privilegiare ai fini della presente esposizione, peraltro, è quella più idonea a favorire la **definizione di tributo** quale **istituto giuridico**.

Ciò detto, si reputa di poter escludere sin da subito l'utilità di favorire il consolidamento di una nozione di tributo in ossequio alle finalità espresse dall'art. 23 Cost.; la categoria delle prestazioni patrimoniali imposte, infatti, oltre che, almeno in parte, storicamente ridimensionata, essendo tuttora eccessivamente ampia e quindi inevitabilmente generica, appare poco idonea rispetto allo scopo di precisare il tributo sul piano giuridico-istituzionale.

Le medesime ragioni valgono anche per gli articoli 75 e 81 della Cost., che, pur nominando i tributi, perseguono in effetti finalità fortemente peculiari di gestione della finanza pubblica, rivelandosi anch'essi inidonei ad una definizione strettamente giuridica di tributo.

A ben vedere, anche l'art. 2, d.lgs. 546/92, che pure, dopo le ultime modifiche, ha rivitalizzato l'interesse della dottrina sul tema inerente alla nozione di tributo, non è utile allo scopo prefissato.

Questo perché, come già rilevato, non appare oggi utile né tantomeno coerente sul piano concettuale, stabilire un istituto fondamentale dell'intera disciplina tributaria sostanziale, quale indubbiamente è la nozione di tributo, prendendo le mosse dalle norme processuali così come da quelle procedimentali.

Ad analoghe conclusioni pare ispirata pure la giurisprudenza più recente della Corte costituzionale, laddove ha affermato che non è la riconducibilità alla giurisdizione tributaria che può definire un'entrata quale tributo, ma piuttosto è vero il contrario: solo un'entrata che abbia natura tributaria, in concreto e sul piano sostanziale, potrà essere legittimamente rimessa alla giurisdizione definita dall'art. 2 d.lgs. 546/92 (in proposito, *ex multis*, si veda la sentenza della Corte cost. n. 64 del 10 marzo 2008, che ha enunciato l'illegittimità costituzionale dell'art. 2 in parola, comma 2, nella parte in cui prevede che «*appartengono alla giurisdizione tributaria anche le controversie relative alla debenza del canone per l'occupazione di spazi e aree pubbliche*», proprio in virtù del riconoscimento della natura non tributaria di tale entrata).

In altre parole, è la **nozione sostanziale di tributo** che determina la giurisdizione tributaria e non viceversa.

 ISBN 978-88-495-4378-0

Una volta chiarito che l'elaborazione utile a definire il tributo quale istituto giuridico deve prendere le mosse dai fondamenti della disciplina sostanziale della materia tributaria, ne deriva che tale nozione, inevitabilmente, **è incentrata sull'art. 53 Cost.**

Definizione di tributo incentrata sull'art. 53 Cost.

Gli orientamenti della dottrina e della giurisprudenza (essenzialmente della Corte costituzionale), ispirati all'art. 53 della Costituzione, hanno nel tempo delineato alcuni profili generalissimi del tributo, progressivamente stabilizzatisi nel loro significato giuridico e quindi utili a caratterizzare il tributo sul piano istituzionale.

In tale percorso di elaborazione della nozione di tributo quale istituto giuridico, dovrà altresì tenersi necessariamente conto delle indicazioni ricavabili, sia pure indirettamente, dall'integrazione europea.

Ciò detto, va altresì ulteriormente affermato che si reputa concettualmente preferibile un'elaborazione della nozione di tributo che consenta di consolidare l'identità e la sistematicità giuridica della materia tributaria, così da favorire un'applicazione più uniforme dei principi ad essa sottesi.

Tale profilo sembra privilegiato nell'orientamento più recente della Corte costituzionale, che, in tal senso, ha negato che il *nomen* attribuito dal legislatore sia decisivo per la riconduzione, o meno, di un'entrata nel novero dei tributi; a tal fine, è invece rilevante la presenza o l'assenza, in concreto, dei contenuti che caratterizzano il tributo (in proposito si consideri quanto affermato dalla Corte cost. nella sent. n. 238 del 24 luglio 2009 ove ha riconosciuto la natura tributaria alla TIA 1).

La norma cardine di un tale processo di elaborazione sui tratti generalissimi del tributo, come già detto, va in ogni caso individuata **nell'art. 53 della Costituzione**; se ciò è vero, l'affermazione in termini ampi e **solidaristici** del dovere di concorrere alle spese pubbliche, esprime il primario e fondante profilo della nozione di tributo.

Il dovere di concorso alle spese pubbliche quale tratto fondante della nozione di tributo

Pur essendo evidente che il tributo è, generalmente, finalizzato a procurare entrate allo Stato (ed agli altri enti pubblici), va invece negato che un tale scopo, attualmente, possa essere inteso quale requisito necessario ed imprescindibile per la definizione giuridica di tributo.

A tal fine è sufficiente ricordare il crescente rilievo, anche europeo, dei tributi ambientali, essenzialmente e principalmente orientati a disincentivare determinate condotte per finalità appunto ambientali, piuttosto che a procurare un'entrata all'ente impositore.

Ciò premesso, possono oggi definirsi consolidati i seguenti aspetti caratterizzanti, sul piano giuridico, la nozione di tributo:

I profili caratterizzanti del tributo

a) in primo luogo, esso consiste in una prestazione patrimoniale

ISBN 978-88-495-4378-0

strutturata quale **obbligazione di pagamento,** tendenzialmente **di tipo pecuniario.** È peraltro concettualmente compatibile con la nozione di tributo che l'adempimento dell'obbligazione tributaria, solo ove specificamente previsto dalla legge, possa avvenire con mezzi diversi dal denaro.

Il tributo quale obbligazione di pagamento

b) In secondo luogo, il tributo esprime una pretesa richiesta coattivamente ed a titolo definitivo, senza che assuma rilievo giuridico una specifica volontarietà del soggetto obbligato al pagamento; la **coattività** della pretesa tributaria è il tratto distintivo più marcato delle entrate tributarie rispetto a quelle di tipo privatistico; la **definitività** del versamento, invece, le distingue dai prestiti forzosi.

Coattività e definitività

c) L'obbligazione di pagamento del tributo trova poi il suo essenziale tratto distintivo nell'essere causalmente correlata all'adempimento, solidaristico, del dovere di concorso alle spese pubbliche di cui all'art. 53; ed è, quindi, solo in tale specifico senso che essa esprime la sovranità dello Stato. Sul piano dei profili generalissimi che caratterizzano la nozione di tributo, non è invece necessario, come già detto, che l'entrata tributaria risponda, sempre e primariamente, alla finalità concreta di procurare un'entrata allo Stato; è infatti compatibile con la nozione di tributo che lo scopo «particolare» del prelievo sia in concreto principalmente riconducibile alla volontà pubblica di disincentivare determinati comportamenti (es. tributi ambientali) ovvero finalizzata a determinati obiettivi (es. tributi di scopo). È quindi sufficiente, per confermare la riconduzione alla nozione generale di tributo, che la destinazione del gettito sia riferibile al finanziamento dello Stato e degli altri enti pubblici, sempreché, però, **l'adempimento della prestazione** coattivamente richiesta agli obbligati sia **causalmente riconducibile all'attuazione del dovere di concorso alle spese pubbliche**.

La funzionalità al concorso alle spese pubbliche

d) È altresì oramai acquisito che l'esercizio di sovranità con cui è attuato il concorso debba avvenire non solo in modo solidaristico e redistributivo, ma pure imprescindibilmente **ragionevole sul piano economico**; da ciò discende la necessità di una coerente correlazione dell'obbligazione tributaria con **un fatto economicamente rilevante**.

Ragionevolezza economica del tributo e sua coerenza interna

Definiti i tratti essenziali del tributo, non va tuttavia dimenticato che essi, in assenza di una nozione stabilita legislativamente, sono emersi nell'ambito del dibattito dottrinario e giurisprudenziale volto a distinguere il tributo da altre entrate, in ragione di concrete e diversificate esigenze [es. al fine di definire l'ambito della giurisdizione del giudice speciale tributario, ovvero i confini del referendum abro-

 ISBN 978-88-495-4378-0

gativo, ovvero l'applicazione dell'imposta sul valore aggiunto (Iva), dovuta sulle prestazioni di tipo corrispettivo ma non su quelle di natura tributaria]. In tal senso, riepilogare anche **ciò che il tributo non è**, oltre a rispondere al reale consolidamento casistico della nozione sinora delineata, è concettualmente utile per precisare meglio i contorni della medesima nozione di tributo.

La definizione del tributo «in negativo»: non sono tributi...

Si è già detto che la coattività dell'entrata tributaria esclude che **entrate privatistiche** possano definirsi tributi, così come la definitività della medesima consente di negare che prelievi riconducibili a prestiti, sia pure coattivamente richiesti dallo Stato (c.dd. **prestiti forzosi**), siano ricompresi nella nozione di tributo.

... le entrate di tipo privatistico, i prestiti forzosi...

L'entrata tributaria è inoltre concettualmente distinta, sul piano giuridico, da un'entrata pecuniaria o ablativa **di tipo sanzionatorio**.

... le prestazioni di tipo sanzionatorio...

Per confermare quanto detto è sufficiente ricordare che la sanzione è fondata, inevitabilmente, sulla riconducibilità ad un soggetto (trasgressore) di un evento giuridicamente definibile in termini di «illecito». In altre parole, l'esistenza di un «fatto» illecito e la conseguente natura afflittiva o risarcitoria della prestazione richiesta (coattivamente) a titolo sanzionatorio per reprimere il compimento di un tale fatto, consentono di escludere la medesima dal novero dei tributi. Da un lato, infatti, la sanzione esprime un proprio, tipico, requisito causale, essendo appunto la prestazione sanzionatoria imprescindibilmente fondata sulla volontà/necessità ordinamentale di reprimere un illecito. Dall'altro, conseguentemente, può dirsi che se l'adempimento della sanzione deve trovare la propria imprescindibile e intima ragionevolezza, anche sul piano dei principi (es. imputabilità e colpevolezza) nella repressione di un illecito, allora essa non può dirsi causalmente riconducibile all'adempimento del dovere solidaristico di concorrere alle spese pubbliche, neppure in senso lato. Quanto affermato rimane concettualmente vero anche se, dopo che la sanzione è irrogata e riscossa, il relativo gettito è utilizzato, in concreto, per finanziare lo Stato e gli altri enti pubblici.

Conclusivamente, la sanzione non è un tributo in quanto l'adempimento della prestazione sanzionatoria non è causalmente riconducibile all'adempimento del dovere di concorrere alle spese pubbliche, tratto imprescindibile e omologante, anche sul piano dei principi, della nozione di tributo.

Sempre in punto di definizione «in negativo» del tributo, è da escludere la natura tributaria dei **contributi previdenziali ed assistenziali**, anche se una tale affermazione non è affatto pacifica, tant'è

... i contributi previdenziali e assistenziali...

ISBN 978-88-495-4378-0

che gli stessi sono abitualmente riferiti all'area della **«parafiscalità»**, se non della fiscalità in senso stretto.

In effetti, evitando approfondimenti sul complesso e controverso inquadramento dei contributi in questione già sul piano lavoristico, la non riconducibilità alla nozione di tributo sembra preferibile; ciò in quanto, pur condividendo molte caratteristiche dell'entrata tributaria così come definita, non può dirsi che il gettito degli stessi sia destinato al finanziamento dello Stato e di altri enti pubblici nel senso precedentemente definito; né, in particolare, che l'adempimento di tali prestazioni sia riconducibile al dovere di concorso alle spese pubbliche; ciò in quanto l'adempimento di tali prestazioni, infatti, appare piuttosto rivolto, almeno primariamente, ad assolvere in termini sostanzialmente commutativi specifiche esigenze previdenziali ed assistenziali ed è nell'ambito di tali principi che esse devono trovare coerente collocazione e ragionevolezza.

Ovviamente una tale conclusione, se pure concettualmente preferibile, non intende negare la sussistenza di profili in cui l'obbligazione contributiva perde questo nesso di commutatività e, ferma la sua coattività, si caratterizza in chiave solidaristica e secondo canoni molto vicini alla prestazione tributaria in senso stretto.

4. L'imposta e le altre entrate tributarie «in senso lato». – Una volta delineati i tratti della nozione giuridica di tributo, è necessario verificare le diverse ipotesi specifiche che, sul piano della classificazione, sono tradizionalmente ricondotte all'interno della nozione generale di tributo.

La classificazione tradizionale dei tributi

Esse sono, storicamente, l'**imposta**, la **tassa**, il **contributo (o tributo speciale)** e il **monopolio fiscale**; può dirsi sin d'ora, peraltro, che l'importanza di una tale classificazione è oggi fortemente ridimensionata, sul piano del diritto tributario.

In via preliminare può essere affermato che, trattandosi di una classificazione interna alla nozione di tributo, ciascun prelievo specifico che si vuole definire come tributario, dovrebbe coerentemente avere tutti i requisiti già definiti come essenziali per integrare appunto la medesima nozione generale di tributo.

L'imposta quale ipotesi principale e assorbente di tributo

Quanto detto può certamente affermarsi per l'**imposta**. Essa, tra l'altro, rappresenta la quasi totalità del gettito tributario attuale ed è il tributo attorno al quale è pressoché interamente incentrata l'elaborazione giuridica dei principi e degli istituti inerenti alla materia tributaria.

 ISBN 978-88-495-4378-0

La nozione giuridica di imposta, dunque, comprende tutti i tratti essenziali già indicati per la nozione di tributo, ai quali si aggiunge il requisito della **capacità contributiva** (su cui *infra* cap. 3).

Ma, come anticipato, la classificazione tradizionale affianca all'imposta anche altre entrate tributarie specifiche, distinte dalla medesima imposta.

La distinzione «tradizionale» tra imposte e tasse

In primo luogo, è utile verificare la distinzione «tradizionale» tra **imposte** e **tasse**.

Essa è storicamente fondata sulle elaborazioni economiche del tributo e risiede nella diversa finalità del gettito ritraibile dalle due tipologie di prelievi. L'imposta, infatti, si caratterizzerebbe quale entrata tributaria destinata a finanziare i servizi pubblici indivisibili (quali ad es., la difesa dello Stato e dei suoi cittadini, ecc.), mentre la tassa rappresenterebbe il tributo destinato a finanziare i servizi individualmente riferibili e ripartibili «paracommutativamente» tra i singoli consociati (ad es. i servizi scolastici, i servizi per il rilascio di concessioni amministrative, ecc.).

Si è già detto, però, che, ferma la destinazione del gettito del tributo al finanziamento delle spese pubbliche, non assume rilievo la destinazione concreta di esso ed il fine particolare del prelievo, per la qualificazione giuridica di un'entrata come tributo. Di talché, esclusa la rilevanza di un tale requisito per definire la nozione generale di tributo sul piano giuridico, ne deriva, per stretta necessità logica, l'inevitabile irrilevanza del medesimo requisito per stabilire classificazioni, di tipo giuridico, interne al medesimo concetto di tributo.

A conferma di quanto detto, può essere osservato che è attualmente prevista, pacificamente, la possibilità per i Comuni e le Province di introdurre un'imposta di scopo (entrata introdotta dalla legge n. 296/2006, c.d. finanziaria per il 2007), specificamente finalizzata cioè al finanziamento di un'opera pubblica (nel caso dei Comuni) o per particolari scopi istituzionali (nel caso delle Province), così da favorire il giudizio della collettività sulla programmazione e sull'impiego delle risorse derivanti dal prelievo tributario (essenzialmente di tipo locale); in tale ipotesi è evidente che i benefici dell'attività pubblica potranno considerarsi tendenzialmente «divisibili» tra i cittadini beneficiari, ma ciò nonostante il tributo di scopo potrà assumere la natura di imposta.

Irrilevanza giuridica di una distinzione fondata sul finanziamento dei servizi indivisibili e divisibili

Non ha dunque rilievo, attualmente, la distinzione tra **indivisibilità o divisibilità del servizio pubblico** per classificare il tributo sottostante, sul piano giuridico, quale imposta ovvero quale tassa.

ISBN 978-88-495-4378-0

Ovviamente quanto appena affermato è strettamente riferibile ad una sistematica di tipo giuridico del tributo e non intende affatto negare l'utilità di una tale distinzione nella prospettiva della scienza economica.

Nell'ambito di una classificazione giuridica delle varie ipotesi di tributo, quindi, anche per la tassa, dovranno essere ravvisabili, in concreto, tutti i requisiti definiti essenziali per l'integrazione della nozione generale di tributo.

La **tassa,** tuttavia, si caratterizzerebbe, da un lato, per la presenza di un ulteriore requisito, consistente nella specifica riferibilità, al soggetto obbligato, **di un servizio o di un'attività pubblica** (si pensi alle tasse per il rilascio di concessioni governative). Dall'altro, per l'assenza del requisito di capacità contributiva, caratterizzante invece l'imposta. La tassa

Nell'ambito delle varie elaborazioni, si è chiarito ancora che, ferma una **correlazione di un servizio pubblico al soggetto passivo** obbligato al pagamento della tassa, non è richiesto che il servizio procuri necessariamente un vantaggio per l'obbligato, né che il medesimo servizio sia da questi richiesto (si pensi alle tasse giudiziarie che gravano sui soggetti condannati in un processo penale).

Se però risulti assente una correlazione del servizio pubblico con l'obbligato, il prelievo coattivamente richiesto con la tassa, come affermato dalla giurisprudenza della Corte cost., dovrà considerarsi privo di legittimità costituzionale.

Ciò a meno che il medesimo prelievo, pur se denominato come tassa, sia da qualificare in concreto come imposta e, quindi, ritragga la sua specifica ragionevolezza non dalla correlazione con un determinato servizio pubblico quanto piuttosto dal principio di capacità contributiva. Una tale riqualificazione è tra l'altro molto frequente, dato l'utilizzo spesso impreciso della nomenclatura legislativa.

È da escludere, invece, come già detto, per l'entrata propriamente definibile come tassa, secondo l'orientamento costante della Corte costituzionale, la sussistenza del requisito di capacità contributiva (Corte cost., sent. n. 30 del 2 aprile 1964; n. 91 del 18 maggio 1972).

Il necessario rispetto del requisito generale di coattività della prestazione tributaria esclude, inoltre, che il pagamento della tassa possa configurarsi in termini negoziali o sinallagmatici. Ove ciò dovesse in concreto ravvisarsi, al di là del *nomen* utilizzato, l'entrata sarebbe da ricondurre nell'ambito dell'area privatistica e dei suoi principi (come affermato dalla Corte costituzionale per talune ipotesi di entrate locali).

 ISBN 978-88-495-4378-0

Ferma dunque la necessaria coattività della tassa, va detto però che per tale ipotesi questo requisito tende ad attenuare la sua incisività. Ed infatti, la specifica riferibilità del servizio pubblico all'obbligato e la tendenziale correlazione dell'obbligo di pagamento al costo del medesimo servizio pubblico induce a definire un tale assetto in termini **paracommutativi**. In questo senso, la tassa rappresenta un'ipotesi contigua alle entrate di tipo privatistico.

In ragione delle accennate caratteristiche, è sicuramente problematica la qualificazione giuridica della tassa come tributo «in senso stretto». Non può dirsi, infatti, che un tale prelievo contribuisca a consolidare, in termini unitari e sistematici, i principi della materia tributaria, laddove per esso, oltre all'assenza del fondamentale principio di capacità contributiva, sembra vacillare lo stesso approccio solidaristico del concorso alle spese pubbliche, già inteso quale primario fondamento dell'imposizione tributaria.

Si reputa quindi preferibile, sul piano dell'inquadramento e della sistematica giuridica, considerare le tasse quali entrate tributarie «in senso lato», come tali poco rilevanti nell'elaborazione dei principi del diritto tributario.

È bene chiarire, tuttavia, che le conclusioni appena esposte sono riferibili alla nozione concettuale e tradizionale di «tassa», così come sviluppatasi nel dibattito nazionale, e non certo a tutte le ipotesi di prelievo concretamente denominate «tasse», non solo nel linguaggio comune, ma anche nella stessa normativa tributaria. Anzi, può aggiungersi che l'utilizzo del termine «tassa» è diffusamente utilizzato come un mero sinonimo di imposta, o di tributo, anche nella nomenclatura internazionale di tipo anglosassone, privo cioè di ogni caratterizzazione specifica, in termini paracommutativi, così come descritta in precedenza [basti pensare al tributo europeo sul valore aggiunto, (Iva – Imposta sul valore aggiunto – nella normativa italiana, che è invece definito Vat – *Value added tax* – nella terminologia di tipo anglosassone)].

Quanto affermato per la tassa, con particolare riferimento alla difficoltà di considerare tale prelievo un tributo in senso stretto, può essere variamente ribadito, con ancora maggiore persuasività, per le ulteriori ipotesi tradizionalmente ricondotte all'interno della classificazione dei tributi.

Il contributo

Il **contributo** (o tributo speciale) è spesso definito quale ipotesi intermedia tra l'imposta e la tassa. In particolare, esso si caratterizzerebbe, da un lato, per l'esistenza di un servizio pubblico riferibile

ISBN 978-88-495-4378-0

all'obbligato, dall'altro, per l'apprezzamento di uno specifico e peculiare vantaggio di costui rispetto alla collettività in generale (si pensi, ad. es. ai proprietari di appartamenti insistenti su aree oggetto di attività di bonifica).

A tal proposito, evitando eccessivi approfondimenti casistici, vista anche l'assoluta marginalità di queste ipotesi, si reputa preferibile l'approccio volto ad escludere, per esse, l'esistenza di una specifica e autonoma categoria giuridica di tributo. Le entrate in questione, quindi, andranno classificate caso per caso, in ragione della specifica regolamentazione vigente, potendo in taluni casi risultare assimilabili a vere e proprie imposte, ovvero ad ipotesi di tasse, se non addirittura ad entrate di tipo privatistico.

Il monopolio fiscale

Una simile conclusione, ma in termini ancora più netti, può essere affermata per il **monopolio fiscale**. Un tale istituto, per il quale è del tutto assente il requisito della coattività sul piano formale, rappresenterebbe, secondo taluni, un'ipotesi di tributo in quanto la presenza di una riserva monopolistica nell'erogazione di beni e servizi essenziali, consentirebbe allo Stato di fissare il prezzo del bene o del servizio in misura superiore a quello che sarebbe stato fissato in condizioni di libera concorrenza. In tal modo, l'eccedenza del prezzo pagato in ragione del regime di monopolio, unitamente all'essenzialità del bene o servizio erogato, renderebbero di tipo sostanzialmente tributario la prestazione di pagamento, pure se richiesta formalmente secondo schemi negoziali di tipo privatistico e sinallagmatico.

In primo luogo, si deve rilevare la recessività, all'attualità, di ipotesi di monopolio fiscale, in ragione dell'adesione all'Unione europea ed alla conseguente necessità di garantire l'attuazione libera e concorrenziale del mercato comune.

Ma, in modo più netto, una tale figura non appare compatibile, né tantomeno utile, con la finalità di elaborazione di principi giuridici comuni attorno ai quali consolidare sistematicamente l'ordinamento tributario, essendo palesemente priva delle caratteristiche giuridiche già attribuite alla nozione di tributo.

Per tale ragione si reputa preferibile negare la riconducibilità del monopolio fiscale alla nozione giuridica di tributo.

Nel concludere il paragrafo sulla classificazione dei tributi, è dunque confermata l'assoluta centralità dell'imposta ed è con riferimento a tale nozione che è essenzialmente sviluppata la successiva articolazione di principi ed istituti del diritto tributario.

 ISBN 978-88-495-4378-0

Capitolo 3

La capacità contributiva quale parametro di ragionevolezza e coerenza del tributo e del sistema tributario

Sommario: 1. Il principio di capacità contributiva nella sua evoluzione storica: il carattere «programmatico» e la «presunta» inidoneità ad esprimere un parametro giuridicamente apprezzabile. – 2. La capacità contributiva quale principio cogente: l'effettività della capacità economica. – 3. *Segue.* L'attualità della capacità economica quale limite all'applicazione retroattiva del tributo. – 4. Applicabilità di tale principio alle sole imposte e non alle tasse. – 5. La capacità contributiva quale attitudine soggettiva e personale a concorrere alle spese pubbliche, espressiva di un «limite assoluto» del legislatore. – 6. Evoluzione attuale del principio di capacità contributiva in termini meno stringenti, quale «limite relativo» all'imposizione. – 7. *Segue.* La capacità contributiva quale «limite relativo»: parametro «oggettivo» di ragionevolezza delle scelte legislative, nonché di coerenza «interna» ed «esterna» del tributo.

1. Il principio di capacità contributiva nella sua evoluzione storica: il carattere «programmatico» e la «presunta» inidoneità ad esprimere un parametro giuridicamente apprezzabile. – Il dovere di concorrere alle spese pubbliche sancito nell'art. 53 della Costituzione rappresenta, come già detto, il **primario fondamento giuridico dell'imposizione tributaria**. La disposizione costituzionale in questione, peraltro, nel disporre che «*tutti sono tenuti a concorrere alle spese pubbliche...*» conclude l'assunto aggiungendo «*...in ragione della loro capacità contributiva*».

Se dunque il dovere di concorso alle spese pubbliche colloca l'art. 53 comma 1 alla base dell'ordinamento tributario, si dovrebbe giungere ad analoga conclusione per il principio di capacità contributiva, quale requisito costituzionale e generalissimo del medesimo concorso alle spese pubbliche.

La conclusione, pure ribadita da alcuni Autori, non è però così agevole.

In argomento si rinvengono tantissimi importanti contributi della dottrina e della giurisprudenza ma, nell'ambito delle finalità perse-

 ISBN 978-88-495-4378-0

guite con il presente manuale, è necessario schematizzare il dibattito, «semplificando», inevitabilmente, alcuni profili.

La capacità contributiva: tesi svalutative

In primo luogo può dirsi che per anni non si è attribuito particolare rilievo giuridico all'espressione **«capacità contributiva».**

Le tesi svalutative sono state affermate in una duplice direzione.

Da un lato, ritenendo che tale norma avesse carattere meramente **«programmatico»**, indicante cioè una direttiva futura per il legislatore, inidonea ad esprimere alcun vincolo concreto circa «i mezzi ed i modi» con cui lo Stato potesse procacciarsi le proprie entrate.

La seconda prospettiva svalutativa, faceva leva invece sulla indeterminatezza semantica delle parole «capacità contributiva», arrivando a considerare il concetto in esse contenuto quale una **«scatola vuota»**, privo cioè dei tratti minimi di un precetto giuridicamente utile.

È importante notare che le tesi svalutative hanno ricevuto particolare sostegno in quella dottrina cui si deve l'iniziale approccio amministrativistico del diritto tributario. Tali approcci, infatti, unitamente alla fondamentale affermazione del metodo giuridico per l'applicazione delle norme tributarie, hanno altresì caratterizzato il diritto tributario essenzialmente quale esplicazione del potere (di supremazia) dello Stato di procacciarsi le proprie entrate.

2. La capacità contributiva quale principio cogente: l'effettività della capacità economica. – Una prospettiva svalutativa della capacità contributiva, almeno nei termini di mera norma programmatica ovvero inidonea ad esprimere criteri giuridicamente apprezzabili, può dirsi oggi pacificamente superata.

Gli sforzi della dottrina e della giurisprudenza costituzionale, infatti, hanno progressivamente «riempito» il principio di capacità contributiva di contenuti giuridicamente rilevanti. In tal senso, il principio di capacità contributiva si è progressivamente affermato quale specifico e **cogente limite costituzionale** delle **norme tributarie sostanziali**.

Il contenuto giuridicamente «vincolante» del principio di capacità contributiva

Nella prospettiva delineata, può quindi sostenersi che il percorso di elaborazione di un tale principio è stato avviato essenzialmente in funzione di garanzia del contribuente e, in particolare, quale limite al potere statale di procacciarsi coattivamente le proprie entrate.

Il contenuto giuridico del principio di capacità contributiva è stato così affermato, in primo luogo, quale espressione di **capacità economica,** inteso cioè quale necessità (costituzionale) di ancorare il prelievo tributario a situazioni espressive, in concreto, di forza economica.

La capacità contributiva quale capacità economica...

ISBN 978-88-495-4378-0

Nell'ambito di tale percorso definitorio del principio di capacità contributiva, è stata poi ribadita l'esigenza di **effettività** della forza economica colpita e la correlata illegittimità di prelievi connessi ad elementi economici solo apparenti e privi di concretezza. ... effettiva...

Il più importante riflesso di una tale affermazione è l'incostituzionalità delle **presunzioni legali assolute** nella disciplina sostanziale del tributo (Corte cost., sent. n. 200 del 28 luglio 1976; n. 41 del 25 febbraio 1999). Dall'art. 53 cioè, discende che norme tributarie (sostanziali) disciplinanti i contenuti oggettivi e soggettivi del prelievo con presunzioni legali che precludano, al contribuente, la prova contraria volta a dimostrare l'insussistenza, in concreto, della capacità economica legalmente assunta a presupposto dell'imposizione, sono tendenzialmente incostituzionali.

La Corte cost. ha ripetutamente affermato, invece, l'ammissibilità di **presunzioni legali relative** (Corte cost., sent. n. 200/1976 *cit.*; n. 228 del 6 ottobre 2014) anche nell'ambito di norme tributarie sostanziali, purché fondate su criteri ragionevoli ed effettivamente idonei a consentire al contribuente di fornire la prova contraria (in tal senso è stata ritenuta legittima la presunzione legale di esistenza nel patrimonio ereditario di una certa percentuale di «gioielli, denaro e mobilia»).

3. ***Segue.*** **L'attualità della capacità economica quale limite all'applicazione retroattiva del tributo.** – Riflesso della effettività della capacità contributiva, è anche l'esigenza di **attualità** della medesima. ... e attuale
Potrebbe infatti risultare privo del requisito di effettività e, quindi, incostituzionale, un tributo applicato **retroattivamente** ad una capacità economica realizzata nel passato.

Quanto appena detto, implica l'esistenza di un **limite costituzionale**, implicitamente ricavabile dall'art. 53, all'applicazione retroattiva delle **norme tributarie sostanziali o impositrici.** L'art. 53 quale limite cost. alla retroattività del tributo

La questione, in particolare, fu sottoposta negli anni '60 alla Corte costituzionale (sent. n. 44 del 23 maggio 1966) che affermò l'illegittimità costituzionale, per contrasto con l'**art. 53, comma 1**, Cost., di una legge tributaria (concernente un tributo sugli incrementi di valore delle aree edificabili) che disponeva l'applicazione retroattiva della capacità economica colpita nei dieci anni precedenti l'entrata in vigore della medesima legge.

Il divieto di retroattività di applicazione del tributo, ricavabile sul piano costituzionale, non è dunque **assoluto**. Esso opera solo ove le modalità di applicazione retroattiva della legge siano tali da far ritenere non ragionevolmente disciplinato il nesso tra capacità economica e tributo (ad es. per l'eccessiva ampiezza dell'intervallo di retroattività).

Tant'è che la medesima Corte cost. ha affermato la legittimità costituzionale di un tributo «retroattivo», laddove le modalità di applicazione erano tali da far ragionevolmente presumere che la capacità contributiva, pur essendo espressa da un fatto indice riferito al passato, sussistesse ancora al momento in cui quest'ultimo assumeva rilievo quale presupposto del tributo (in concreto il giudizio si riferiva all'imposta sulle plusvalenze derivanti da indennità di esproprio, applicata con una retroattività di tre anni: Corte cost., sent. n. 315 del 20 luglio 1994).

Non è quindi corretto affermare che il limite all'applicazione retroattiva del tributo, come derivante dall'art. 53, è unicamente fondato sull'ampiezza temporale della retroattività, pur se tale criterio rimane comunque fondamentale; il limite costituzionale della c.d. attualità della capacità contributiva va piuttosto ricercato nell'ambito di una valutazione complessiva del regime impositivo, il quale, anche se eventualmente retroattivo, dovrà in ogni caso garantire un **ragionevole ed effettivo nesso** tra la concreta applicazione del tributo e la capacità economica considerata.

Per completezza è utile ribadire che una tale limitazione non è concettualmente applicabile alle **norme tributarie procedimentali**, laddove l'oggetto delle medesime non interferisce, normalmente, con la definizione della capacità contributiva colpita dal tributo.

4. Applicabilità di tale principio alle sole imposte e non alle tasse. – Sempre nell'ambito dell'evoluzione storica di tale principio, va fatto un cenno **all'ambito di applicazione** del principio di capacità contributiva rispetto all'imposta ed alla tassa.

Ambito di applicazione del principio di capacità contributiva

A tal proposito, va ricordato che la Corte costituzionale, ispirandosi alla distinzione propria della scienza delle finanze tra prestazioni divisibili ed indivisibili, ha costantemente affermato che il principio di capacità contributiva riguarda **solo le imposte**, in quanto relative a «*prestazioni di servizi il cui costo non si può determinare divisibilmente*» (Corte cost., sent. n. 30 /1964 e n. 91/1972, cit.).

Per le tasse, invece, riferibili a **prestazioni divisibili** in ragione del legame tra prelievo coattivo e (costo del) servizio pubblico dello Stato, l'art. 53 Cost. non troverebbe applicazione, in quanto la giustifica-

ISBN 978-88-495-4378-0

zione del prelievo, anche sul piano quantitativo, si giustificherebbe proprio in funzione di tale specifica correlazione.

Anche se è discutibile il rilievo giuridico di un tale assunto, che trae fondamento da una concezione economica oramai superata nell'interpretazione delle norme tributarie, occorre prendere atto di un tale orientamento, oramai del tutto consolidato nella giurisprudenza della Corte costituzionale.

Ciò, peraltro, esprime un ulteriore argomento volto a valorizzare l'**imposta** quale unico tributo in senso stretto, su cui consolidare il sistema ed i principi in materia tributaria, nel senso già descritto *infra* al precedente cap. 2.

5. La capacità contributiva quale attitudine soggettiva e personale a concorrere alle spese pubbliche, espressiva di un «limite assoluto» del legislatore. – È stato poi affermato, quale ulteriore specificazione della capacità contributiva in termini di capacità economica, l'intangibilità del **«minimo vitale»**, da intendersi quali risorse minime per assicurare il soddisfacimento dei bisogni essenziali della persona.

La capacità economica, cioè, nella misura minima per garantire i bisogni essenziali, non può esprimere una capacità contributiva idonea ad essere incisa dal dovere di concorso alle spese pubbliche di cui all'art. 53. In tale specifico senso, e cioè quale intangibilità del minimo vitale rispetto al tributo, l'art. 53 esprime certamente un **limite assoluto** per il legislatore, oramai pacificamente condiviso.

L'intangibilità del minimo vitale

Il percorso storico di progressiva definizione della capacità contributiva, ha altresì accentuato ulteriormente i **riflessi soggettivi** della medesima, ponendo in primo piano, non solo il nesso tra il soggetto obbligato al concorso e la capacità economica concretamente colpita dal prelievo tributario, ma anche la **situazione personale** del primo.

L'attitudine soggettiva a concorrere alle spese pubbliche...

Va detto infatti che, per lungo tempo, il nesso tra l'imposizione tributaria ed il collegamento del soggetto obbligato con fatti espressivi di capacità economica è stato valorizzato, anche nella giurisprudenza della Corte costituzionale, in termini stringenti e garantisti. Si può dire che fino agli inizi degli anni '80, la capacità contributiva è stata essenzialmente considerata quale **idoneità soggettiva** a sopportare il prelievo tributario (Corte cost., sent. n. 97 del 10 luglio 1968; n. 62 del 20 aprile 1977).

In questa prospettiva si è affermato che il presupposto del tributo dovrebbe contenere anche **elementi di patrimonialità riferibili al sog-**

 ISBN 978-88-495-4378-0

getto, nel senso che l'indice di potenzialità economica deve tendenzialmente identificarsi con il patrimonio del soggetto, che può così disporre dei mezzi patrimoniali per far fronte all'obbligazione (ad es., senza ricorrere all'indebitamento).

Quale riflesso di una impostazione spiccatamente soggettiva e **garantista** della capacità contributiva, tesa a valorizzare nell'imposizione i tratti personali del soggetto obbligato, si è affermato che tale principio, e non solo il minimo vitale, rappresenta un **limite assoluto all'imposizione**; da ciò conseguirebbe una rilevante limitazione della discrezionalità legislativa nella definizione dei tributi.

... quale limite assoluto all'imposizione

Valorizzando la capacità contributiva quale **limite assoluto**, infatti, si è ritenuto di restringere i fatti espressivi di capacità contributiva cui è astrattamente applicabile un tributo, limitandoli principalmente al reddito, al patrimonio ed ai consumi; indici, cioè, da cui è tradizionalmente desumibile la ricchezza dei singoli contribuenti, oltre che agevolmente apprezzabile la commisurazione di parte di essa per far fronte al pagamento del tributo.

In tale ottica, in particolare, è stata da taluno negata la legittimità di tributi fondati su indici non tradizionali di ricchezza (ad. es. l'Irap), oltre ad ipotizzare limiti «giuridici» massimi all'imposizione (ad. es. affermando che oltre una certa «soglia» essa risulti incostituzionale in quanto assimilabile ad un esproprio della proprietà privata).

Una tale impostazione, tuttora autorevolmente sostenuta, ha avuto origine nell'ambito delle opinioni volte a rendere «concreto» il principio di capacità contributiva per limitare la discrezionalità legislativa in materia tributaria.

Alcuni fondamentali risultati di un simile, importante, percorso evolutivo del principio di capacità contributiva quali, tra gli altri, l'intangibilità del minimo vitale, nonché i requisiti di effettività ed attualità di essa, possono oggi considerarsi acquisiti e unanimemente condivisi.

Se tutto ciò è innegabile, la teoria del limite assoluto sconta peraltro la definizione di valori mutevoli e nient'affatto scontati, quali il ruolo del diritto di proprietà nell'ordinamento e la tutela di esso rispetto alla finalità, essenzialmente solidaristica, del dovere di concorrere alle spese pubbliche su cui è fondato il tributo.

La questione, quindi, è estremamente problematica e risente di scelte valoriali che vanno ben oltre il diritto tributario.

Ciò detto, non può peraltro sottacersi, che alcuni profili esasperatamente legati alla valorizzazione della capacità contributiva quale

ISBN 978-88-495-4378-0

limite assoluto, paiono collocarsi fuori dal contesto storico attuale, oggi profondamente mutato rispetto al passato, nel quale occorre valutare le scelte economiche e distributive (anche) in chiave europea.

La teoria del limite assoluto è nata e si è sviluppata, infatti, per limitare, dal lato dei contribuenti, la supremazia dello Stato in materia tributaria.

Un tale approccio, cioè, è perfettamente coerente con una prospettiva del tributo che privilegia la primarietà del fine di procurare entrate allo Stato, enfatizzando il rapporto Stato-contribuente quale soggezione di quest'ultimo rispetto al primo, nell'ambito una visione spiccatamente «amministrativistica» del potere tributario.

Si è detto, tuttavia, che una tale prospettiva può dirsi oggi superata, ponendosi al centro il dovere di concorrere alle spese pubbliche ed attribuendo al **tributo, il ruolo di strumento flessibile** di un tale concorso, idoneo a conformarsi, sul piano giuridico, agli schemi di scelte collettive europee, oltre che nazionali.

In tale ordine di idee, la scelta del limite assoluto, sul piano della sistematica giuridica attuale del tributo, si reputa tendenzialmente recessiva, laddove essa conduce ad una schematizzazione eccessivamente rigida del ruolo del tributo e delle sue finalità.

6. Evoluzione attuale del principio di capacità contributiva in termini meno stringenti, quale «limite relativo» all'imposizione. – Come già accennato, sembra oggi preferibile l'inquadramento della capacità contributiva come **limite relativo.** Ed è in questa direzione che sembra orientata la giurisprudenza più recente della Corte costituzionale (sent. n. 156 del 21 maggio 2001).

La capacità contributiva quale limite relativo all'imposizione

In tale accezione, taluni Autori enfatizzano i limiti della proprietà privata rispetto agli obiettivi solidaristici del concorso alle spese pubbliche ed alle esigenze di uguaglianza e di redistribuzione sancite nell'art. 3 della Costituzione.

Al di là delle implicazioni appena citate, fondate su scelte ideologiche fondamentali non definibili in modo rigido e definitivo, la teoria del limite relativo, come già detto, si reputa preferibile primariamente, sul piano sistematico.

Una tale teorica, cioè, sembra più idonea ad esprimere in modo sistematicamente coerente la capacità contributiva quale principio generale e caratterizzante del diritto tributario, da concepire essenzialmente quale diritto delle **imposte**. Ciò, in primo luogo, in ragione di una maggiore flessibilità del modo di intendere la capacità economica

 ISBN 978-88-495-4378-0

da assoggettare all'imposizione, adatta ad accogliere in un ordinamento giuridico «coerente», i molteplici scopi che l'attuale organizzazione della società, nazionale ed europea, affida al tributo.

La capacità contributiva (quale limite relativo) non si esprime dunque solo con i fatti e le situazioni cui è tradizionalmente associata la ricchezza (reddito, patrimonio, consumi), ma anche con elementi diversi, purché idonei a differenziare economicamente la posizione del consociato rispetto agli altri.

Basti pensare, ad esempio, ai tributi ambientali. Non può dirsi, infatti, in un'accezione tradizionale della capacità contributiva (limite assoluto) che l'impatto ambientale integri di per sé uno dei presupposti tradizionali della capacità economica su cui applicare il tributo. È tuttavia vero, data anche la diffusa e consolidata importanza dello scopo di preservazione ambientale nella odierna società umana, che l'uso e le modificazioni dell'ambiente (ad es. il danno ambientale) possono essere socialmente apprezzati quali elementi idonei a giustificare e differenziare il prelievo tributario, purché sempre ragionevolmente correlati ad una «effettiva capacità economica», sia pure da intendere in senso più ampio.

È evidente che in tale accezione l'art. 53, fermo l'imprescindibile tratto solidaristico, va oltre gli aspetti strettamente economici, per divenire parametro costituzionale di un riparto delle spese pubbliche tra i consociati, **equo e ragionevole**.

Non pare azzardato affermare che in tale «moderna» accezione della capacità contributiva possa assumere rilievo anche una sorta di oggettiva **«meritevolezza sociale»** [ad es. chi inquina paga (più imposte), ovvero chi produce «innovando» paga meno imposte], non più esclusivamente limitata alla tutela della persona (come avvenuto in passato, ad es. per affermare l'intassabilità del minimo vitale), purché **razionalmente valutabile in termini economici «concreti»**.

La ragionevolezza dell'imposizione

La **ragionevolezza** dell'imposizione, da apprezzare anche in termini di razionalità ed accettabilità socio-economica, diviene quindi il tratto generale e flessibile della capacità contributiva *ex* art. 53 e la violazione del **principio di uguaglianza** di cui all'art. 3 Cost., il **vero limite assoluto dell'imposizione** (ad es. è tuttora da ritenere sicuramente incostituzionale un tributo che discrimini in base al sesso ovvero alla religione).

7. *Segue.* La capacità contributiva quale «limite relativo»: parametro «oggettivo» di ragionevolezza delle scelte legislative, non-

ISBN 978-88-495-4378-0

ché di coerenza «interna» ed «esterna» del tributo. – È evidente che l'evoluzione della capacità contributiva, da limite assoluto a limite relativo, ha «svuotato» l'art. 53 di una parte del contenuto concettuale che tale norma aveva storicamente assunto, nel suo percorso da norma programmatica a principio cogente.

Negli ultimi anni, infatti, la Corte cost., assecondando le nuove e variegate finalità perseguite dal prelievo tributario, ha affievolito fortemente l'accezione della capacità contributiva quale **«idoneità soggettiva» e personale**, valorizzando inevitabilmente, ai fini del controllo di costituzionalità *ex* art. 53, il profilo **«oggettivo»** del tributo.

La capacità contributiva quale parametro «oggettivo» di ragionevolezza delle scelte legislative

Fermo il limite «assoluto» ricavabile dal principio di uguaglianza di cui all'art. 3 Cost., il rispetto del principio di capacità contributiva si esprime quindi oggi essenzialmente quale esigenza di **razionalità** del legislatore tributario e di **non contraddittorietà** delle sue scelte, con particolare riguardo al **tributo oggettivamente considerato.**

Il che, in ultima analisi, impone:

nonché di «coerenza interna»...

– in primo luogo, l'esigenza costituzionale di una **«coerenza interna»** di ciascun tributo rispetto alla sua intima *ratio* (ne è privo, ad esempio, un tributo congegnato per tassare il reddito ove impedisca, irragionevolmente, di dedurre le spese necessarie alla sua produzione);

e di «coerenza esterna» del tributo

– in secondo luogo, una razionale e coerente collocazione del medesimo tributo nel **sistema tributario** e nell'ordinamento giuridico generale, inteso anche in chiave europea (**c.d. «coerenza esterna», di tipo sistematico).** Una tale accezione può dispiegarsi sotto vari profili: nel rispetto del riparto di competenze fiscali tra Stato e Unione europea, tra finanza nazionale e finanza locale, ovvero anche nell'ambito di una armonia e coerenza dello stesso sistema nazionale, ma anche di quello europeo e persino di quello locale, ovvero di microsistemi interni ad essi [si pensi, ad. es., al ruolo sistematico che assume il principio di neutralità nell'Imposta sul valore aggiunto (Iva), ovvero al principio di continuità dei valori «fiscalmente riconosciuti» nel reddito d'impresa].

È importante ribadire, infine, che il passaggio da una prospettiva soggettiva ad una oggettiva del principio di capacità contributiva, se consente di superare i limiti più stringenti e tradizionali della prima impostazione, non implica affatto l'assoluta irrilevanza del profilo soggettivo del tributo, ai fini del controllo di costituzionalità *ex* art. 53.

La ragionevolezza del tributo e, quindi, la sua esigenza di coerenza interna ed esterna, infatti, sono profili che si riflettono inevi-

 ISBN 978-88-495-4378-0

tabilmente sul collegamento della capacità economica colpita dal tributo con il **soggetto** obbligato per legge a sopportarne il relativo onere economico.

Un prelievo tributario che possa definirsi complessivamente ragionevole nonché dotato di coerenza interna ed esterna, cioè, implica tuttora, inevitabilmente, un **coerente e razionale collegamento** della capacità economica considerata con il soggetto obbligato a pagare il tributo. Tutto ciò anche al fine di garantire, complessivamente, **un'attuazione solidaristica** del «dovere di concorrere alle spese pubbliche».

Nel concludere la disamina di tali aspetti, è utile infine porre l'accento sulle già accennate tendenze evolutive della capacità contributiva, nel senso di un dispiegarsi di tale principio anche nella potenziale considerazione di ipotesi di **«meritevolezza sociale», purché concretamente e razionalmente valutabili sul piano economico.**

Al di là del profilo ambientale, già per certi versi consolidato, è proprio in tale ottica che il principio di capacità contributiva può esprimere **nuovo vigore concettuale,** assumendo il giusto peso per una definizione **moderna di tributo e di concorso alle spese pubbliche.**

ISBN 978-88-495-4378-0

Capitolo 4

L'art. 23 della Costituzione e la «riserva di legge» in materia tributaria

Le prestazioni patrimoniali imposte ex art. 23 Cost.

1. I tributi quali prelievi ricompresi nelle «prestazioni patrimoniali imposte» di cui all'art. 23 Cost. – L'art. **23 Cost.**, come già accennato, sancisce testualmente che *«nessuna prestazione personale e patrimoniale può essere imposta se non in base alla legge»*.

È opinione consolidata che i tributi sono riconducibili alle **prestazioni patrimoniali imposte** di cui all'art. 23 Cost.

Più precisamente, può dirsi pacifico, sia la circostanza che **i tributi** siano inclusi nella categoria delle prestazioni patrimoniali imposte, rappresentandone **la fattispecie più importante**, sia l'affermazione che essi non esauriscano le ipotesi riconducibili a tale categoria.

Tutti i tributi, dunque, sono prestazioni patrimoniali imposte, mentre non è vero il contrario.

La Corte cost., infatti, ha qualificato «prestazioni patrimoniali imposte», di natura **non** tributaria, i prestiti forzosi, oltre a diversi **prelievi c.dd. parafiscali**, quali ad es. i contributi previdenziali e assistenziali (a titolo di esempio, Corte cost., sent. n. 22 del 30 gennaio 2003).

Non si reputa particolarmente utile, per la sistematica del diritto tributario, un approfondimento esaustivo della categoria delle prestazioni patrimoniali imposte, in particolare in merito alla disamina, in seno ad essa, delle ipotesi non tributarie e dei profili distintivi con i tributi.

È sufficiente affermare che le ipotesi di prestazioni patrimoniali imposte di natura non strettamente tributaria, come di volta in volta

 ISBN 978-88-495-4378-0

enucleate dalla Corte costituzionale, sono piuttosto eterogenee tra loro. Tra esse, indubbiamente, alcune si avvicinano di più ai prelievi di tipo tributario, potendone condividere anche l'applicazione di alcuni principi ed istituti.

La nozione di prestazioni patrimoniali imposte di cui all'art. 23 Cost., è concettualmente utile per ricomprendere in un'unica categoria giuridica, nei limiti in cui ciò occorra, sia i tributi in senso stretto (le imposte) sia le ulteriori ipotesi già definite quali tributi in senso lato, cui non è applicabile il principio di capacità contributiva (tra cui va ricondotta anche la tassa).

Ciò consente, come già rilevato, di attribuire una maggiore coerenza e compattezza al sistema tributario, incentrandolo essenzialmente attorno alla nozione di imposta ed al principio di capacità contributiva; dall'altro, l'esistenza di una categoria più estesa di «prestazioni patrimoniali imposte», permette di applicare anche all'area della parafiscalità, oltre alle garanzie della riserva di legge di cui all'art. 23 Cost., eventualmente alcuni istituti tipicamente riferibili ai tributi (quali ad es. il divieto di referendum abrogativo, la giurisdizione speciale tributaria, ecc.).

2. La riserva di legge «relativa» e gli elementi essenziali del tributo. – È stato chiarito che il contenuto della riserva di legge di cui all'art. 23 Cost. comprende anche i tributi, essendo essi pacificamente ricompresi nella nozione di «prestazioni patrimoniali imposte».

Il ruolo originario della riserva di legge

A questo punto è necessario indicare il ruolo originario della riserva di legge di cui all'art. 23 e le sue implicazioni attuali per la materia tributaria.

Il principio della riserva di legge in materia tributaria si è storicamente affermato quale limitazione al **potere assoluto** del «sovrano» rispetto alla proprietà privata, favorendo il controllo parlamentare sul potere di riscuotere tributi.

Noti ed evocativi in tal senso sono i brocardi (*nullum tributum sine lege; no taxation without representation*).

Con il passaggio agli Stati di diritto, è ovviamente venuta meno la contrapposizione fra sovrano e sudditi e la **garanzia della riserva di legge** è stata intesa essenzialmente quale espressione di democrazia parlamentare.

Attribuendo cioè la funzione impositiva, sul piano legislativo, al Parlamento quale organo titolare della funzione di indirizzo politico, è consentita, in tal modo, una partecipazione nella formazione di tali

ISBN 978-88-495-4378-0

leggi anche delle minoranze parlamentari ed è assicurato il **controllo giurisdizionale di legittimità della Corte costituzionale sui tributi**.

Attualmente, la riserva di legge di cui all'art. 23 Cost. garantisce essenzialmente il **«consenso al tributo da parte del popolo»**, realizzato attraverso l'elezione degli organi parlamentari.

Le implicazioni attuali: garantire il consenso del popolo al tributo

Ciò precisato sulle ragioni «tradizionali» della riserva di legge, occorre definire le implicazioni pratiche scaturenti dall'esistenza di una riserva di legge in materia tributaria. A tal proposito, va chiarita, in primo luogo, la portata applicativa dell'assunto **«in base alla legge»** contenuto nell'art. 23.

Può dirsi assodato che tale inciso implica l'esistenza di una riserva di legge **«relativa»** e non **«assoluta»**. A tacer d'altro, la differenza lessicale rispetto alla riserva (da ritenere assoluta) sancita nell'art. 25 Cost. per la materia penale, ove la norma utilizza l'espressione **«in forza di legge»**.

Riserva di legge relativa

Se quella di cui all'art. 23 è una riserva di legge di tipo relativo, ciò implica che la materia ad essa devoluta non deve essere disciplinata «solo» dalla legge (come nell'ipotesi di riserva assoluta).

Non è dunque necessario che le prestazioni patrimoniali imposte, comprensive dei tributi, siano disciplinate interamente ed in modo esclusivo dalla legge. La riserva (relativa) può dirsi rispettata, infatti, come chiarito dalla giurisprudenza della Corte cost., se la legge stabilisce (almeno) gli **elementi essenziali** del tributo (*ex multis*, sent. n. 51 del 6 luglio 1960; n. 93 del 18 giugno 1963); così che, da un lato, possano dirsi definiti per legge i criteri di riparto delle spese pubbliche di ciascun prelievo tributario, dall'altro, permanga su tali criteri il sindacato di costituzionalità esercitato dalla medesima Corte costituzionale su tutti gli atti «aventi forza di legge».

3. *Segue*. I soggetti passivi, il presupposto, la base imponibile e l'aliquota. – Con l'inciso «in base alla legge», dunque, la Costituzione (art. 23) «riserva» alla fonte legislativa (quantomeno) la definizione dei profili essenziali del tributo, potendo eventualmente essere rimessi anche a norme secondarie (regolamenti) tutti gli ulteriori aspetti della materia tributaria.

Gli elementi essenziali del tributo:

Secondo la Corte cost., in particolare, devono essere necessariamente stabiliti dalla legge, in quanto elementi essenziali del tributo, i soggetti passivi, il presupposto, la base imponibile e l'aliquota.

Il **soggetto passivo** del tributo è tradizionalmente inteso come colui cui è riferibile la capacità contributiva considerata dal prelievo tri-

il soggetto passivo

 ISBN 978-88-495-4378-0

butario e sul quale, quindi, incombe coerentemente l'obbligo di pagare il medesimo tributo (c.d. «contribuente» o soggetto passivo «in senso stretto»).

La disciplina dei soggetti passivi così come riferibile alla riserva di legge di cui all'art. 23 è da intendere peraltro **in senso ampio**, idonea a ricomprendere tutte le ipotesi in cui la norma tributaria impone a determinati soggetti obblighi di pagamento di tipo tributario; oltre al soggetto passivo «contribuente» in senso stretto, quindi, come meglio si vedrà nel capitolo 7, la riserva di legge si applica, anche a tutte le ulteriori ipotesi di imputazione di obblighi tributari di pagamento, pur se ad essi non è riferibile la capacità contributiva colpita dal tributo (ad es. sostituti e responsabili d'imposta, garanti, ecc.).

il presupposto

Il **presupposto** del tributo identifica il «fatto», necessariamente espressivo di capacità economica ai sensi dell'art. 53 Cost., al cui venire in essere la legge collega causalmente l'obbligo di pagare il tributo.

la base imponibile

La **base imponibile** del tributo, è intesa invece quale insieme di regole idonee a determinare, in termini monetari, la capacità contributiva considerata nel presupposto del tributo.

l'aliquota

L'**aliquota,** infine, è la percentuale applicabile alla base imponibile (tasso), così da quantificare il concreto ammontare dell'imposta dovuta. La Corte cost. (sent. n. 435 del 28 dicembre 2001) ha peraltro precisato che l'art. 23 può considerarsi rispettato pure se la legge non definisce in modo specifico l'aliquota. È consentito, dunque, che la definizione di tale elemento sia rimesso alla fonte secondaria, a condizione, tuttavia, che la fonte legislativa ne predetermini i criteri di definizione concreta ed in particolare stabilisca **l'aliquota massima** [cfr. ad es. l'aliquota dell'IMU (già ICI) rimessa ai regolamenti comunali entro parametri massimi e criteri definiti con legge statale].

Se la riserva di legge si riflette solo sugli elementi essenziali del tributo, può dirsi che essa assume valenza esclusivamente per le **norme tributarie «sostanziali»**, laddove è appunto con tale tipologia di norme che si definiscono i soggetti passivi, il presupposto, la base imponibile e l'aliquota dei tributi.

Conseguentemente, se la riserva di legge è prevista per istituire prestazioni patrimoniali imposte e quindi le prestazioni tributarie, essa **non** assume tendenzialmente rilievo pratico per le **norme tributarie procedimentali**.

Un tale assunto viene meno in quelle «ipotesi limite» in cui la norma tributaria, pure se rivolta a disciplinare aspetti procedimentali, produce anche effetti propriamente «sostanziali» sul tributo, contri-

ISBN 978-88-495-4378-0

buendo a definirne, sia pure indirettamente, gli aspetti essenziali. A tal proposito, si veda, a titolo esemplificativo, la norma che dispone la «sopravvivenza» per cinque anni, ai fini dell'accertamento tributario, delle società estinte in quanto cancellate dal registro delle imprese (art. 28 d.lgs. n. 175/2014); come correttamente affermato dalla Corte di Cassazione, infatti, può dirsi che tale norma, pure se di tipo procedimentale, produce indirettamente effetti «sostanziali» sul tributo, integrando la disciplina dei soggetti passivi (in tal senso, Corte di cass., sent. n. 6743 del 2 aprile 2015).

4. Gli atti idonei ad integrare il termine «legge» considerato nell'art. 23 e la potestà tributaria degli enti locali. – È opinione pacificamente affermata che il termine «legge» indicato nell'art. 23 comprenda non solo la legge statale ordinaria, ma anche i decreti legge, i decreti legislativi, nonché le leggi regionali (e provinciali per Trento e Bolzano).

La «legge» ai sensi dell'art. 23 Cost.

Su altro piano operano invece le fonti europee; per le materie ad esse riservate, infatti, come già precisato, essendovi a monte una devoluzione di sovranità statale, la produzione normativa segue le modalità stabilite nell'ordinamento europeo e come tale deve essere direttamente applicata nell'ordinamento nazionale (Corte cost., sent. n. 183 del 27 dicembre 1973).

Un cenno può essere fatto al riparto tra potestà legislativa dello Stato ed **autonomia tributaria degli enti locali**, anche in ragione della riforma del Titolo V della Costituzione.

Autonomia tributaria di regioni ed enti locali

Prima ancora di esaminare le disposizioni in questione, è possibile chiarire sin d'ora che la riserva di legge di cui all'art. 23, da un lato, e l'assenza di potere legislativo in capo a Comuni (e Province), dall'altro, escludono tendenzialmente che tali Enti possano istituire e disciplinare gli aspetti essenziali di un tributo, in assenza di una **base legislativa** (Statale o Regionale).

Con specifico riferimento al **potere regolamentare di province e comuni in ambito tributario**, quanto appena affermato è ribadito nell'art. 52, d.lgs. 446/1997, ove è espressamente stabilito che i regolamenti di comuni e province non possono definire le fattispecie imponibili, i soggetti passivi e l'aliquota massima dei tributi.

Ciò detto in via preliminare, può accennarsi che l'art. 117 Cost., dopo aver stabilito la potestà legislativa di Stato e Regioni (comma 1), afferma la **potestà legislativa «esclusiva» dello Stato** in materia «*...di sistema tributario e contabile dello Stato*» nonché di «*perequa-*

 ISBN 978-88-495-4378-0

zione delle risorse finanziarie» (comma 2). La potestà legislativa concorrente delle Regioni trova altresì limite, oltre che ovviamente in ragione dei vincoli discendenti dalla Costituzione ovvero dall'ordinamento comunitario e dagli obblighi internazionali, nel rispetto «*...dei principi fondamentali, riservati alla legislazione dello Stato*» (comma 3).

Il successivo art. 119, comma 2, prevede poi che **gli enti locali e le Regioni** ***«stabiliscono e applicano tributi propri»*** «*secondo* ***i principi di coordinamento della finanza pubblica*** *e del sistema tributario*», facendo, dunque, implicito riferimento all'art. 117, comma 3.

Non si reputa utile, per le finalità del presente lavoro, dilungarsi analiticamente sul complesso dibattito conseguente alla riforma del Titolo V della Costituzione, del quale saranno quindi esposti solo alcuni profili generali, specificamente attinenti alla potestà tributaria.

I principi enunciati dalla Corte Costituzionale in tema di federalismo fiscale

In primo luogo, può dirsi che la Corte costituzionale ha seguito sinora un **approccio «conservativo»**, teso a garantire massima importanza **all'unità ed armonia del sistema tributario statale,** limitando quindi fortemente la concreta autonomia tributaria degli enti locali, nel senso specifico di istituire e applicare propri tributi.

La fondamentale importanza di garantire coerenza ed unità al sistema tributario complessivo implica, infatti, anche in ragione di quanto statuito dall'art. 53 Cost., l'esigenza di conformare (anche) i prelievi tributari locali garantendo che il dovere di concorrere alle spese pubbliche si attui in termini **complessivamente solidaristici**, oltre che sistematicamente coerenti, così come accennato nelle premesse istituzionali del presente manuale (cfr. *infra* cap. 2).

La Corte costituzionale, in ogni caso, nel preservare condivisibilmente l'unitarietà e la coerenza del sistema tributario nazionale, ha sancito il **divieto di sovrapporre nuovi tributi locali a presupposti economici già colpiti da prelievi tributari statali,** almeno finché una legge statale di coordinamento stabilisca, in modo unitario e sistematicamente coerente, i criteri e le modalità di una tale sovrapposizione (Corte cost., sent. n. 50 del 9 marzo 2012).

In conseguenza di tale assunto, la Corte ha altresì affermato il divieto, per gli enti locali, di esplicare la propria autonomia con riferimento a quei tributi «locali», riferibili cioè a presupposti e soggetti passivi territorialmente ripartiti su base locale, ma pur tuttavia **già istituiti con legge** statale [ad es. IMU (già Ici), ovvero Irap]. In tal senso, i prelievi tributari «locali» già istituiti e disciplinati con legge statale **non possono essere considerati «tributi propri»** di cui all'art. 119 Cost.

ISBN 978-88-495-4378-0

Per i tributi locali attualmente esistenti, quindi, pure se il relativo gettito è devoluto agli enti locali, i margini di intervento dei medesimi enti rimangono quelli previsti dalla medesima legislazione statale ed essenzialmente riferibili **alla modifica delle aliquote**, nonché alla disciplina di aspetti che intervengono sul piano della **riduzione del prelievo tributario** (ad. es. detrazioni dall'imposta e deduzioni dalla base imponibile, nonché eventuali regimi di favore).

È giusto menzionare anche la **legge 5 maggio 2009, n. 42,** con la quale il Parlamento ha infine delegato il Governo ad emanare uno o più decreti legislativi recanti la definizione dei principi fondamentali del **coordinamento della finanza pubblica e del sistema tributario,** di cui all'art. 117.

Da essa emerge un'articolazione dell'ordinamento tributario locale strutturato secondo i seguenti principi direttivi.

Per le Regioni, sono menzionati:

a) **tributi propri in senso stretto**, istituiti e regolati con legge regionale, riferibili a presupposti non assoggettati a imposizione da parte dello Stato;

b) **tributi propri c.dd. «derivati»**, istituiti e regolati da legge statale e il cui gettito è attribuito alle Regioni, nel rispetto del principio di territorialità;

c) **addizionali** sulle basi imponibili dei tributi erariali.

Per quanto concerne i **Comuni e le Province**, è prevista la seguente classificazione delle entrate tributarie:

a) **tributi propri «derivati» istituiti dallo Stato**, che ne stabilisce gli elementi fondamentali (presupposto, soggetti passivi e base imponibile e aliquote di riferimento);

b) **tributi propri «derivati» istituiti dalle Regioni**, relativamente a presupposti non assoggettati a imposizione da parte dello Stato;

c) **tributi propri di scopo (comunali)**, per finanziare opere pubbliche e di investimento pluriennali nei servizi sociali ovvero il finanziamento degli oneri derivanti da eventi particolari quali flussi turistici e mobilità urbana (d.lgs. n. 23 del 14 marzo 2011, art. 6) e **tributi propri di scopo (provinciali)** connessi a particolari scopi istituzionali (d. lgs. n. 68 del 6 maggio 2011, art. 20, comma 2);

d) **compartecipazioni al gettito, istituite dalle Regioni**, dei tributi e delle compartecipazioni regionali;

e) **compartecipazioni, per i Comuni, ai tributi statali**, tra cui l'IVA e l'IRPEF;

f) finanziamento, per le Provincie, «prioritariamente» attraverso il

 ISBN 978-88-495-4378-0

gettito derivante da **tributi il cui presupposto è connesso al trasporto su gomma;**

g) **imposizione immobiliare per i comuni**, compresa quella sui trasferimenti della proprietà e di altri diritti reali;

Conclusivamente può osservarsi che, stante il divieto di sovrapporre tributi propri a presupposti già colpiti da tributi istituiti con leggi statali, l'autonomia tributaria degli enti locali (salvi ovviamente gli aspetti di accertamento e riscossione), si esplica essenzialmente nell'ambito degli interventi consentiti per i **tributi propri «derivati» e le addizionali,** ovvero semplicemente **incamerando il gettito delle compartecipazioni** a tributi Statali.

5. La riserva di legge e le fonti del diritto tributario. – La classificazione giuridica delle fonti di produzione del diritto (norme europee e costituzionali, leggi, regolamenti, ecc.), così come le regole della loro sovraordinazione, si applicano nel diritto tributario in modo analogo a quanto avviene negli altri settori dell'ordinamento.

Attesa l'unitarietà della disciplina sulle fonti ed in coerenza con le scelte di metodo già chiarite nel capitolo introduttivo, si considerano pertanto già acquisite tali nozioni di base ai fini dell'esposizione e dello studio della materia tributaria, rinviando sul punto alle conoscenze già acquisite nello studio di altre materie giuridiche.

Fatta tale premessa, in questa sede si reputa utile richiamare solo alcuni aspetti particolari dell'argomento in questione.

Riserva di legge e fonti del diritto tributario

Specifica importanza per la disciplina delle fonti in materia tributaria, come ampiamente chiarito, va attribuita all'esistenza, nei termini già descritti, della riserva (relativa) di legge contenuta nell'art. 23 della Costituzione.

La presenza dell'art. 23 Cost., infatti, impone che un tributo sia istituito e definito nei suoi elementi essenziali da una **«fonte legislativa»** (legge parlamentare (o regionale), decreto legge o decreto legislativo).

Al di là, quindi, dei tributi rimessi alla sovranità europea e dipendenti dalle scelte ivi assunte, l'istituzione e la definizione degli

Fonti primarie

aspetti sostanziali dei tributi è rimessa in concreto solo a **fonti primarie**, cioè a norme legislative statali e (ad oggi molto marginalmente) a norme legislative regionali.

Si è già detto, invece, quali sono gli ambiti più ristretti in cui può esplicarsi l'autonomia tributaria degli enti locali, attraverso l'emana-

Fonti secondarie

zione di **fonti secondarie di tipo regolamentare**. A tal proposito, è

ISBN 978-88-495-4378-0

utile ricordare quanto stabilito in termini generali dall'art. 4 delle Preleggi, ove è affermato che «*I regolamenti non possono contenere norme contrarie alle disposizioni delle leggi*».

La presenza dell'art. 23 Cost., inoltre, al di là della già descritta limitazione per le fonti secondarie di tipo regolamentare, esclude altresì la rilevanza **degli «usi» (consuetudine),** quale fonte per la produzione di norme tributarie «sostanziali».

Può dirsi, in effetti, che la fonte consuetudinaria non assume alcun rilievo pratico in ambito tributario, se non per le marginali ipotesi in cui essa può trovare applicazione, quale fonte di norme tributarie internazionali, attraverso l'art. 10, comma 1, della Costituzione (ad esempio in tema di trattamento fiscale del personale diplomatico estero).

 ISBN 978-88-495-4378-0

Capitolo 5

Presupposto del tributo e obbligazione tributaria

Sommario: 1. Presupposto del tributo e nascita dell'obbligazione tributaria. – 2. Cenni alla struttura (privatistica) dell'obbligazione tributaria ed alla sua peculiare natura (pubblicistica) quale esplicazione del dovere di concorrere alle spese pubbliche: la «specialità» dell'obbligazione tributaria. – 3. *Segue*. Specialità dell'obbligazione tributaria e riflessi sul creditore del tributo. – 4. *Segue*. Specialità dell'obbligazione tributaria e conseguenze sui soggetti che esercitano il potere amministrativo di controllo del tributo: la c.d. indisponibilità dell'obbligazione tributaria. – 5. *Segue*. Specialità dell'obbligazione tributaria e compensazione.

1. Presupposto del tributo e nascita dell'obbligazione tributaria. – Nel precisare la nozione di **tributo** (cap. II, par. 3), si è detto che esso consiste in un'**obbligazione** di pagamento, coattivamente richiesta a titolo definitivo nonché causalmente correlata all'adempimento, solidaristico, del dovere di concorso alle spese pubbliche di cui all'art. 53 Cost.

Si è altresì affermato (cap. IV, par. 3) che il **presupposto** del tributo identifica il «fatto», necessariamente espressivo di capacità economica ai sensi dell'art. 53 Cost., al cui venire in essere la legge collega causalmente l'obbligo di pagare il tributo.

In quest'ultima definizione, si assume, letteralmente, che l'obbligazione tributaria nasce quale **effetto** della mera realizzazione del c.d. «presupposto di fatto» del tributo.

La nascita dell'obbligazione tributaria:

Quanto affermato, tuttavia, può dirsi pacifico solo nel senso che l'obbligazione tributaria è un'**obbligazione legale**, cioè che discende (ed è essenzialmente disciplinata) dalla legge. È invece controverso se l'effetto genetico che lega l'obbligazione tributaria alla legge vada inteso in termini **diretti**, ovvero **mediati**.

In realtà, il tema della **«nascita» dell'obbligazione tributaria** è certamente complesso e ha dato luogo ad un articolato dibattito tra **teorie dichiarativiste** e **costitutiviste**.

Non si reputa opportuno, per le finalità del presente lavoro, una

 ISBN 978-88-495-4378-0

disamina specifica sui presupposti teorici delle diverse impostazioni; può dirsi, tuttavia, in estrema sintesi e con inevitabile approssimazione, che nel primo caso (**teorie dichiarativiste**), la nascita dell'obbligazione di pagare il tributo è intesa quale effetto che discende **direttamente** del verificarsi del presupposto previsto nella legge.

teoria dichiarativa

teoria costitutiva

Nel secondo caso (**tesi costitutiviste**), invece, il perfezionamento del presupposto non determinerebbe *ex se* la nascita dell'obbligazione di pagamento; l'obbligazione tributaria, cioè, per essere giuridicamente dovuta, oltre alla necessità che sia effettivamente realizzato il presupposto, richiederebbe il compimento di **ulteriori atti** nell'ambito del procedimento di imposizione [ad es. invio dichiarazione tributaria da parte del contribuente, ovvero notificazione dell'atto di accertamento (o di riscossione) da parte dell'ente impositore].

Non può negarsi che l'esame della normativa tributaria vigente, priva a tutt'oggi di un uniforme e solido apparato codificatorio, consenta di rinvenire argomenti a favore dell'una come dell'altra impostazione.

Senza alcuna pretesa di approfondimento delle ragioni addotte nell'ambito delle impostazioni concettuali indicate ed in assenza di una esplicita soluzione legislativa, si può affermare, peraltro, che la **tesi dichiarativa appare più coerente**, ad opinione di chi scrive, rispetto ai fondamenti concettuali assunti nel presente lavoro.

Affermando, infatti, la primazia concettuale del **dovere di concorrere** alle spese pubbliche e ponendo in secondo piano il **potere dello Stato di riscuotere,** pare **sistematicamente preferibile** attribuire il principale effetto del concorso alle spese pubbliche, qual è appunto la nascita dell'obbligazione di pagamento del tributo, **direttamente** all'atto che ne disciplina i criteri di riparto e, cioè, «alla legge».

Ciò detto, si rileva altresì che a favore della tesi dichiarativa si è da tempo costantemente orientata la **giurisprudenza tributaria** di legittimità (tra le tante, Corte di cass., sent. n. 20978 del 13 settembre 2013).

2. Cenni alla struttura (privatistica) dell'obbligazione tributaria ed alla sua peculiare natura (pubblicistica) quale esplicazione del dovere di concorrere alle spese pubbliche: la «specialità» dell'obbligazione tributaria. – L'obbligazione tributaria, per la genesi e la normativa (in primo luogo costituzionale) di riferimento, è senz'altro riconducibile alle **obbligazioni di diritto pubblico**. La **natura** dell'obbligazione tributaria, cioè, è indubbiamente pubblicistica, in quanto

L'obbligazione tributaria: natura pubblicistica…

ISBN 978-88-495-4378-0

essa reca in sé una specifica ripartizione delle spese pubbliche, adottata **legislativamente** (art. 23 Cost.) nell'ambito dei margini costituzionali stabiliti dall'articolo 53 della Costituzione.

Ciò nondimeno, in quanto obbligazione pecuniaria di pagamento, essa può dirsi al contempo **strutturata** in modo analogo alle obbligazioni di diritto privato, così come disciplinate nel codice civile.

... e struttura privatistica

Quanto appena affermato, va dunque concettualmente ricondotto, anche per la disciplina dell'obbligazione tributaria, alle indicazioni già espresse in via generale in tema di **qualificazioni tributarie** (cap. I, par. 2).

Le norme generali del **codice civile** in tema di obbligazioni saranno cioè **«tendenzialmente» applicabili** (anche) all'obbligazione tributaria, per garantire esigenze di unitarietà dell'ordinamento giuridico generale.

Rimane fermo, peraltro, che l'applicazione delle regole del codice civile verrà meno ove risulti concretamente inidonea e incompatibile con la realizzazione delle esigenze pubblicistiche che l'obbligazione tributaria reca in sé.

La peculiare natura dell'obbligazione tributaria ed il criterio di riparto che essa esprime la rendono, in un certo senso, potenzialmente destinataria di regole «speciali» rispetto al diritto generale delle obbligazioni regolato nel codice civile.

La «specialità» dell'obbligazione tributaria

Il tratto fondante di una tale **specialità**, come già detto, risiede nell'attuazione delle scelte legislative di riparto delle spese pubbliche. Ma, a ben vedere, i **criteri di riparto** di tali spese non è totalmente rimesso alla discrezionalità delle scelte legislative: esso è infatti costituzionalmente **«vincolato»** ai sensi del principio di capacità contributiva (art. 53 Cost.), applicato anche in ossequio alle finalità ed alle scelte complessivamente espresse dai valori costituzionali, nonché dall'Unione europea per la sovranità fiscale ad essa devoluta.

3. *Segue*. Specialità dell'obbligazione tributaria e riflessi sul creditore del tributo. – Il principio di specialità dell'obbligazione tributaria rispetto alle regole del diritto generale delle obbligazioni, peraltro, si declina in diverse accezioni.

Le diverse accezioni della specialità dell'obbligazione tributaria:

Differenze, rispetto alle regole del diritto comune, sono indubbiamente rinvenibili **nei poteri e nelle facoltà del creditore** della medesima obbligazione (essenzialmente **Stato** o **Enti locali**). In primo luogo ciò è rinvenibile nell'ambito dei poteri amministrativi di controllo, cui sarà dedicato ampio spazio nei successivi capitoli.

 ISBN 978-88-495-4378-0

Ma al di là di tale profilo, che per certi versi «accentua» i poteri (pubblicistici) in capo al creditore, può altresì affermarsi che la medesima natura pubblica dell'obbligazione tributaria **ne limita** al contempo la **disponibilità.**

riflessi sul creditore «Stato»

Per ciò che concerne **lo Stato**, ferma una discrezionalità politico-legislativa nella istituzione e disciplina dei propri tributi, può certamente **escludersi una disponibilità di tipo privatistico**, del creditore-Stato, rispetto all'obbligazione pecuniaria nascente dai propri tributi. Quanto affermato, infatti, a prescindere dalla natura pubblica del creditore, discende direttamente dalla finalità di tale obbligazione, espressione, come già detto, di un criterio di riparto delle spese pubbliche costituzionalmente **«vincolato»** ai sensi dell'art. 53 Cost.

La eventuale scelta di rinunciare in tutto (o in parte) al credito tributario **già sorto**, quindi, fermo il rispetto della riserva di legge *ex* art. 23 Cost. sul piano delle fonti normative, non può dirsi liberamente rimessa alla volontà del creditore (Stato), dovendo rispettare il vincolo di coerenza con la scelta di riparto già assunta e con il principio di capacità contributiva e di uguaglianza ivi considerato.

Quanto detto, si riflette emblematicamente nelle questioni legate alle c.dd. leggi recanti **«condoni tributari»**. Può cioè affermarsi, a titolo esemplificativo, che una legge di **«condono tributario»**, con cui lo Stato rinunciasse a crediti tributari già sorti a proprio favore, laddove essa non fosse adeguatamente sorretta da ragioni **eccezionali e costituzionalmente prevalenti** rispetto all'art. 53, andrebbe considerata incostituzionale, per violazione del medesimo art. 53 unitamente all'art. 3 Cost.

Ciò premesso, le limitazioni **alla disponibilità** dei crediti relativi ad obbligazioni tributarie assume **tratti peculiari ed ancora più stringenti** nelle ipotesi in cui lo Stato abbia devoluto ad «altri» la propria sovranità in materia tributaria, come accade per **i tributi armonizzati riferibili all'Unione europea** (cfr. Cap. 2).

In tali ipotesi (vedi ad esempio l'imposta sul valore aggiunto – **IVA)**, infatti, se pure lo Stato è «formalmente» creditore del tributo istituito con legge nazionale, le scelte «sostanziali» sulla sua istituzione e regolamentazione sono essenzialmente rimesse all'Unione Europea ed in tal senso limitano certamente la disponibilità dello Stato su crediti e debiti tributari sottostanti.

I margini di eventuale disponibilità di tali rapporti obbligatori, quindi, anche in presenza di circostanze eccezionali, sono ancora più ridotti e devono esplicarsi in modo **coerente con le scelte dell'Unione**

ISBN 978-88-495-4378-0

Europea e con gli orientamenti interpretativi radicati in tale sede (es. **Corte di Giustizia**).

Emblematico il caso delle diverse leggi con cui lo Stato italiano ha cercato di introdurre forme di «condono» in ambito Iva, come tali incidenti su obbligazioni Iva già sorte, puntualmente contrastate dall'Unione europea (si pensi, ad esempio, alla sentenza della Corte di Giustizia del 17.7.2008, C-132/06, con la quale i Giudici europei hanno dichiarato incompatibile con il diritto europeo il «condono fiscale», di cui agli artt. 8 e 9 della l. 289/2002, in ambito Iva).

Sotto altra prospettiva, ulteriori limitazioni per lo Stato alla disponibilità dei propri crediti tributari possono altresì discendere da principi sovranazionali, quali ad es. il divieto di aiuti di Stato *ex* art. 107 del Trattato di Funzionamento dell'Unione Europea (TFUE), di cui si dirà nel successivo capitolo 6.

In termini concettualmente non dissimili da quanto detto per il creditore Stato, la specialità dell'obbligazione tributaria si riflette anche nei confronti delle **Regioni** e degli **Enti locali** quali creditori di proprie obbligazioni tributarie.

riflessi sul creditore Regione o Ente locale»

Un conto, cioè, sono le diverse e ampie limitazioni, già ricordate, che le Regioni e gli enti locali hanno rispetto allo Stato, nell'istituire e disciplinare i tributi. Altro è il potere di tali enti di disporre dei crediti relativi ad obbligazioni tributarie già sorte a proprio favore.

Nei termini da ultimo descritti e, cioè, quale creditori dell'obbligazione tributaria, la posizione di Regioni ed enti locali appare sostanzialmente analoga a quella dello Stato e, quindi, sono ad essi riferibili tutte le considerazioni fatte in termini di indisponibilità di crediti e debiti tributari già sorti (a titolo esemplificativo, ma anche per confermare l'illegittimità di prassi concretamente perseguite da alcuni enti locali, è certamente vietato all'Ente locale rinunciare ai crediti relativi ad obbligazioni tributarie già sorte, stipulando un atto di transazione di tipo civilistico con il debitore).

4. *Segue*. **Specialità dell'obbligazione tributaria e riflessi sui soggetti che esercitano il potere amministrativo di controllo del tributo: la c.d. indisponibilità dell'obbligazione tributaria.** – La specialità dell'obbligazione tributaria assume una connotazione affatto diversa e peculiare nei confronti dei «soggetti» che esercitano il potere amministrativo di liquidazione, accertamento e riscossione del tributo.

Riflessi sugli organi titolari del potere amministrativo di controllo

Rispetto all'attività (amministrativa) di **accertamento e riscossione**

 ISBN 978-88-495-4378-0

del tributo, infatti, l'assenza del potere di disporre dei crediti correlati alle obbligazioni tributarie deriva direttamente dal **principio di legalità** e, quindi, dall'esigenza che tutti i soggetti preposti alla «mera» attuazione del tributo (contribuenti, amministrazione finanziaria, soggetti preposti alla riscossione), attuino, in concreto, l'obbligazione tributaria di pagamento nell'ammontare e con le modalità definite nella legge.

Indisponibilità dell'obbligazione tributaria e principio di legalità

In tale ambito, dunque, la specialità dell'obbligazione tributaria è profilo affatto diverso da quello concernente i vincoli, per il creditore, alla disponibilità delle proprie obbligazioni tributarie già sorte.

È corretto affermare, dunque, che nella fase amministrativa di accertamento e riscossione è il principio di legalità che esclude ogni margine di disponibilità, in senso privatistico, dell'obbligazione tributaria.

Sui riflessi tra **indisponibilità dell'obbligazione tributaria** e attività amministrativa di accertamento del tributo, è tuttavia necessario esprimere alcune ulteriori e importanti precisazioni.

Si è detto che l'indisponibilità dei crediti relativi ad obbligazioni tributarie, per l'amministrazione finanziaria che esercita i poteri di controllo sull'esatto adempimento del tributo, discende direttamente dal principio di legalità.

In tali termini è corretto affermare che l'amministrazione finanziaria non ha alcuna disponibilità, *iure privatorum*, del credito relativo all'obbligazione tributaria. Sarebbe certamente illegittima, cioè, un'attività di controllo dalla quale si rilevi che l'amministrazione abbia deliberatamente rinunciato ad una parte del tributo, così come pacificamente dovuto per legge.

Ciò premesso, un conto è il divieto di disporre di tale rapporto obbligatorio alterandone il vincolo legale, altro è far derivare dal principio di indisponibilità un'attività di controllo del tributo inutilmente «rigida» e dogmatica.

La concreta definizione dell'obbligazione tributaria effettivamente spettante per legge, infatti, non rientra nelle «verità» tipicamente associate alle scienze formali (ad es. matematica), ma è pur sempre una **verità giuridica**; come tale, una verità ottenuta essenzialmente con criteri di tipo logico-argomentativo, razionalmente idonei a minimizzare le probabilità che siano vere le verità contrapposte.

Basti pensare che l'accertamento dell'obbligazione tributaria implica naturalmente un giudizio *ex post*, in sé controvertibile, sull'effettiva realizzazione di determinati fatti (presupposti del tributo), nonché sulla loro esatta misurazione in termini economici (base imponi-

ISBN 978-88-495-4378-0

bile). Senza voler considerare quelle che sono le difficoltà strettamente interpretative della legge d'imposta.

Se pure è da sempre pacifico, quindi, che l'amministrazione non può disporre *iure privatorum* del credito relativo all'obbligazione tributaria, può dirsi che sul piano del corretto funzionamento dell'ordinamento tributario l'aver posto eccessiva enfasi sul principio di indisponibilità non ha sinora prodotto particolari vantaggi, quanto piuttosto arrecato numerosi danni: contribuendo cioè a generare accertamenti tributari eccessivamente «rigidi», nonché alimentando la inevitabile conflittualità, in sede giudiziale, tra amministrazione e contribuente.

Anche per tali ragioni, nelle dinamiche più recenti di attuazione del tributo, più che inseguire i «fantasmi» del principio di indisponibilità, si attribuisce primaria importanza a criteri che consentano la definizione dell'obbligazione tributaria concretamente dovuta in esito ad una «decisione» (del contribuente e/o amministrativa, ovvero giudiziale) che argomenti in modo «logicamente ragionevole» e «convincente» l'esistenza ed il concreto ammontare del tributo dovuto («verità tributaria»).

Ciò che si intende dire, conclusivamente, è che il principio tradizionale di «indisponibilità» dell'obbligazione tributaria nella fase amministrativa di accertamento, non può assolutamente rappresentare un «totem» in onore del quale celebrare una naturale ed irrisolvibile contrapposizione tra amministrazione e contribuente; al contrario, tale principio può ancora conservare interesse pratico, solo se concretamente attuato nell'ambito del fondamentale canone della **«ragionevolezza»**, che in sé comprende una valutazione argomentata ed efficiente dei diversi interessi in gioco.

Indisponibilità ma ragionevole «accertamento» della verità tributaria

Diversamente, l'indisponibilità dell'obbligazione tributaria rischia di «ostacolare», impropriamente, il corretto e fondamentale funzionamento delle molteplici modalità con cui la medesima legge tributaria favorisce una «definizione consensuale» dei procedimenti di controllo del tributo (su tali profili si rinvia al capitolo 24).

5. *Segue*. Specialità dell'obbligazione tributaria e compensazione. – È stato sin qui ampiamente chiarito che il tratto di specialità dell'obbligazione tributaria, in quanto espressione di riparto delle spese pubbliche, implica che la disciplina del codice civile per le obbligazioni pecuniarie è applicabile all'obbligazione tributaria solo in quanto compatibile con le finalità del tributo e con la conseguente specialità del diritto tributario.

 ISBN 978-88-495-4378-0

Ciò premesso, un ulteriore profilo di tale «specialità» che merita di essere specificamente esaminato concerne la disciplina della **compensazione** quale modo di estinzione dell'obbligazione.

A tal proposito si rileva, in primo luogo, che la disciplina recata in tale ambito dagli articoli 1241 e seg. del codice civile è stata ritenuta tradizionalmente inapplicabile all'obbligazione tributaria.

Oggi però l'art. 8, comma 1, della l. n. 212 del 2000 (c.d. Statuto dei diritti del contribuente), pur facendo salva la normativa tributaria vigente in tema di compensazione, stabilisce che: «***L'obbligazione tributaria può essere estinta anche per compensazione***».

Quanto affermato nell'art. 8, comma 1, tuttavia, non si reputa possa mutare la prospettiva già descritta, conducendo ad un'applicazione «automatica» della disciplina del codice civile di cui agli articoli 1241 e seg. all'obbligazione tributaria. La specialità dell'obbligazione tributaria, infatti, come ampiamente detto, discende da esigenze costituzionali.

L'istituto della compensazione è quindi da ritenere concettualmente applicabile all'obbligazione tributaria che, tuttavia, in concreto può essere legittimamente estinta in tal modo solo nei limiti e con le modalità **tassativamente** previste e regolamentate dalla disciplina tributaria.

La normativa tributaria, in particolare, **prevede attualmente specifiche (pur se ampie) ipotesi di compensazione** (cfr. ad es. l'art. 17 del d.lgs. n. 241 del 1997), operanti con criteri e limiti rigorosamente prestabiliti dalla normativa tributaria.

Le modalità di compensazione disciplinate dalle norme tributarie **non** possono essere **integrate analogicamente con i principi e le regole del codice civile** (artt. 1241 e ss. c.c.); l'art. 8 dello Statuto, infatti, pur introducendo il principio generale di compensazione nell'ordinamento tributario, ne sottende un'attuazione atipica («speciale») in tale ambito, in ragione delle spiccate esigenze pubblicistiche legate all'attuazione dell'obbligazione tributaria.

La compensazione «speciale» dell'obbligazione tributaria

Ciò implica, per un verso, che le ipotesi concrete di compensazione dei debiti d'imposta devono essere sempre regolate da specifiche norme tributarie; per altro verso, che le medesime norme sulla compensazione dell'obbligazione tributaria vanno interpretate (ed eventualmente integrate) unicamente in base ai principi ed alle regole ricavabili nell'ordinamento tributario.

Il divieto di compensazione dei debiti fiscali accollati

Da notare infine che, ai sensi dell'art. 1, comma 2, del d.l. n. 124/2019, convertito con mod. dalla l. n. 157/2019, è vietato compensare debiti fiscali accollati con crediti dell'accollante.

ISBN 978-88-495-4378-0

Capitolo 6

Classificazione giuridica dei tributi in base al presupposto e fattispecie sottrattive

Sommario: 1. La classificazione giuridica dei tributi in base al presupposto (imposte dirette e indirette; istantanee e periodiche). – 2. Le fattispecie sottrattive del tributo: le esclusioni. – 3. *Segue*. Esenzioni e agevolazioni fiscali. – 4. *Segue*. Agevolazioni fiscali e divieto di aiuti di Stato.

1. La classificazione giuridica dei tributi in base al presupposto (imposte dirette e indirette; istantanee e periodiche). – Il presupposto del tributo, così come definito sul piano giuridico, attiene ai profili **oggettivi** del prelievo tributario. Sul piano della terminologia giuridica, è utile però distinguere esso (il presupposto) dall'**oggetto** del tributo. Ciò in quanto l'espressione «oggetto» del tributo è familiare ad una prospettiva di studio economica (del tributo), che non sempre coincide con quella strettamente giuridica di presupposto.

Nell'esporre le principali nozioni in uso per classificare i tributi, dovrà dunque essere privilegiata un'esposizione che ne valorizzi i tratti e le implicazioni **giuridicamente rilevanti**.

In tal senso, può dirsi utile, rispetto alle finalità del presente volume, la distinzione tra **imposte dirette** ed **indirette,** laddove una tale classificazione, pur risentendo primariamente di una prospettiva economica, si riflette anche in disposizioni normative che la utilizzano (ad es. il codice civile, in tema di privilegi sui crediti, richiama i «tributi diretti» nella rubrica dell'art. 2752 c.c. e quelli «indiretti» nell'art. 2758 c.c.).

Imposte dirette ed indirette

Ciò premesso, sul piano pratico la distinzione si esaurisce attualmente nel considerare ricomprese nei tributi diretti le **imposte sui redditi e quelle sul patrimonio** nonché, sia pure in senso più lato, **l'imposta regionale sulle attività produttive (Irap)**; sono invece genericamente riconducibili alle imposte indirette, i tributi che gravano su presupposti diversi dal reddito e dal patrimonio.

Un'ulteriore classificazione, anch'essa fondata sulla tipologia di presupposto colpito dal tributo, che assume specifico rilievo sul piano

 ISBN 978-88-495-4378-0

Imposte istantanee e periodiche

giuridico, è quella tra **imposte istantanee** ed **imposte periodiche**. L'art. 3 della legge n. 212 del 2000 (c.d. Statuto dei diritti dei contribuenti), infatti, in merito all'efficacia temporale delle norme tributarie, sancisce che «*...relativamente ai tributi periodici le modifiche introdotte si applicano solo a partire dal periodo d'imposta successivo a quello in corso alla data di entrata in vigore delle disposizioni che le prevedono*».

Le imposte istantanee sono tributi caratterizzati da un presupposto che si realizza compiutamente **in un unico momento determinato** (per tale ragione, definite appunto, istantanee). Esempi di tale categoria sono l'imposta di registro, le imposte ipotecarie e catastali, le imposte di successione.

Diversamente, nelle imposte periodiche il presupposto si definisce **nell'arco di un periodo di tempo prolungato** (ad esempio l'anno solare). Principali esempi di imposte periodiche sono le imposte sul reddito, ma anche l'Irap e l'Iva nonché numerose ipotesi di tributi locali (ad es. l'Imu).

Imposte periodiche e prescrizione

È utile tuttavia precisare che nelle imposte periodiche l'intervallo temporale assume giuridicamente rilievo solo al fine della compiuta definizione del presupposto, mentre la sottostante obbligazione tributaria, autonoma per ogni periodo di riferimento, **non attiene ad un rapporto di durata** (*ex multis*, Corte di cass., sent. n. 24322 del 14 novembre 2014).

Da ciò consegue che, per le obbligazioni tributarie nascenti dalle imposte periodiche, non va tendenzialmente considerato il termine di **prescrizione quinquennale,** previsto dall'art. 2948, n. 4 c.c. per le obbligazioni di durata, ma quello **ordinario decennale** di cui all'art. 2946 c.c., applicabile alla generalità delle obbligazioni tributarie, fatte salve eventuali diverse indicazioni espressamente rinvenibili nella normativa tributaria.

2. Le fattispecie sottrattive del tributo: le esclusioni. – Analizzando il presupposto del tributo, è possibile derivare ulteriori conseguenze sul piano classificatorio.

In primo luogo, è utile ricordare ancora che le norme tributarie, ove è stabilita la disciplina del presupposto del tributo e degli altri elementi essenziali della fattispecie imponibile, sono abitualmente definite **norme tributarie sostanziali o impositrici** (sul punto si rinvia *infra* al cap. 4, par. 3).

Le norme tributarie sostanziali o impositrici

Ciò detto, in virtù di quanto già sinora chiarito, può dirsi intuitivo immaginare il **contenuto tipico** di una norma tributaria sostan-

ISBN 978-88-495-4378-0

ziale o impositrice: la tipologia di norma in questione, cioè, contiene naturalmente una descrizione di fatti, negozi od operazioni economicamente rilevanti, che essa individua caso per caso quali presupposto del tributo; al verificarsi in concreto delle situazioni astrattamente individuate nella normativa sostanziale, è poi collegata la nascita di una determinata obbligazione tributaria di pagamento in capo ad uno o più soggetti passivi.

La norma tributaria sostanziale, quindi, individua e **«aggiunge»** ordinariamente fatti rilevanti ai fini del concorso alle spese pubbliche stabilito con un determinato tributo, imputando «coerentemente» la relativa capacità contributiva ad un soggetto passivo obbligato a pagare il medesimo tributo.

È agevole comprendere, pertanto, che i fatti «aggiunti» in una determinata disciplina tributaria sostanziale, sia essa complessa ed analitica (ad es. il reddito d'impresa) ovvero di tipo forfettario e standardizzato (es. redditi fondiari e tributi locali), devono essere necessariamente legati da un nesso di **«coerenza» con la specifica scelta di riparto delle spese pubbliche** che ciascun tributo persegue. Tali sono, infatti, le caratteristiche tipicamente ricadenti sulla norma tributaria impositrice in ossequio ai vincoli costituzionali.

Vero è, tuttavia, che in talune circostanze, la norma tributaria contiene precetti che non aggiungono fatti al tributo, ma piuttosto li sottraggono ad esso (c.dd. **norme tributarie di tipo sottrattivo**).

Le norme tributarie di tipo sottrattivo:

Le norme tributarie di tipo sottrattivo, peraltro, sottendono ipotesi profondamente diverse l'una dall'altra.

Una prima ipotesi di norma tributaria di tipo sottrattivo è comunemente definita **norma di esclusione** (o semplicemente **esclusione**).

le norme di esclusione…

Sul piano della classificazione concettuale e dottrinale, essa assume connotati ben precisi.

Si tratta, in particolare, di una vera e propria norma impositrice che, in luogo di aggiungere, sottrae (*rectius* **«esclude»**) determinati fatti dal presupposto del tributo, ma pur sempre al fine di **precisare meglio l'esatto ambito di applicazione della fattispecie imponibile**.

In altre parole, la norma di esclusione è solo «formalmente» sottrattiva», in quanto, pur escludendo espressamente determinati fatti dall'imposizione, le esclusioni da essa recate sono **coerenti** con la regola «sostanziale» di concorso stabilita dal legislatore per quel tributo; tale norma, quindi, opera naturalmente **nell'ambito del medesimo vincolo di coerenza** che caratterizza le norme tributarie sostanziali o impositrici.

 ISBN 978-88-495-4378-0

La norma di esclusione, quindi, completa e chiarisce la definizione della fattispecie imponibile, **enunciando espressamente**, per esigenze di chiarezza applicativa, ciò che **non è da ritenersi compreso** nel medesimo tributo, in quanto «fatto» **non coerente** con il criterio di riparto ivi effettivamente stabilito.

In tal senso è abitualmente e correttamente affermato che l'esclusione **non contiene alcuna «deroga»** al regime di imposizione cui accede, ma piuttosto ne asseconda e precisa l'ambito normale di applicazione (si veda, ad esempio, l'art. 47, comma 5, del Tuir, che esclude espressamente dal presupposto dei redditi di capitale, le somme ricevute dai soci a titolo di restituzione dei fondi costituiti con sopraprezzi di emissione delle azioni o quote; tali distribuzioni, infatti, essendo assimilabili alla mera restituzione dei conferimenti già versati a suo tempo dai soci, esulano dalla coerente esplicazione di un'imposta sul reddito di capitale, non avendo natura reddituale ma piuttosto di restituzione del capitale inizialmente versato).

Nel concludere la disamina vanno aggiunte due notazioni.

... quali norme tributarie sostanziali o impositrici

La prima consiste nel ribadire che, per come è stata concettualmente definita, la **norma di esclusione** rientra a tutti gli effetti nell'ambito delle **norme tributarie sostanziali o impositrici**, anche e primariamente sul piano dei principi costituzionali di riferimento.

La seconda, nel prendere atto, laconicamente, che mentre la norma di esclusione qui descritta, frutto dell'elaborazione dottrinale, sottende una categoria concettuale nitida e sistematicamente coerente, la medesima terminologia è invece **confusamente utilizzata** sul piano legislativo.

Ciò implica che non sempre, all'uso legislativo del termine «esclusione», corrispondono, in concreto, i tratti della categoria concettuale così come rigorosamente definita sul piano giuridico-tributario.

3. *Segue*. Esenzioni e agevolazioni fiscali. – Come già accennato nel paragrafo precedente con riferimento alle norme di esclusione, la terminologia legislativa in merito alle fattispecie sottrattive è alquanto disinvolta ed imprecisa.

le norme di esenzione...

In particolare, l'ipotesi di confusione più ricorrente nella terminologia legislativa, concerne la impropria sovrapposizione della delineata categoria dell'esclusione con quella dell'**esenzione**, ipotesi anch'essa di tipo sottrattivo, ma affatto diversa dalla prima.

In comune con il *genus* delle norme tributarie sottrattive, la norma di esenzione, come quella di esclusione, contiene precetti **volti espres-**

ISBN 978-88-495-4378-0

samente a sottrarre determinate situazioni dall'ambito di applicazione del presupposto (o della base imponibile) del tributo.

Con la norma di esenzione fiscale, tuttavia, la misura sottrattiva è espressiva di una finalità diversa da quella propria del tributo, **implicando una «deroga» al normale funzionamento dello stesso.**

La norma di esenzione, cioè, non «sottrae» dal tributo al fine di precisare meglio l'esatto ambito applicativo del medesimo, ma lo fa piuttosto per **«agevolare»** alcune ipotesi che andrebbero normalmente e coerentemente assoggettate a quel regime impositivo; le norme di esenzione, quindi, fanno prevalere, rispetto a quelle proprie del tributo, **finalità extrafiscali** (nel senso di estranee e diverse rispetto a quelle concretamente e coerentemente perseguite con lo specifico tributo cui si applica l'esenzione).

... quali norme di tipo agevolativo (e derogatorio)

La **giurisprudenza tributaria** valorizza ampiamente il profilo derogatorio delle norme di tipo agevolativo rispetto alla finalità propria delle norme impositrici, derivandone la conseguenza che le norme agevolative **sono da interpretare in modo restrittivo.**

È in ogni caso decisiva, al fine di una distinzione tra norma di esclusione (norma impositrice) e norma di esenzione (norma di tipo agevolativo), confrontare la *ratio* della misura sottrattiva rispetto a quella coerentemente perseguita con il tributo: se essa non è derogatoria ma volta solo a precisare coerentemente il tributo, si tratta di esclusione; se invece la fattispecie sottrattiva assume caratteristiche concretamente non coerenti con la *ratio* del tributo e quindi **derogatorie e «agevolative»**, ci troveremo di fronte ad un'**esenzione**.

Nel primo caso (esclusione) la norma andrà applicata in coerenza con il criterio di concorso che caratterizza il tributo. Nel secondo caso (esenzione), sarà invece la *ratio* propria dell'agevolazione ad orientare l'individuazione di ciò che va effettivamente sottratto al tributo.

Si pensi ad esempio all'istituto della detrazione nell'Irpef che, in via generale, sicuramente rappresenta una misura sottrattiva non agevolativa, in quanto coerente con la connotazione in chiave personale del tributo.

Il riconoscimento di spese detraibili dal reddito personale, peraltro, in talune circostanze non appare solo finalizzata a realizzare la tassazione personale del soggetto passivo, ma anche tesa a favorire determinati settori (o soggetti) ai quali è erogabile la spesa detraibile, considerati meritevoli di tutela per ragioni tipicamente e prevalentemente extrafiscali (vedi ad es. alcune ipotesi di «oneri detraibili» di cui all'art. 15, comma 1, lettere i e seg. del Tuir, quali «erogazioni li-

 ISBN 978-88-495-4378-0

berali a favore di persone giuridiche pubbliche e private che operano senza scopo di lucro nel settore dello spettacolo», ovvero quelle a favore a favore delle ONLUS). Finalità, queste ultime, che nelle concrete ipotesi richiamate appaiono prevalenti rispetto a quella propriamente correlata alla precisazione e coerenza applicativa del tributo personale sul reddito, risolvendosi in un'ipotesi derogatoria di tipo agevolativo.

Va detto ancora che per stabilire la *ratio* agevolativa o meno della misura sottrattiva, occorre valutarla non solo con riferimento alla **specifica disciplina del singolo tributo** oggetto di sottrazione, **ma anche sul piano sistematico.** Si pensi, a titolo di esempio, al regime di neutralità fiscale dei conferimenti di azienda *ex* art. 176 Tuir. Esaminando infatti la disciplina complessiva dei redditi d'impresa, si rileva che il conferimento d'azienda è assimilabile ad una vera e propria operazione di riorganizzazione societaria (fusione, scissione, ecc.); il regime di neutralità fiscale previsto per tale operazione non è, quindi, derogatorio e agevolativo rispetto al regime ordinario di cessione di azienda, ma piuttosto è «coerente» (sistematicamente) con il regime «neutrale» di tassazione dei redditi d'impresa previsto per le operazioni di riorganizzazione societaria.

Utilità della distinzione tra esclusione ed esenzione

Nel concludere la disamina con la quale sono stati ribaditi i tratti differenziali tra esclusioni ed esenzioni, **è giusto dar conto dell'utilità di una simile distinzione**.

Si è detto che la norma di esclusione è a tutti gli effetti una norma tributaria impositrice ed a tale categoria deve fare riferimento.

Diversamente può dirsi per la norma di esenzione, che è invece un'ipotesi di agevolazione fiscale.

Per la norma di esenzione (agevolazione), è dunque utile ribadire che:

– il carattere derogatorio rispetto al «normale» funzionamento del tributo, implica una specifica valutazione di compatibilità costituzionale; in altre parole, la misura sottrattiva del tributo di tipo agevolativo (es. esenzione fiscale), è legittima sul piano costituzionale se le ragioni extrafiscali da essa recate si reputano, in concreto, meritevoli di prevalere sulle ragioni fiscali proprie del tributo oggetto di sottrazione (comunque rilevanti costituzionalmente *ex* art. 53 Cost.), con particolare ponderazione anche rispetto al principio di uguaglianza di cui all'art. 3 Cost.;

– mentre l'applicazione delle norme di esclusione è (*rectius* deve essere) coerente con la *ratio* del tributo, quella delle norme di esenzione/agevolazione fiscale, come già detto, non è riconducibile a tale

ISBN 978-88-495-4378-0

ratio perseguendo esse una propria finalità extrafiscale; in ragione della natura derogatoria rispetto al tributo dal quale sottraggono imponibile, in ogni caso, le norme di esenzione/agevolazione fiscale devono essere interpretate in modo **particolarmente rigoroso**, evitando sottrazioni al tributo non effettivamente coerenti con le finalità legislative, ovvero incompatibili con i principi costituzionali.

4. *Segue*. Agevolazioni fiscali e divieto di aiuti di Stato. – Nel trattare di esclusioni, esenzioni ed agevolazioni, è utile accennare al **divieto di aiuti di Stato**, così come sancito nel diritto europeo nonché direttamente efficace negli ordinamenti degli Stati membri.

Il divieto di aiuti di stato trova fondamento nell'art. **107 del *Trattato sul funzionamento dell'Unione europea*** (TFUE) ove è sancito che sono incompatibili con il mercato comune, nella misura in cui incidano sugli scambi tra gli Stati membri, gli aiuti concessi dagli Stati, ovvero mediante risorse statali, sotto qualsiasi forma che, favorendo talune imprese o produzioni, falsino o minaccino di falsare la concorrenza.

È pacifico che il contribuente beneficiario di una misura sottrattiva fiscale di tipo agevolativo (esenzione), pure se applicata in modo conforme alla legge nazionale che la prevede, è tenuto a restituire le somme ad essa riferibili ove la misura sia considerata in concreto vietata ai sensi dell'art. 107 TFUE. È quindi estremamente importante stabilire la conformità, o meno, di una determinata fattispecie sottrattiva fiscale all'art. 107 TFUE.

Ciò premesso, è utile ribadire preliminarmente che la normativa europea non esprime propriamente una nozione di aiuti di Stato, ma stabilisce piuttosto un **divieto di aiuti di Stato** aventi determinati requisiti.

Gli aiuti di Stato (vietati) ex art. 107, par. 1

In particolare, incorre nel divieto di aiuti di Stato di cui alla norma in esame (art. 107, par. 1), così come ricavabile dagli orientamenti di Commissione e Corte di Giustizia, una misura che abbia in concreto le seguenti caratteristiche fondamentali:

1) attribuisce un **vantaggio economico al beneficiario** (Corte di giust., 14 marzo 1994, C-387/92, *Banco Exterior de Espana*), che incide sugli scambi tra gli Stati membri, **falsando (o minacciando di falsare) la concorrenza**;

2) il vantaggio è imputabile **allo Stato o a risorse statali**;

3) il beneficiario è **un'impresa o una produzione**;

4) la misura è **selettiva** e pertanto favorisce soltanto talune im-

 ISBN 978-88-495-4378-0

prese o talune produzioni (Corte di giust., 15 dicembre 2005, C-148/04, *Unicredito*).

Gli aiuti di Stato ammessi ex art. 107, par. 2 e 3

Sussistono poi **ipotesi di aiuti ammessi** (art. 107, par. 2 e 3):

a) perché economicamente marginali (**regime *de minimis***);

b) perché erogati in ragione di **calamità naturali e tendenti a risarcire il «danno concorrenziale» concretamente subito da tali eventi**;

c) in quanto **valutati dalla Commissione UE compatibili con i principi del diritto europeo.**

Anche nel caso di aiuti riconducibili alle categorie di aiuti ammessi, negli ultimi anni in forte espansione per sostenere la ripresa economica nell'eurozona, non mancano tuttavia problematiche e questioni applicative che possono in concreto condurre alla illegittimità della misura per violazione della normativa europea: v. ad es. gli aiuti di Stato erogati a fronte del terremoto in Abruzzo, certamente riconducibili ad una calamità naturale, ma purtuttavia contestati dalla Commissione UE in quanto erogati anche ad imprese in concreto non danneggiate dal sisma (Commissione Ue, decisione del 14 agosto 2015).

Confronto tra la nozione di agevolazione fiscale e quella di aiuto di Stato

Alla stregua delle brevi indicazioni sin qui esposte, nonché dei principali orientamenti della giurisprudenza europea e costituzionale, è possibile esprimere alcune sintetiche osservazioni di **confronto** tra nozione di agevolazione fiscale e nozione di aiuti di Stato vietati:

– le modalità applicative con le quali può essere realizzata la misura agevolativa fiscale e l'aiuto di Stato vietato sono simili e in entrambi i casi molto ampie. **L'agevolazione fiscale**, tuttavia, per la sua legittimità sul piano costituzionale, richiede il rispetto di determinati **requisiti formali** dal punto di vista delle fonti: può essere stabilita **solo con legge**, ovvero con atti regolamentari a cui la legge abbia previamente demandato la disciplina di tali ipotesi. La nozione di aiuti di Stato vietati opera invece **in modo spiccatamente sostanzialistico**. Ciò vuol dire che il divieto di aiuti di Stato può essere integrato anche da «misure» che non costituiscono un'agevolazione fiscale sul piano formale, in quanto non previste da leggi o regolamenti, ma derivanti, ad esempio, da orientamenti interpretativi dell'Amministrazione finanziaria.

– la nozione di **aiuti di Stato vietati è concettualmente più ampia, sul piano oggettivo**, della nozione di agevolazione fiscale, laddove la prima, non è limitata alle misure sottrattive del tributo, ma può essere integrata anche da **misure sovvenzionali** di tipo non fiscale **(ad es. contributi),** ovvero finanche da **prelievi tributari** (es.

ISBN 978-88-495-4378-0

tributi discriminatori e selettivi che ostacolino la concorrenza, sia in quanto **eccessivamente gravosi**, sia, all'opposto, in quanto **ingiustificatamente favorevoli** a determinate imprese – si veda ad es. il caso Apple in Irlanda).

– Diversamente, è la nozione di **agevolazione fiscale** ad essere concettualmente più ampia, **sul piano soggettivo**, in quanto è potenzialmente riferibile anche a soggetti diversi dai «beneficiari imprese»; ciò implica che misure agevolative rivolte effettivamente a **beneficiari diverse dalle imprese** (ad. es. misure di sostegno alle famiglie, ecc.), esulano dalla nozione di aiuti di Stato vietati.

– La maggiore ampiezza della nozione di agevolazione fiscale sul piano soggettivo, inoltre, si nota anche per la circostanza che essa può essere integrata anche da **una misura destinata alle imprese ma di tipo generale**, rivolta cioè in modo **non selettivo** ad una generalità di beneficiari (es. rivolta a favorire lo sviluppo del sistema produttivo nel suo complesso). Una tale misura, che è agevolazione fiscale se opera quale misura sottrattiva del tributo per uno scopo diverso e derogatorio (extrafiscale) rispetto a quello del prelievo tributario, **non rientra però tra gli aiuti di Stato vietati,** se effettivamente di tipo generalizzato e non selettivo.

– I criteri per stabilire la legittimità e la meritevolezza costituzionale, nell'ordinamento interno, dell'agevolazione fiscale non rilevano, di per sé, per escludere la misura dal divieto europeo di aiuti di Stato (*ex* art. 107 TFUE). La compatibilità europea della misura, cioè, va valutata **esclusivamente in base ai principi europei.** Di contro, un'agevolazione fiscale che non viola la normativa europea non è di per sé legittima sul piano costituzionale.

Nel concludere il confronto tra agevolazioni fiscali ed aiuti di Stato, è in ogni caso fondamentale ricordare che non vi è agevolazione fiscale né (almeno tendenzialmente) aiuto di Stato vietato, se la misura sottrattiva è effettivamente e coerentemente rivolta **a precisare gli scopi del tributo**, sia sul piano della specifica disciplina tributaria considerata, sia sul piano sistematico.

Da ciò può dedursi che, ove la misura sottrattiva **integri effettivamente** un'ipotesi di **esclusione**, così come rigorosamente **definita sul piano concettuale**, essa oltre a distinguersi dall'esenzione/agevolazione fiscale, si pone fuori dal divieto di aiuti di Stato *ex* art. 107 TFUE (sempreché, ovviamente, il tributo non assuma di per sé tratti discriminatori e selettivi, integrando per tale via il divieto di aiuti di Stato).

 ISBN 978-88-495-4378-0

Capitolo 7

I soggetti passivi tributari

Sommario: 1. Capacità giuridica e soggettività tributaria. – 2. Soggettività tributaria e soggettività passiva d'imposta. – 3. La solidarietà tributaria di tipo «paritario». – 4. La solidarietà tributaria «dipendente». – 5. Il responsabile d'imposta. – 6. Il sostituto d'imposta. – 7. Sostituzione tributaria e ritenute alla fonte. Le ritenute a titolo d'imposta. – 8. *Segue*. Le ritenute a titolo di acconto. – 9. I patti di accollo dell'imposta.

1. Capacità giuridica e soggettività tributaria. – La capacità giuridica e la soggettività sono nozioni già apprese nello studio di altre materie e, come chiarito sin dalle premesse, tali conoscenze si considerano acquisite nello studio così come nell'applicazione del diritto tributario.

Sul piano didattico, è utile tuttavia ricordarne alcuni profili per poi meglio comprendere le specificità della materia tributaria.

Capacità giuridica e soggettività

La capacità giuridica è abitualmente intesa quale **idoneità di un «soggetto» ad essere destinatario delle situazioni giuridiche** (diritti, obblighi, doveri, ecc.).

È importante comprendere, tuttavia, che punto nodale della capacità giuridica non è la mera idoneità ad essere destinatario delle situazioni giuridiche, ma appunto **l'idoneità ad esserlo in quanto «soggetto».**

Da ciò la stretta, intima e pacifica connessione di capacità giuridica e soggettività giuridica.

Ma quali sono i «soggetti» dell'ordinamento giuridico? Non vi è, ovviamente, alcuna norma dell'ordinamento che esprime questa nozione in termini generali, così come è assolutamente pacifico, attualmente, che la stessa, se include certamente al suo interno tutte le **persone fisiche**, ricomprende anche una variegata tipologia di enti collettivi (**persone giuridiche** – es. società di capitali – ed **enti privi di personalità giuridica** – es. società di persone).

La nozione di soggettività giuridica, dunque, racchiude al suo in-

 ISBN 978-88-495-4378-0

terno tre insiemi di soggetti: due di questi insiemi, **persone fisiche** e **persone giuridiche**, caratterizzano con precisione i soggetti ivi ricompresi, i quali sono tendenzialmente destinatari di una **capacità giuridica di tipo generale** (riferibile cioè alla generalità delle situazioni giuridiche previste nell'ordinamento); più incerta è invece la definizione dei soggetti appartenenti al terzo insieme, quello degli **enti non personificati**, tendenzialmente destinatari di una **capacità giuridica di tipo limitato**.

Considerando tutti i soggetti riconducibili ai tre insiemi, si definisce una nozione generale di «soggetti di diritto», che in questi termini può dirsi comune all'intero ordinamento giuridico.

Ciò premesso e ferma la nozione generale sin qui delineata, le esigenze dei singoli settori ordinamentali possono dare luogo ad alcune divergenze, in particolare nella considerazione dei soggetti riconducibili al terzo insieme, quello degli enti non personificati.

In particolare, il perseguimento delle **specifiche finalità fiscali** può talvolta indurre il legislatore tributario ad individuare «soggetti», come tali **idonei destinatari di situazioni giuridiche tributarie**, che non sono tuttavia riconosciuti come tali nel diritto privato. Basti pensare al *trust*, che sul piano civilistico è inteso quale atto negoziale e non quale ente-soggetto, mentre è specificamente considerato nell'art. 73 del Tuir tra i soggetti passivi dell'Ires. Ovvero alle società cancellate dal registro delle imprese, che cessano di esistere come soggetti per l'ordinamento generale dopo la cancellazione, mentre «sopravvivono» per cinque anni «*...ai soli fini della validità ed efficacia degli atti di liquidazione e riscossione dei tributi e contributi, sanzioni e interessi...*» (art. 28, comma 4, d.lgs. n. 175/2014).

«Specialità» della capacità giuridica e/o della soggettività tributaria

In questo senso si discute di **«specialità»** della capacità giuridica e/o della soggettività tributaria. Il diritto tributario, cioè, pur applicando le nozioni di capacità giuridica e di soggettività in modo analogo al diritto comune, **utilizza tali nozioni in modo idoneo alla realizzazione delle proprie specifiche finalità** (riparto delle spese pubbliche e quindi imputazione dei relativi obblighi tributari).

Di talché, la determinazione concreta dei soggetti tributari, ferma la coerente collocazione di essi in una delle tre categorie della nozione generale di diritto comune, **risponde all'attuazione delle scelte proprie del legislatore tributario ed ai principi vigenti in tale ambito**.

2. Soggettività tributaria e soggettività passiva d'imposta. – Riprendendo dunque la nozione di diritto comune, per **soggettività tri-**

ISBN 978-88-495-4378-0

butaria si intende **l'idoneità ad essere destinatario, in quanto soggetto, delle situazioni giuridiche che nascono dalle norme tributarie.**

All'interno della soggettività tributaria come sopra definita, è utile distinguere la **soggettività passiva d'imposta.** Soggetto passivo d'imposta (definito anche «contribuente» o «soggetto passivo del tributo»), è colui nei cui confronti **si verifica il presupposto dell'imposta,** ed in capo al quale sorge l'obbligo di pagare il tributo in base alla propria capacità contributiva.

La soggettività passiva d'imposta

La soggettività passiva d'imposta, pur essendo l'ipotesi primaria di soggettività tributaria, non esaurisce tuttavia le ipotesi di soggettività tributaria (come già accennato *retro* al cap. 4, par. 3). Ciò in quanto gli obblighi tributari, di pagamento o di tipo formale, oltre ad essere imputati (per così dire «fisiologicamente») al contribuente nel senso precisato, nascono talvolta anche in capo a soggetti che non hanno realizzato il presupposto del tributo (ad es. sostituto e responsabile d'imposta, su cui infra par. 5 e seg. del presente Capitolo), ma sono purtuttavia coinvolti, in quanto **soggetti tributari,** nel meccanismo di attuazione del tributo.

3. La solidarietà tributaria di tipo «paritario». – Quando il **presupposto del tributo è riferibile a più soggetti,** le norme tributarie prevedono espressamente la **solidarietà** passiva tra i condebitori.

Questa ipotesi è descritta abitualmente quale **solidarietà «paritaria»,** per rimarcare appunto che l'imputazione dell'obbligazione tributaria nasce in capo a ciascun obbligato in quanto implica una **riferibilità del presupposto del tributo ad ognuno di essi.**

La solidarietà tributaria «paritaria»

La disciplina della solidarietà in materia tributaria, è essenzialmente ritratta dal codice civile (artt. 1292 e seg.), quindi, ciascuno dei debitori può essere costretto all'adempimento dell'intera obbligazione tributaria, mentre il pagamento da parte di uno libera gli altri.

Quale esempio di solidarietà tributaria paritaria si pensi all'ipotesi di una compravendita, ove tutte le parti contraenti sono obbligate in solido al pagamento dell'imposta di registro dovuta su tale atto.

Dalla riferibilità del presupposto del tributo a ciascuno dei coobbligati, discende linearmente che, nell'ipotesi in cui l'obbligazione tributaria sia pagata da uno solo dei condebitori, **a costui spetterà il diritto di regresso *pro quota* nei confronti degli altri coobbligati.**

il diritto di regresso pro quota nei confronti degli altri coobbligati

Ciò in quanto, fermi gli effetti della solidarietà che consentono al creditore Fisco di **chiedere a ogni condebitore il pagamento dell'intera obbligazione tributaria,** il criterio di riparto di un tale tri-

 ISBN 978-88-495-4378-0

buto è idealmente ripartito appunto *pro quota*, **in ragione della concreta riferibilità dell'unico presupposto del tributo su ciascun coobbligato paritario.**

Il diritto di regresso *pro quota* del coobbligato paritario che ha pagato il tributo, nei confronti degli altri coobbligati paritari, **scaturisce dunque direttamente dalla normativa tributaria e dalla concreta ripartizione su ciascun coobbligato del presupposto del tributo**. In assenza di ripartizioni specificamente ritraibili dalla normativa tributaria, peraltro, **tali quote si presumono uguali** (conformemente all'art. 1298, comma 2, c.c.).

Gli obblighi nascenti in capo a ciascun coobbligato dalla solidarietà passiva tributaria **sono inderogabili «nei confronti del Fisco»**.

Non è invece precluso che i rapporti tra i condebitori siano regolati, **sul piano privatistico**, in modo diverso rispetto alla ripartizione nascente in sede tributaria. Tornando all'esempio della compravendita, può essere considerato esemplificativamente quanto disposto dall'art. 1475 del c.c. che pone a carico del compratore, salva diversa pattuizione, le spese della compravendita, ivi compresa ad. es. l'imposta di registro (per alcuni cenni ai c.d. patti di accollo d'imposta si rinvia infra al successivo par. 9).

4. La solidarietà tributaria «dipendente». – Quando l'obbligazione di pagamento del tributo è riferita solidalmente dalla norma tributaria a più soggetti, ma taluno dei coobbligati solidali non ha realizzato il presupposto del tributo, si ha la c.d. **solidarietà dipendente**.

La solidarietà tributaria «dipendente»

Il **coobbligato dipendente** è cioè colui cui la norma tributaria imputa, solidalmente con altri, l'obbligazione di pagamento di un tributo che, sul piano dei criteri di riparto scelti e della capacità contributiva considerata, **non** è coerentemente destinato a gravare su di lui.

Il che implica, inevitabilmente, che quando si ha solidarietà dipendente vi è sempre (almeno) un **coobbligato c.d. principale**, inteso quale soggetto che ha coerentemente realizzato il presupposto del tributo.

Il coobbligato principale, dunque, altri non è che il soggetto passivo d'imposta «in senso stretto» (c.d. contribuente).

Una tale distinzione, quella appunto tra coobbligato «principale» e «coobbligato «dipendente», assume rilievo solo nelle ipotesi in cui la norma tributaria prevede la solidarietà dipendente, per distinguere appunto il coobbligato che non ha realizzato il presupposto del tributo dal soggetto passivo d'imposta in senso stretto.

ISBN 978-88-495-4378-0

Dal punto di vista dell'adempimento dell'obbligazione tributaria nei confronti del Fisco, non vi sono peraltro differenze per il coobbligato dipendente, nel senso che anche a costui sono applicabili le regole sulla solidarietà passiva, per cui può essere costretto al pagamento dell'intero.

Sussistono, tuttavia, per altri versi, alcuni importanti profili di distinzione.

In primo luogo, si afferma abitualmente che l'obbligazione del coobbligato dipendente implica, sul piano tributario, che esista l'obbligazione dell'obbligato principale. Quanto detto va inteso nel senso che se viene definitivamente esclusa l'esistenza dell'obbligazione del coobbligato principale per mancata realizzazione del presupposto del tributo, non è giuridicamente sostenibile, sul piano tributario, l'adempimento della medesima obbligazione tributaria da parte del coobbligato solidale dipendente.

In secondo luogo, vengono in rilievo le **circostanze specifiche** che la norma tributaria espressamente considera, di volta in volta, per l'attribuzione di una responsabilità solidale dipendente. L'imputazione della coobbligazione solidale dipendente, infatti, diversamente dalla solidarietà paritaria, non risponde al criterio di capacità contributiva *ex* art. 53 Cost., pur essendo funzionale al prelievo tributario. Ciò implica che l'imputazione legale di tale obbligo ad un soggetto che non è coerente con la capacità contributiva considerata dal tributo, deve esprimere una **«propria e autonoma ragionevolezza»** sul piano costituzionale (per l'approfondimento di tali aspetti si rinvia al paragrafo successivo).

In terzo luogo, nell'ipotesi in cui l'obbligazione tributaria sia pagata dal coobbligato solidale dipendente, a costui spetterà **il diritto di regresso per l'intero** nei confronti dell'obbligato principale, in virtù della ripartizione costituzionale dell'onere tributario. Sul piano del concorso alle spese pubbliche, infatti, il debito tributario non è destinato a gravare sul coobbligato solidale dipendente ma sul coobbligato principale; ed è appunto da tale ripartizione che discende, dunque, linearmente, il diritto di regresso (rivalsa) per l'intero di quest'ultimo.

il diritto di regresso per l'intero nei confronti dell'obbligato principale

Come già detto per la coobbligazione solidale paritaria, quelli esposti sono gli effetti che scaturiscono direttamente dall'ordinamento tributario **in tema di solidarietà dipendente**. Ciò non esclude anche per tale ipotesi, tuttavia, che i rapporti tra i condebitori siano regolati, **sul piano privatistico**, in modo diverso rispetto alla ripartizione nascente in sede tributaria.

 ISBN 978-88-495-4378-0

5. Il responsabile d'imposta. – L'ipotesi della coobbligazione solidale dipendente ricorre tradizionalmente in diritto tributario quando la norma prevede la figura del **«responsabile d'imposta»**.

Il «responsabile d'imposta»

L'art. 64, terzo comma, d.P.R. n. 600/1973, definisce testualmente **responsabile d'imposta** «*chi in forza di disposizioni di legge è obbligato al pagamento dell'imposta insieme con altri, per fatti o situazioni esclusivamente riferibili a questi, ha diritto di rivalsa*». La disciplina in questione, concernente le imposte sui redditi, si reputa possa descrivere in via generale nell'ordinamento tributario, la figura del responsabile d'imposta.

L'imputazione di un'obbligazione solidale dipendente di pagamento del tributo in capo ad un soggetto (il responsabile d'imposta), «*per fatti o situazioni*» che esprimono la capacità contributiva altrui, concorre certamente a **rafforzare la garanzia di adempimento del credito erariale**, ampliando il novero dei soggetti obbligati all'adempimento.

Un tale obbligo di pagamento, peraltro, non essendo sorretto dall'art. 53 Cost., richiede altresì, come già detto, un'autonoma verifica di compatibilità sul piano costituzionale.

e la verifica di compatibilità sul piano costituzionale

Né può dirsi di per sé sufficiente, a tal fine, la spettanza del diritto di regresso (rivalsa) per l'intero nei confronti del coobbligato principale. Il diritto di rivalsa, infatti, risponde alla mera ripartizione costituzionale del carico tributario, ma non mette al riparo il responsabile dall'eventuale inadempimento o insolvenza del contribuente.

Può dirsi dunque che la scelta di individuare ipotesi di responsabilità d'imposta è sì rimessa alla discrezionalità del legislatore, ma, oltre alla imprescindibile sussistenza del diritto di rivalsa per l'intero, devono potersi rilevare **concrete e specifiche circostanze** che rendano l'imputazione dell'obbligo legale di responsabile d'imposta ad un determinato soggetto, **costituzionalmente ragionevole**. Sono abitualmente ritenute tali:

Ipotesi di responsabilità d'imposta

– lo **svolgimento di determinati uffici** [si veda gli articoli: 10, comma 1, lett. b; 54, comma 1 e 57, comma 1, del d.P.R. n. 131/1986, che prevedono la responsabilità di notai e altri pubblici ufficiali per gli atti da essi redatti, ricevuti o autenticati; in tale ipotesi, dunque, il pubblico ufficiale (es. notaio), proprio **in quanto soggetto che ha redatto, ricevuto o autenticato l'atto nella sua veste di pubblico ufficiale**, ove non si premuri di assicurare preventivamente il pagamento del tributo, è chiamato a rispondere, quale coobbligato solidale dipendente, dell'imposta di registro direttamente nascente dal medesimo atto];

ISBN 978-88-495-4378-0

– l'esistenza di particolari e qualificati **rapporti negoziali** tra il responsabile ed il contribuente, nell'ambito dei quali andrebbero adeguatamente regolamentate anche le conseguenze della responsabilità legale d'imposta (es. rappresentante Iva di soggetto non residente *ex* art. 17 d.P.R. n. 633/1972);

– la **scelta, opzionale, di avvalersi di determinati regimi fiscali** (es. dichiarazione congiunta tra i coniugi, ai sensi dell'art. 17 della l. 13/4/1977, n. 114 che, nel consentire il vantaggio di poter «compensare» i crediti d'imposta di un coniuge con il debito d'imposta dell'altro coniuge, al contempo fa nascere una reciproca responsabilità d'imposta in capo a ciascun coniuge per i debiti tributari dell'altro).

6. Il sostituto d'imposta. – Il medesimo art. 64 del d.P.R. n. 600/1973, al primo comma, descrive quale **«sostituto d'imposta»** «*chi in forza di disposizioni di legge è obbligato al pagamento di imposte in luogo di altri, per fatti o situazioni a questi riferibili ed anche a titolo di acconto, deve esercitare la rivalsa se non è diversamente stabilito in modo espresso*». La figura del sostituto d'imposta è disciplinata e diffusamente applicata nelle imposte sui redditi, ma i tratti generali dell'istituto si reputa possano assumere rilievo generale nell'ordinamento tributario.

Il «sostituto d'imposta»

Nel descrivere la figura del sostituto d'imposta è utile precisare preliminarmente i seguenti aspetti.

In primo luogo, come per il responsabile d'imposta, può dirsi che il sostituto è gravato di un'obbligazione tributaria di pagamento in ragione di una **capacità contributiva altrui**.

Anche nella sostituzione d'imposta vi è quindi inevitabilmente un altro soggetto, avente le caratteristiche del soggetto passivo del tributo in senso stretto, che è qui definito **«sostituito»**.

Diversamente dall'ipotesi del responsabile d'imposta, tuttavia, non sussiste alcuna coobbligazione solidale tra sostituto e sostituito. Il sostituto, infatti, è chiamato per legge a «sostituire» il soggetto passivo del tributo (sostituito) nell'adempimento di una **specifica obbligazione tributaria il cui adempimento grava solo sul sostituto, pur essendo riferibile alla capacità contributiva del sostituito/contribuente.**

In secondo luogo, a tale figura (sostituto) la norma attribuisce **un diritto di rivalsa (per l'intero),** anche in questo caso in lineare conformità con la ripartizione costituzionale del carico tributario. Nel caso del sostituto d'imposta, peraltro, diversamente dal responsabile d'imposta, unitamente al diritto di rivalsa sussiste normalmente anche un

Il diritto e l'obbligo di rivalsa per l'intero nei confronti del sostituito

 ISBN 978-88-495-4378-0

obbligo di rivalsa (per l'intero), autonomamente sanzionabile in capo al sostituto nel caso di inadempimento, salvi i casi in cui la legge preveda espressamente una rivalsa facoltativa.

In terzo luogo, l'obbligo di pagamento del sostituto d'imposta, non essendo in sé sorretto dall'art. 53 Cost., richiede altresì, come già detto per quello del responsabile d'imposta, un'autonoma verifica di compatibilità sul piano costituzionale delle **circostanze specifiche** che sorreggono tale imputazione.

Anzi, può dirsi che essendo intuitivamente più gravoso **«sostituire»** un contribuente nell'adempimento dell'obbligazione tributaria piuttosto che risponderne insieme a lui (**«responsabile»**), i requisiti di compatibilità costituzionale per l'imputazione di un tale obbligo sembrano ancora più stringenti.

Il rapporto di provvista

Per tali ragioni, è opinione «tradizionale» che l'imputazione dell'obbligo di sostituto d'imposta si debba fondare sull'esistenza di un **«rapporto di provvista»**, cioè su di una **vicenda economico-negoziale che consenta al sostituto di disporre di somme del sostituito,** sulle quali il primo possa effettuare agevolmente la rivalsa, così da disporre preventivamente delle somme occorrenti all'adempimento dell'obbligazione tributaria a lui imputata quale sostituto.

L'esistenza del c.d. rapporto di provvista, inoltre, rende anche «costituzionalmente ragionevole» che in capo al medesimo sostituto sussista un vero e proprio obbligo (e non soltanto un diritto) di rivalsa.

In questi termini la figura del sostituto d'imposta, attualmente molto diffusa nell'ordinamento tributario, è essenzialmente associata ad un meccanismo che prevede, **già sul piano normativo**, l'effettuazione **di una rivalsa «anticipata»**, da parte del sostituto, che consente a costui di trattenere per sé le somme da versare successivamente al Fisco, in adempimento dell'obbligo tributario a lui imputato.

La ritenuta sulle somme spettanti al sostituito

Il sostituto, cioè, ha il diritto/obbligo, in base alla legge tributaria, di operare una **«ritenuta»** su somme di spettanza del sostituito/contribuente sul piano privatistico, ma di cui egli ha la materiale disponibilità, per poi adempiere l'obbligazione tributaria a lui imputata nella qualità di sostituto d'imposta [ad es. la banca (sostituto), depositaria di somme su un c/corrente, che all'atto del versamento al correntista (sostituito) degli interessi maturati sui depositi in c/corrente, opera una ritenuta fiscale trattenendo le somme che successivamente ha l'obbligo di versare al Fisco in qualità di sostituto d'imposta].

Fermo l'obbligo di applicare la ritenuta, che è disposto dalla norma tributaria, i rapporti tra il sostituto ed il sostituito **sono invece di na-**

ISBN 978-88-495-4378-0

tura privatistica. Dopo alterne vicende, infatti, la Corte di Cassazione ha confermato che **le controversie tra sostituto e sostituito** concernenti l'applicazione della ritenuta, non danno luogo ad un litisconsorzio necessario con il Fisco da assumere nel processo tributario, ma **sono rimesse alla giurisdizione ordinaria** (in tal senso, Corte di cass., SS. UU., ord. n. 14309 del 6 giugno 2013; sent. n. 8312 del 8 aprile 2010; sent. n. 15032 del 26 giugno 2009).

La natura privatistica dei rapporti tra sostituto e sostituito

Nel concludere va detto che gli adempimenti del sostituto d'imposta assumono particolare rilievo nell'attuale ordinamento tributario, tant'è che è prevista la presentazione di una specifica dichiarazione tributaria da parte dei sostituti d'imposta (c.d. Modello 770), nonché di sanzioni tributarie, sia di tipo amministrativo che di tipo penale, in caso di violazioni da parte del medesimo sostituto degli obblighi a lui spettanti.

7. Sostituzione tributaria e ritenute alla fonte. Le ritenute a titolo d'imposta. – Si è detto che la sostituzione tributaria, anche per garantire la compatibilità costituzionale di tale istituto, è essenzialmente correlata all'effettuazione di «**ritenute**».

Le ritenute di tipo tributario (c.dd. ritenute alla fonte) possono essere previste sia a **titolo d'imposta** sia **a titolo d'acconto**.

Nel caso delle **ritenute a titolo d'imposta**, una volta che il sostituto ha operato la ritenuta prevista dalla legge su determinate somme, **il prelievo tributario sulle stesse si intende interamente realizzato.**

Le ritenute alla fonte: ritenuta a titolo d'imposta

L'effettuazione della ritenuta a titolo d'imposta determina abitualmente l'applicazione di **un regime fiscale sostitutivo**; con l'effettuazione della ritenuta a titolo d'imposta, infatti, il «presupposto del tributo» gravato dalla medesima ritenuta è **sottratto, per legge, al regime «ordinario» di imposizione**.

Esempi di ritenute a titolo di imposta sono diffusamente rinvenibili nella tassazione dei redditi di capitale, nell'ambito dell'imposta sul reddito delle persone fisiche (Irpef). Si veda ad es. l'art. 26 del d.P.R. n. 600 del 1973 che disciplina le «*Ritenute sugli interessi e sui redditi di capitale*», laddove è previsto, tra le varie ipotesi, che «*l'Ente poste italiane e le banche operano una ritenuta del 27 per cento, con obbligo di rivalsa, sugli interessi ed altri proventi corrisposti ai titolari di conti correnti e di depositi...*» (comma 2). Le ritenute in questione sono tendenzialmente applicate a titolo di imposta nei confronti di correntisti e depositanti (mentre sono applicate a titolo di acconto se le somme si riferiscono all'attività d'impresa – cfr. comma 4). In que-

 ISBN 978-88-495-4378-0

sto caso dunque, quando i sostituti (Ente poste italiane e banche) operano «obbligatoriamente» la ritenuta a titolo d'imposta sugli interessi, le medesime somme (gli interessi), sono sottratti all'imposizione ordinaria sul reddito (Irpef), dal momento che l'effettuazione delle ritenute ha esaurito il prelievo tributario e nessun ulteriore adempimento è richiesto ai correntisti e depositanti (sostituiti).

Altra ipotesi di particolare rilievo è costituita dalle «Ritenute sui dividendi» (art. 27 d.P.R. n. 600/1973), ove è previsto che le società di capitali e gli enti commerciali (sostituti) operano, con obbligo di rivalsa, una ritenuta del 26 per cento a titolo d'imposta sugli utili in qualunque forma corrisposti a persone fisiche residenti (soci percettori dei dividendi in qualità di sostituiti) con riferimento a partecipazioni non detenute dal socio nell'esercizio d'impresa.

Da notare, infine, un utilizzo ampio delle ritenute a titolo d'imposta nel caso in cui determinati redditi **vengano corrisposti a soggetti non residenti fiscalmente nel territorio dello Stato** (es. le ritenute sui compensi corrisposti a lavoratori autonomi non residenti – art. 25, comma 2, oppure quelle sui redditi di capitale spettanti ai non residenti – art. 26, comma 5).

Prima di concludere, è utile esaminare alcune peculiari conseguenze dovute alla non corretta applicazione del regime delle ritenute a titolo d'imposta, fermo restando il profilo sanzionatorio.

omesso versamento all'Erario, da parte del sostituto, della ritenuta operata

Se il sostituto opera la ritenuta a titolo d'imposta in capo al sostituito ma non la versa all'Erario, sul sostituito non rimane alcun onere tributario residuo in merito alle somme oggetto di ritenuta, né tantomeno potrà essere successivamente chiamato a rispondere dell'eventuale mancato versamento dell'obbligazione tributaria da parte del sostituto. Una volta applicata la ritenuta a titolo d'imposta, dunque, nei confronti dell'erario **risponde unicamente il sostituto** (art. 15, d.P.R. n. 602/1973).

omessa effettuazione della ritenuta e omesso versamento all'Erario, da parte del sostituto

Se tuttavia il sostituto, oltre a non assolvere al versamento dell'obbligazione tributaria a lui imputata, omette anche di applicare la ritenuta a titolo d'imposta in capo al sostituito, per il pagamento di tale obbligazione tributaria, insieme al sostituto è **coobbligato in solido anche il sostituito** (cfr. art. 35 del d.P.R. n. 602/1973).

La coobbligazione solidale del sostituito verso il Fisco, che nasce solo nell'ipotesi in cui il sostituto omette, in tutto o in parte, sia di applicare la ritenuta a titolo d'imposta che di versarla, è evidentemente sorretta direttamente **dall'art. 53 Cost.** Ed infatti, al di là del meccanismo della sostituzione, **è pur sempre la capacità contribu-**

ISBN 978-88-495-4378-0

tiva del contribuente/sostituito quella considerata nel prelievo tributario in questione.

Quanto appena detto implica coerentemente che, nell'ipotesi in cui il sostituto sia concretamente costretto a pagare al Fisco l'importo di una ritenuta a titolo di imposta da lui non operata e non versata, **al medesimo sostituto spetterà il diritto di rivalsa per l'intero nei confronti del contribuente/sostituito.**

8. *Segue.* Le ritenute a titolo di acconto. – L'art. 64 del d.P.R. n. 600/1973 nel descrivere la sostituzione tributaria include espressamente anche l'ipotesi della sostituzione realizzata con ritenute a titolo di acconto. Quindi, anche per tale ipotesi **valgono le indicazioni generali già espresse per definire la figura del sostituto d'imposta.**

La sostituzione tributaria a titolo di acconto ha un'applicazione assai ampia, in particolare nell'ambito delle imposte sui redditi.

La ritenuta alla fonte a titolo di acconto

Le ritenute operate a titolo di acconto dal sostituto, diversamente da quelle operate a titolo d'imposta, **non sottraggono i redditi su cui sono state applicate dal regime ordinario di tassazione**, così come per essi vigente in capo al sostituito.

Il sostituito/contribuente, è tenuto quindi a sottoporre anche i redditi oggetto di ritenute a titolo di acconto al regime ordinario di imposizione sui redditi.

Le ritenute già subite a titolo di acconto, tuttavia, rappresentano per il sostituito/contribuente un credito d'imposta da far valere al fine del calcolo dell'imposta sul reddito delle persone fisiche (Irpef). In particolare, il contribuente ha il diritto di **«scomputare»**, dall'imposta **determinata secondo le regole ordinarie,** «*...le ritenute alla fonte a titolo di acconto operate, anteriormente alla presentazione della dichiarazione dei redditi, sui redditi che concorrono a formare il reddito complessivo e su quelli tassati separatamente*» (art. 22, comma 1, lett. c), d.P.R. n. 917/1986).

A tal fine è abitualmente previsto un apposito documento rilasciato dai sostituti (c.d. CUD) che **«certifica»** le ritenute fiscali (e previdenziali) operate nei confronti dei sostituiti.

Esempi di ritenute a titolo di acconto, a larghissima diffusione, sono rinvenibili nella tassazione dei **redditi di lavoro dipendente**, laddove i sostituti (società di capitali, società di persone, enti commerciali e non commerciali, imprenditori commerciali individuali, lavoratori autonomi, curatori fallimentari, commissari liquidatori, condomini) **devono** operare, **all'atto del pagamento degli emolumenti ai**

 ISBN 978-88-495-4378-0

lavoratori dipendenti, una ritenuta a titolo di acconto (con aliquote variabili cfr. art. 23, comma 2) dell'imposta sul reddito delle persone fisiche dovuta dai percipienti (art. 23 d.P.R. n. 600/1973).

Altra ipotesi molto diffusa di ritenuta a titolo di acconto è rinvenibile nella tassazione dei **redditi di lavoro autonomo**. È previsto, infatti, che i medesimi soggetti/sostituti già indicati nel precedente art. 23, se corrispondono compensi comunque denominati per prestazioni di lavoro autonomo, **devono** operare **all'atto del pagamento una ritenuta del 20 per cento a titolo di acconto** dell'imposta sul reddito delle persone fisiche dovuta dai percipienti (art. 25 d.P.R. n. 600/1973).

Ferma la descritta operatività del meccanismo delle ritenute a titolo di acconto, la non corretta applicazione dell'istituto implica conseguenze differenti rispetto a quelle esaminate con riferimento alle ritenute a titolo d'imposta.

omesso versamento all'Erario, da parte del sostituto, della ritenuta operata

Se il sostituto opera la ritenuta a titolo di acconto ma non versa le somme all'Erario, di tale inadempimento **risponde solo il sostituto** (per imposte, interessi e sanzioni – art. 15 d.P.R. n. 602 del 1973), mentre il sostituito **contribuente conserva in ogni caso il diritto a «scomputare»** le ritenute da lui subite (art. 22, comma 1, lett. c), d.P.R. n. 917/1986).

omessa effettuazione della ritenuta e omesso versamento all'Erario, da parte del sostituto

Nell'ipotesi invece in cui il sostituto omette sia di operare la ritenuta a titolo di acconto che di versarla all'Erario, per l'inadempimento di tali obblighi tributari risponde unicamente il sostituto, **non sussistendo alcuna coobbligazione solidale con il sostituito**. Vero è, peraltro, che il contribuente/sostituito, come già detto, è comunque tenuto a sottoporre anche i redditi oggetto di ritenute a titolo di acconto al regime ordinario di tassazione. Per cui, se la ritenuta a titolo di acconto non è stata operata dal sostituto, il contribuente/sostituito **rimane assoggettato all'imposizione ordinaria anche su tali redditi**, non potendo però «scomputare» la ritenuta, in quanto a lui non applicata, dal calcolo della propria Irpef.

Prima di concludere, è utile esaminare l'ipotesi in cui all'omessa applicazione e versamento della ritenuta a titolo di acconto su determinati redditi da parte del sostituto, subentri poi, successivamente, l'omesso pagamento del contribuente/sostituito sui medesimi redditi in ambito Irpef.

Se si verifica una tale circostanza, **entrambi i soggetti** (sostituto e contribuente/sostituito) sono inadempienti nei confronti dell'Erario e ciascuno risponderà separatamente, anche sul piano sanzionatorio, **del proprio inadempimento**.

ISBN 978-88-495-4378-0

Non va dimenticato, tuttavia, che **solo l'obbligazione tributaria del contribuente è sorretta dall'art. 53 Cost.**, diversamente da quella imputata al sostituto (anche se a titolo di acconto).

Quanto appena detto implica:

– in primo luogo, che, ferme le sanzioni e gli interessi, non potrà essere richiesto al sostituto il pagamento di una ritenuta a titolo di acconto su determinati redditi ove la relativa imposta sia già stata interamente riscossa dal Fisco in capo al contribuente/sostituito.

– In secondo luogo, che, nell'ipotesi in cui il sostituto sia costretto a pagare successivamente l'importo di una ritenuta a titolo di acconto a suo tempo non operata su determinati redditi, sui quali peraltro neppure il sostituito/contribuente abbia pagato la relativa imposta in sede di determinazione dell'Irpef, al sostituto spetterà, sul piano del diritto tributario, il diritto di rivalsa per l'intero nei confronti del contribuente/sostituito.

9. I patti di accollo dell'imposta. – Si è detto, nei capitoli introduttivi, che il pagamento del tributo trova diretta giustificazione nell'art. 53 della Costituzione ed anche che l'attuazione del concorso alle spese pubbliche, ivi sancita, deve trovare un'indicazione dei relativi elementi essenziali nella legge (art. 23 della Costituzione).

È stato anche chiarito che l'identificazione del soggetto passivo del tributo (contribuente) rientra negli elementi essenziali del tributo che la legge è chiamata ad indicare per rispettare la citata riserva di legge. Precisando però che, nelle ipotesi in cui l'obbligazione tributaria di pagamento grava su soggetti diversi dal contribuente (sostituto e responsabile d'imposta), anch'essi necessariamente previsti per legge *ex* art. 23 Cost., la normativa tributaria deve prevedere sempre il diritto (o l'obbligo) di rivalsa per l'intero.

Il tributo, cioè, deve essere ragionevolmente concepito in modo da **far gravare l'obbligazione tributaria di pagamento in capo al soggetto passivo in senso stretto del medesimo tributo (contribuente)**, pena la sua incostituzionalità.

Una tale ripartizione dell'onere tributario, costituzionalmente «vincolata» ai sensi dell'art. 53 (e 23), come già accennato, **concerne però l'ordinamento tributario e non investe le decisioni private dei contribuenti.**

Deve ritenersi quindi ammessa la scelta, **operante sul piano privatistico**, di modificare la ripartizione dell'onere tributario così come previsto dalla norma tributaria.

 ISBN 978-88-495-4378-0

Una tale possibilità è oggi sancita in via generale **dall'art. 8, comma 2, della l. n. 212/2000** (c.d. Statuto dei diritti dei contribuenti), ove è stabilito: «*È ammesso l'accollo del debito d'imposta altrui senza liberazione del contribuente originario*».

Dal testo del medesimo art. 8, quindi, possono essere ritratte le seguenti indicazioni e conferme.

I patti di accollo del tributo...

I patti di accollo dell'imposta, sempreché operino sul piano privatistico, sono generalmente ammessi.

È invece vietata ogni pattuizione che alteri la ripartizione dell'imposta anche sul piano del diritto tributario, non potendosi mai dare luogo, in tal modo, alla liberazione nei confronti del Fisco del soggetto passivo direttamente obbligato dalla legge tributaria; **non è ammesso, cioè, l'accollo liberatorio del debito d'imposta**.

... di tipo «esterno» o «interno»

Ferma la rilevanza sul piano privatistico, i patti di accollo d'imposta possono essere portati **a conoscenza del Fisco** (c.dd. patti di accollo d'imposta di tipo «esterno»), **oppure no** (c.dd. patti di accollo d'imposta di tipo «interno»; in proposito, Cass., sent. n. 3608 del 1995). Nel primo caso, il Fisco, in virtù della pattuizione nata *iure privatorum*, può agire anche nei confronti dell'accollante per ottenere il pagamento dell'obbligazione tributaria (c.d. accollo cumulativo). In tale ipotesi però, non trattandosi di una coobbligazione prevista dalla norma tributaria ma appunto nata sul piano privatistico, il creditore Fisco dovrà agire «azionando» il contratto di accollo come un qualsiasi creditore privato, salve diverse indicazioni ritraibili nella normativa tributaria.

Da quanto complessivamente detto può desumersi che **l'accollante di imposta** non è generalmente riconducibile al novero dei «soggetti tributari», ma è una figura che rimane essenzialmente riconducibile al diritto privato.

Per i debiti d'imposta accollati, come già detto (cfr. par. 5, Capitolo 5), non è consentito l'utilizzo in compensazione di crediti dell'accollante (art. 1, comma 2, d.l. n. 124/2019). Ove l'accollante proceda alla compensazione in violazione di tale norma, sarà destinatario, tra l'altro, di specifiche previsioni sanzionatorie, nonché coobbligato in solido con l'accollato per i debiti d'imposta indebitamente oggetto di compensazione, in virtù di quanto stabilito dall'art. 1, comma 4, d.l. n. 124/2019.

Limitatamente all'ipotesi peculiare descritta da ultimo, che prevede l'imputazione all'accollante di obblighi e responsabilità ***ex lege* tributaria e non *iure privatorum***, l'accollante assume dunque rilievo quale «soggetto passivo tributario».

ISBN 978-88-495-4378-0

Capitolo 8

L'interpretazione della norma tributaria

Sommario: 1. L'interpretazione della norma tributaria: premesse generali. – 2. I «vincoli» all'interpretazione della norma tributaria discendenti dall'art. 53 e dall'art. 23 della Costituzione. – 3. I «vincoli» all'interpretazione della norma tributaria discendenti dalla l. n. 212 del 2000 (c.d. Statuto dei diritti del contribuente). – 4. *Segue.* Limiti alla retroattività tributaria quale effetto del canone interpretativo «privilegiato» ricavabile *ex* art. 3 dello Statuto dei diritti del contribuente. – 5. *Segue.* Il «divieto» di interpretazione analogica delle norme tributarie sostanziali. Precisazioni in tema di interpretazione estensiva e restrittiva, nonché letterale e logico-sistematica della norma tributaria. – 6. Cenni all'interpretazione del contratto nell'applicazione della legge tributaria.

1. L'interpretazione della norma tributaria: premesse generali. – I principi di interpretazione della legge in ambito tributario sono ricavabili, in via generale, dalle regole del diritto comune.

Possono considerarsi superate, infatti, le risalenti teorie tese a privilegiare, in caso di incertezza circa il significato da attribuire alla norma tributaria, la tutela del contribuente (*in dubio contra fiscum*) ovvero quella del fisco (*in dubio pro fisco*). Lo stesso dicasi per quegli orientamenti volti ad affermare l'interpretazione della norma tributaria secondo criteri prettamente economici (**superamento della c.d. «interpretazione funzionale»**).

Come chiarito sin dal capitolo introduttivo, è invero attualmente indiscutibile la piena riconducibilità della norma tributaria ad un **metodo nonché ad una sistematica di tipo giuridico**.

Da quanto detto discende, quindi, almeno tendenzialmente, l'applicabilità al diritto tributario delle disposizioni contenute nel Capo II delle Preleggi, contenenti i principi per l'applicazione della legge in generale.

L'art. 12, comma 1, delle Preleggi

Quanto detto è in particolare sostenibile per l'art. 12, comma 1, delle Preleggi, ove è sancito: «*Nell'applicare la legge non si può ad essa attribuire altro senso che quello fatto palese dal significato proprio delle parole secondo la connessione di esse, e dalla intenzione del legislatore*».

 ISBN 978-88-495-4378-0

Nell'applicare la norma tributaria, l'interprete è dunque chiamato ad utilizzare, in via generale e nei modi tradizionalmente conosciuti, il criterio **dell'interpretazione letterale** insieme a quello di tipo **logico-sistematico.** Lo stesso può dirsi per l'interpretazione costituzionalmente orientata (c.d. **interpretazione «adeguatrice»**).

L'interpretazione letterale, logico-sistematica e adeguatrice

È cioè nell'ambito del metodo giuridico di interpretazione della legge e dei criteri generali ad esso preposti nel diritto comune, che andranno valorizzati, sul piano applicativo, i peculiari scopi che la norma tributaria reca in sé così come i vincoli sovraordinati che ne rappresentano il fondamento.

2. I «vincoli» all'interpretazione della norma tributaria discendenti dall'art. 53 e dall'art. 23 della Costituzione. – Si è ampiamente discusso dell'art. 53 della Costituzione e del ruolo fondante che i principi ivi espressi (criteri di riparto delle spese pubbliche e capacità contributiva) assumono per il diritto tributario.

Si è anche affermato che tale precetto costituzionale è specificamente riferibile alle norme tributarie sostanziali o impositrici (cfr. cap. 3).

Ma l'art. 53 non esprime solo un vincolo per la legittimità costituzionale della legge tributaria, da far valere nei modi e nei termini tradizionali. È utile ricordare, infatti, che l'art. 53 indica la finalità di fondo delle norme tributarie sostanziali, che è quella di indicare criteri di riparto delle spese pubbliche, nell'ambito di quelli compatibili con la Costituzione. Tali scelte, almeno per ciò che concerne i tratti essenziali del tributo, **spettano «inderogabilmente» al legislatore**, così come sancito dall'art. 23 della Carta Costituzionale.

Dall'esistenza dell'art. 53 e dell'art. 23 della Costituzione, sono dunque ritraibili precisi **«vincoli»**, in termini di legittimità costituzionale delle leggi tributarie sostanziali o impositrici, ma anche **fondamentali «coordinate»** per l'attività di interpretazione e applicazione delle medesime leggi tributarie.

Le «coordinate» interpretative derivanti dagli art. 53 e 23 della Cost.

In particolare:

– l'interprete della norma tributaria sostanziale, quando utilizza i criteri generali dell'interpretazione letterale e logico-sistematica, è «tenuto», in ogni caso, ad applicare il tributo **in coerenza con la finalità di riparto concretamente perseguita nella legge d'imposta** (ferme ovviamente censure di incostituzionalità della legge o di sua non conformità al diritto europeo).

– Ciò implica, da un lato, **il rispetto primario del dato letterale**, se inequivoco, che rappresenta fondamentale elemento per definire

ISBN 978-88-495-4378-0

ratio e coerenza giuridica del medesimo tributo, **così come individuato dal legislatore;**

– dall'altro, impone uno specifico «vincolo costituzionale» al metodo di **interpretazione logico-sistematico della legge d'imposta**, che dovrà essere attuato al fine di «migliorare» la congruenza del contenuto letterale della legge con il criterio di concorso che caratterizza il tributo e/o il settore impositivo di riferimento (art. 53 Cost.); tutto ciò, in ogni caso, garantendo l'attuazione del tributo in ossequio alle scelte effettivamente compiute dal legislatore nell'ambito della propria discrezionalità (art. 23 Cost.).

– Di talché, il significato di **termini e concetti propri di altri settori dell'ordinamento**, quando utilizzati **per interpretare la norma tributaria** (ad. es. compravendita, leasing, plusvalenza, simulazione, ecc.), ferma la tendenziale utilizzabilità del significato originario del termine così come assunto nel settore giuridico di provenienza, è necessariamente attribuito **garantendo coerenza con la *ratio* giuridica e la finalità del tributo**; così come sono **stabilite in concreto dal legislatore,** nonché ulteriormente precisabili facendo riferimento al **sistema tributario in cui il tributo stesso è inserito (imposte sui redditi, Iva, Irap, ecc.).**

3. I «vincoli» all'interpretazione della norma tributaria discendenti dalla l. n. 212 del 2000 (c.d. Statuto dei diritti del contribuente). – La l. 27 luglio del 2000 n. 212 afferma espressamente che le disposizioni in essa contenute «costituiscono principi generali dell'ordinamento tributario» (cfr. art. 1, l. n. 212/2000).

Vero è, tuttavia che la l. n. 212 del 2000 non è una legge costituzionale, ma una legge ordinaria del Parlamento. In questo senso è opportuno ricordare come la Corte costituzionale ha chiarito più volte che le norme contenute nello Statuto dei diritti del contribuente **non possono essere utilizzate come parametro di legittimità costituzionale delle leggi tributarie**, nemmeno come norme interposte (in tal senso, Corte cost., sent. n. 41 del 27 febbraio 2008, nonché Corte di cass., sent. n. 2221 del 31 gennaio 2011).

La superiorità assiologica dei principi enunciati dallo Statuto

La Corte di Cassazione però, pur rimarcando il rango di legge ordinaria dello Statuto, ha più volte rilevato la **superiorità assiologica** dei principi espressi nella l. n. 212 del 2000 (così, Corte di cass., sent. n. 17576 del 10 dicembre 2002), da cui deriva la loro funzione di **criterio interpretativo «privilegiato»** per l'interprete.

In altri termini, fermi i primari vincoli all'interpretazione discen-

 ISBN 978-88-495-4378-0

denti dai **principi costituzionali**, se l'applicazione della norma tributaria rimane in concreto non univoca ma offre più soluzioni, l'interprete è tenuto a scegliere **l'interpretazione conforme ai principi espressi nello Statuto** dei diritti del contribuente.

L'interpretazione conforme ai principi dello Statuto

4. *Segue.* Limiti alla retroattività tributaria quale effetto del canone interpretativo «privilegiato» ricavabile *ex* art. 3 dello Statuto dei diritti del contribuente. – Si è detto che i principi espressi nella l. n. 212/2000 assumono il ruolo di criteri ermeneutici «privilegiati» delle norme tributarie. Ciò assume specifico rilievo quale limite alla retroattività della norma tributaria.

Il limite alla retroattività della norma tributaria...

Tra i principi generali indicati dalla l. n. 212 del 2000, infatti, vi è quanto statuito nell'art. 3, comma 1, che espressamente vieta la retroattività della norma tributaria (**art. 3, comma 1, l. n. 212 del 2000**: «*Salvo quanto previsto dall'articolo 1, comma 2, le disposizioni tributarie non hanno effetto retroattivo. Relativamente ai tributi periodici le modifiche introdotte si applicano solo a partire dal periodo d'imposta successivo a quello in corso alla data di entrata in vigore delle disposizioni che le prevedono*»).

Come è noto, il divieto di retroattività è sancito anche nell'art. 11 delle Preleggi; ma se un tale limite (come del resto quello dell'art. 3, l. n. 212/2000) è certamente vincolante per le norme secondarie (regolamenti), esso è però superabile da norme primarie successive (e quindi anche dalle leggi tributarie), trovando piena copertura costituzionale solo per le leggi penali (ai sensi dell'art. 25 della Costituzione).

... discendente dall'art. 3, comma 1, l. n. 212 del 2000

Attribuendo, invece, il rilievo di **criterio interpretativo «privilegiato»** che la giurisprudenza conferisce alla l. n. 212/2000, può sostenersi che l'art. 3 dello Statuto «obbliga indirettamente» il legislatore tributario, laddove abbia intenzione di emanare leggi tributarie retroattive, ad esprimere **espressamente** l'applicazione retroattiva.

In altre parole, fermi ovviamente i limiti costituzionali all'interpretazione retroattiva delle norme tributarie ricavabili dall'art. 53 (cfr. retro cap. 3, par. 3), una norma tributaria può essere **applicata dall'interprete retroattivamente solo se ciò emerge «inequivocabilmente» dal testo della legge**.

Fuori dalle ipotesi di una retroattività che riceve chiara ed espressa conferma nel testo della legge, dunque, l'applicazione retroattiva della norma tributaria **non è desumibile in via interpretativa** (basti pensare alle frequenti situazioni in cui, per l'ambiguità del testo norma-

ISBN 978-88-495-4378-0

tivo, sussistano dubbi o incertezze sull'effettiva valenza retroattiva o meno della singola legge tributaria).

Ad una tale interpretazione, infatti, si oppone il criterio interpretativo privilegiato di cui all'art. 3 dello Statuto.

5. *Segue.* Il «divieto» di interpretazione analogica delle norme tributarie sostanziali. Precisazioni in tema di interpretazione estensiva e restrittiva, nonché letterale e logico-sistematica della norma tributaria. – La dottrina tributaria, ma anche la giurisprudenza, abitualmente **negano l'applicabilità** alle norme tributarie sostanziali **del criterio di interpretazione analogica** di cui all'art. 12, comma 2, delle Preleggi (Corte di cass., sent. n. 30722 del 30 dicembre 2011). Ciò sulla base di argomentazioni diverse, ma, essenzialmente, in virtù dell'esistenza della riserva di legge di cui all'art. 23 Cost.

Il divieto di interpretazione analogica

Una tale affermazione è in linea di massima condivisibile, ma necessita di alcune precisazioni.

In effetti, in ragione di quanto chiarito nel precedente paragrafo 2, non è forse appropriato, o comunque esaustivo della questione, attribuire ai **vincoli interpretativi** già descritti il «solo» risultato di vietare l'*analogia legis* in senso stretto delle norme tributarie sostanziali.

Come già chiarito, infatti, per l'esistenza dei già esaminati precetti costituzionali, è necessario che l'interprete applichi la norma dando attuazione alla scelta legislativa di riparto **propria di quel tributo**, garantendo quindi primaria coerenza con tale specifica *ratio*, qualsiasi siano i criteri interpretativi adottati.

In questo senso, può dirsi **certamente preclusa** l'applicazione del tributo ad una fattispecie che l'interprete reputa per certi versi **«analoga o simile»** a quelle considerate dal medesimo tributo, ma purtuttavia **non riconducibile giuridicamente al criterio di riparto concretamente prescelto dal legislatore**.

Ma, a ben vedere, lo specifico **«vincolo»** esistente per l'attività interpretativa delle norme tributarie sostanziali, non è riferibile (solo) all'interpretazione analogica, ma piuttosto all'applicazione in tale sede **dei criteri di interpretazione della legge in generale** (ed in particolare anche alle ipotesi descritte quali **interpretazione estensiva** ovvero **restrittiva**).

Precisazioni per l'interpretazione estensiva e restrittiva

E può dirsi quindi che, se tale vincolo opera primariamente nel senso di un divieto, per l'interprete, di applicare il tributo a fattispecie «non previste» dal legislatore (in via di interpretazione analogica ma anche estensiva), lo stesso opera anche nel senso contrario.

 ISBN 978-88-495-4378-0

È cioè similmente preclusa all'interprete un'applicazione **restrittiva** della norma tributaria, sottraendo in tal modo dalla tassazione ipotesi che appaiono ad essa riconducibili in quanto imprescindibilmente coerenti con il criterio di riparto specificamente prescelto dal legislatore; ciò vale anche se la «concreta» applicazione della norma tributaria dovesse comportare un contingente allontanamento dai principi di interpretazione del diritto comune (basti pensare all'imputazione dell'obbligazione tributaria ai fini Ires direttamente in capo al trust, che non può essere negata sul piano interpretativo in base all'assunto che il trust non è un «soggetto» per il diritto comune – cfr. *retro* cap. 7, par. 1).

In conclusione, è ancora utile ribadire che per l'interpretazione della norma tributaria sostanziale assume un ruolo fondamentale l'individuazione del criterio di riparto che il tributo sottende, la cui scelta (politica) spetta al legislatore, ovviamente nel rispetto di principi costituzionali ed europei; ciò in virtù di precisi vincoli costituzionali che l'interprete è tenuto a rispettare.

L'interpretazione letterale…

Quanto detto, ovviamente, non implica un incondizionato rispetto del **dato legislativo letterale**, anche se quest'ultimo assume ovviamente **rilievo primario** per individuare la scelta che il legislatore ha concretamente compiuto.

… e logico-sistematica della legge d'imposta

In tale delicato compito l'interprete può quindi certamente avvalersi del **criterio logico sistematico**, ma ciò più che altro **per precisare** (in senso estensivo o restrittivo) **e rendere «coerente» con la *ratio* propria del tributo**, ove necessario, il **risultato applicativo emergente dal «senso letterale delle parole»**.

Può essere infine aggiunto che le norme tributarie sono concretamente e notoriamente caratterizzate da un'estrema complessità tecnica, in particolare nella definizione delle fattispecie imponibili; profilo che rende spesso non agevole per l'interprete individuare *ratio* e collocazione sistematica del tributo, al fine di precisare applicativamente ciò che risulta dal contenuto letterale del testo legislativo.

Da tutto ciò, inevitabilmente, discende la necessità di un'elevata specializzazione degli operatori chiamati ad applicare (e prima ancora a redigere) le norme tributarie.

6. Cenni all'interpretazione del contratto nell'applicazione della legge tributaria. – L'attività di interpretazione del contratto, disciplinata negli artt. 1362 e seg. del c.c., è ovviamente oggetto proprio delle discipline privatistiche.

ISBN 978-88-495-4378-0

Nel diritto tributario, tuttavia, l'attività di interpretazione del contratto può assumere rilievo, indirettamente, quale elemento per applicare la legge tributaria. Ciò accade, in particolare, quando la legge impositiva descrive la fattispecie imponibile attraverso l'utilizzo di termini che implicano la valutazione di una sottostante operazione negoziale (ad es. proventi derivanti dalla cessione a titolo oneroso di beni).

L'interpretazione del contratto ai fini della legge d'imposta

In questi casi, può dirsi, che i principi di interpretazione e qualificazione dei contratti, a cui si riferisce indirettamente il presupposto del tributo, sono tendenzialmente ricavabili, anche in ambito tributario, dalle regole del diritto comune (e quindi dagli artt. 1362 e seg. c.c.).

Tendenziale applicabilità degli artt. 1362 e seg. c.c....

È importante però comprendere che la prospettiva con la quale valutare e **qualificare i contratti nel diritto tributario**, rimane quella di **interpretare e applicare la legge d'imposta** in cui essi sono specificamente considerati, piuttosto che quella di stabilire la loro validità ed efficacia nella sfera civilistica.

Ciò implica che i vincoli dell'interpretazione della legge d'imposta, come già descritti, si riflettono inevitabilmente anche sull'attività di interpretazione dei contratti in ambito tributario. In tal senso, è corretto affermare che atti e negozi non rilevano per l'interprete tributario in quanto tali, ma piuttosto quali «fatti» idonei ad esprimere il criterio di riparto del tributo e la capacità contributiva ivi considerata.

... e vincoli discendenti dall'interpretazione della legge d'imposta

Conclusivamente, può dirsi che quando occorre interpretare e qualificare atti e contratti in quanto considerati nella fattispecie imponibile, l'interprete, ferma la tendenziale utilizzabilità dei criteri di interpretazione propri dell'ambito privatistico, non è vincolato in modo stringente ad essi; l'interprete tributario, infatti, è prioritariamente tenuto a privilegiare una prospettiva applicativa **coerente con la *ratio* giuridica del tributo**, così come **espressa in concreto dal legislatore tributario,** nonché ulteriormente precisabile facendo riferimento al **sistema tributario in cui il tributo stesso è inserito (imposte sui redditi, Iva, Irap, ecc.).**

A ciò si aggiunga, come sarà meglio chiarito nel paragrafo seguente, che i criteri «sostanzialistici» di interpretazione (anche negoziale) disciplinati in funzione antiabuso per l'intero ordinamento tributario dall'art. 10-*bis* della l. n. 212/2000, sono esercitabili dall'interprete della legge d'imposta **solo se è azionato il procedimento previsto da tale norma** (sul punto si veda Corte cost., ord. n. 158, del 10 giugno 2020, su cui *infra* Cap. 9, par. 6).

 ISBN 978-88-495-4378-0

Capitolo 9

Interpretazione, evasione fiscale e abuso

Sommario: 1. Premessa: cenni alla nozione giuridica di evasione fiscale. – 2. L'abuso del diritto o elusione fiscale: cenni descrittivi. – 3. Il principio antiabuso di origine giurisprudenziale e la successiva scelta di codificare la legge generale antiabuso. – 4. L'art. 10-*bis* della l. n. 212/2000: la nozione legislativa di abuso o elusione fiscale quale illecito tributario non rilevante penalmente. – 5. La fattispecie elusiva di cui all'art. 10-*bis* rappresenta un'ipotesi concettualmente diversa dall'evasione fiscale. – 6. Interpretazione del contratto ed abuso fiscale.

1. Premessa: cenni alla nozione giuridica di evasione fiscale. – L'espressione «evasione fiscale» è molto utilizzata in diversi contesti della comunicazione sociale (economico, giornalistico, politico).

In questa sede è opportuno precisare, invece, il concetto di evasione fiscale sul piano strettamente «giuridico», profilo anch'esso, tra l'altro, non privo di difficoltà e di contrasti.

Fatte tali premesse, la nozione giuridica di **evasione fiscale** è indubbiamente legata alla sussistenza delle seguenti circostanze: 1) nascita effettiva di una obbligazione tributaria, così come prevista per legge, in capo ad un soggetto passivo; 2) mancato pagamento, in tutto o in parte, dell'obbligazione tributaria alla scadenza prevista per legge. La nozione giuridica di evasione fiscale

La nozione di evasione fiscale implica dunque, **sul piano oggettivo, la violazione di una disposizione tributaria**, con conseguente mancato pagamento del tributo nella misura e nei tempi stabiliti dalla legge d'imposta. Il profilo oggettivo…

In presenza delle circostanze descritte, può dirsi sussistente una situazione di evasione fiscale giuridicamente rilevante.

L'evasione fiscale così descritta in termini generalissimi, può peraltro caratterizzarsi concretamente in una molteplicità di modi, la cui distinzione assume specifico rilievo sul piano giuridico-tributario.

Se la si valuta **sotto il profilo soggettivo** (condotta del contribuente), l'evasione fiscale si realizza con dolo, con colpa grave o lieve, ovvero anche in modo incolpevole; tali aspetti assumono specifica ri- … e quello soggettivo

 ISBN 978-88-495-4378-0

levanza sul piano sanzionatorio (su tali aspetti si rinvia al cap. 21 in tema di sanzioni amministrative tributarie).

Ma anche osservandola **sul piano meramente oggettivo**, l'evasione fiscale è perpetrata in diversi modi, che assumono un distinto rilievo sul piano tributario.

Si può distinguere concettualmente **un'evasione «da riscossione»**, allorquando il soggetto passivo non paga il debito tributario dovuto che, purtuttavia, risulta già liquidabile in base alla dichiarazione presentata dal medesimo contribuente o dal sostituto d'imposta; si tratta di ipotesi in cui l'Amministrazione procede direttamente alla riscossione dell'imposta evasa e applica sanzioni «ridotte» – art. 36-*bis* e 36-*ter* d.P.R. n. 600/73 (sui poteri di controllo di tipo essenzialmente liquidatorio si veda il cap. 17; in taluni casi, tuttavia, anche l'evasione da riscossione può comportare l'applicazione di sanzioni penali: cap. 22, par. 5 e 6).

Ovvero **un'evasione «da accertamento»**, allorché il Fisco contesta al contribuente **l'omessa o infedele** dichiarazione dei tributi spettanti per legge; in tale ipotesi l'Amministrazione, utilizzando previamente gli ampi poteri istruttori di cui dispone, pone in essere appositi **atti di accertamento delle maggiori imposte dovute** per legge e irroga sanzioni amministrative pecuniarie, proporzionalmente commisurate alla gravità della violazione (sulla disciplina dei poteri di controllo in ambito fiscale si rinvia ai cap. 14 e seg. del presente manuale).

2. L'abuso del diritto o elusione fiscale: cenni descrittivi. – Con l'espressione elusione fiscale o abuso, si fa riferimento ad una situazione dai contorni meno netti sul piano giuridico, rispetto alla nozione di evasione fiscale, nonché fortemente controversa nel dibattito dottrinale e giurisprudenziale degli ultimi anni.

Oggi può dirsi che **«elusione fiscale»** e **«abuso fiscale»** rappresentano due modi per descrivere lo stesso fenomeno (si veda la rubrica dell'art. 10-*bis* della l. n. 212/2000, che richiama entrambe le espressioni in questione indicandone una equivalenza sul piano giuridico-tributario).

L'elusione o abuso fiscale

In termini generalissimi, può dirsi che per elusione fiscale o abuso si intende una situazione in cui una determinata attività economica del contribuente, per un verso **risulta preordinata e realizzata dal contribuente in modo «anomalo», sia sul piano economico-privatistico che su quello economico-aziendale**; per altro verso, il contribuente-operatore economico, proprio in ragione della anomalia e

ISBN 978-88-495-4378-0

peculiarità delle scelte compiute, che si pongono in modo «strumentale» rispetto al contenuto letterale delle leggi d'imposta, riesce a collocarsi in un regime di **tassazione più favorevole (ottiene quindi un «vantaggio fiscale»)**; anzi, può dirsi che, valutando complessivamente le operazioni compiute, è possibile dimostrare che l'ottenimento del «vantaggio fiscale» rappresenta **lo scopo unico o comunque essenziale** delle scelte economico negoziali compiute dal contribuente (in tal modo, si badi bene, il contribuente ha **«aggirato» le norme fiscali senza violarne direttamente il contenuto (letterale),** al fine di ottenere un vantaggio fiscale appunto «abusivo» (es. cessione e riacquisto di diritti di usufrutto su azioni per ottenere una migliore tassazione dei dividendi societari, ecc.).

In presenza delle circostanze esaminate, può dirsi ravvisabile, sia pure in termini meramente descrittivi, una situazione di elusione fiscale o abuso.

Ciò premesso, le questioni giuridiche in tema di elusione fiscale o abuso, le conseguenze sul piano della liceità o illiceità, nonché sul piano sanzionatorio, hanno dato luogo ad un dibattito ampissimo, tra l'altro esteso anche a livello europeo.

3. Il principio antiabuso di origine giurisprudenziale e la successiva scelta di codificare la legge generale antiabuso. – Una volta delineato il fenomeno nei suoi termini generali, può dirsi che ha senso distinguere giuridicamente l'abuso fiscale dall'evasione fiscale, solo quando la situazione in concreto realizzata dal contribuente **«non» è riconducibile direttamente all'evasione attraverso un'interpretazione di tipo logico-sistematica del contenuto letterale della legge d'imposta**. Se ciò è possibile, infatti, può dirsi che la concreta situazione non integra la nozione di abuso ma piuttosto quella di evasione fiscale, il cui rimedio va ricercato in via interpretativa superando il dato letterale della legge d'imposta.

Si è già detto, peraltro, che l'interpretazione delle leggi d'imposta ha precisi vincoli costituzionali, che attribuiscono particolare rilievo al contenuto letterale della legge d'imposta quale criterio di individuazione della scelta (legislativa) di riparto delle spese pubbliche.

L'interpretazione logico-sistematica, essenzialmente destinata a precisarne coerentemente il contenuto letterale rispetto alla *ratio* del tributo, non sempre è idonea a contrastare i comportamenti abusivi. L'uso eccessivo e disinvolto dello strumento interpretativo, infatti, può stravolgere le coordinate costituzionali che «vincolano» l'individua-

 ISBN 978-88-495-4378-0

zione in sede legislativa dei criteri di concorso alle spese pubbliche, nonché favorire incertezza applicativa nell'applicazione delle norme impositive.

Può essere problematico, dunque, affidare pienamente all'interprete la tutela rimediale per contrastare l'abuso in ambito tributario, senza un'indicazione di **ulteriori e specifici criteri guida da parte del legislatore** (senza cioè una legge generale che, oltre a ribadire il divieto di elusione fiscale e abuso, ne regolamenti gli ambiti applicativi specificando il ruolo dell'interprete).

Il divieto di abuso quale rimedio interpretativo di origine giurisprudenziale

La giurisprudenza tributaria (europea e nazionale), tuttavia, avendo la necessità di contrastare il fenomeno dell'elusione fiscale e dell'abuso in assenza di una legge generale antiabuso, ha affermato il rimedio dell'interpretazione c.d. «antielusiva», fondandola sull'esistenza di un **principio generale antiabuso** («non scritto»), direttamente utilizzabile dall'interprete nell'applicazione delle leggi d'imposta (in proposito, *ex multis*, Corte di giust., 21 febbraio 2006, causa C-255/02, *Halifax et alii*; 21 febbraio 2008, causa C-425/06, *Part service*; Corte di cass., sent. n. 21221 del 29 settembre 2006; SS. UU., sent. nn. 30055, 30056, 30057, del 23 dicembre 2008).

In tal modo, ampliando al massimo il ruolo dell'interpretazione logico-sistematica rispetto al vincolo rappresentato dal dato letterale delle leggi d'imposta e dalla stessa *ratio* del tributo, ha contrastato l'elusione fiscale riconducendo «interpretativamente» tale fenomeno all'evasione, con tutte le conseguenze anche in merito alle sanzioni.

Può dirsi che gli orientamenti giurisprudenziali volti a contrastare l'abuso fiscale hanno preso le mosse dalla giurisprudenza della Corte di Giustizia in ambito Iva (Corte di giust., 21 febbraio 2006, *Halifax et alii*, *cit.*), che hanno affermato il divieto di abuso ed in particolare l'esigenza di reprimere le situazioni di elusione fiscale concernenti i tributi armonizzati sul piano europeo.

Ciò, però, ha indubbiamente generato una situazione di evidente e concreta incertezza per gli operatori economici.

L'esigenza di «codificare» in una legge il principio generale antiabuso, è quindi sorta per porre rimedio alle distorsioni del fenomeno dell'elusione fiscale e abuso, senza però compromettere la «primazia» del legislatore nelle scelte fiscali e la certezza del diritto; con l'espresso intento, cioè, di limitare le incertezze di una tutela rimediale interamente rimessa al criterio interpretativo logico-sistematico, nonché **totalmente affidata all'interprete senza specifici criteri e linee guida stabiliti dal legislatore.**

ISBN 978-88-495-4378-0

Tant'è che l'esigenza di contrastare l'abuso mediante specifici e uniformi **criteri legislativi** è stata più volte manifestata agli Stati membri da documenti dell'UE (cfr. ad es. Raccomandazione della Commissione europea del 6.12.2012).

Le esigenze di una legge generale antiabuso in materia tributaria, manifestate espressamente sia in ambito nazionale che europeo, hanno quindi dato luogo all'inserimento dell'art. **10-*bis* della l. n. 212 del 2000**, ad opera del d.lgs. n. 128 del 5 agosto 2015.

La codificazione del principio generale antiabuso: l'art. 10-bis

In tale prospettiva, può essere preliminarmente affermato che la normativa generale recata dall'art. 10-*bis* è in gran parte «figlia» degli orientamenti europei, che hanno dato luogo prima all'esigenza di reprimere l'abuso/elusione fiscale e, poi, all'opportunità di interventi del legislatore tributario rivolti a **«codificare legislativamente» il divieto di abuso in ambito fiscale.**

4. L'art. 10-*bis* della l. n. 212/2000: la nozione legislativa di abuso o elusione fiscale quale illecito tributario non rilevante penalmente. – Quello appena descritto è quindi lo scenario nel quale ha avuto origine la l. delega n. 23 dell'11 marzo 2014 ed il successivo d.lgs. 5/8/2015 n. 128, che ha introdotto appunto il vigente art. 10-*bis* della l. n. 212 del 2000, contenente la «*Disciplina dell'abuso del diritto o elusione fiscale*».

Nel primo comma della disposizione è contenuta una nozione della fattispecie abusiva, **delineata essenzialmente in termini oggettivi.**

La nozione di elusione/abuso ai sensi dell'art. 10-bis

Gli elementi qualificanti dell'abuso o elusione fiscale sono infatti:

1) «*atti e operazioni **privi di sostanza economica***»;

2) che, «*pur nel **rispetto formale** delle norme fiscali* (come si vedrà a tale assunto andrà attribuito un ruolo decisivo), ***realizzano** essenzialmente vantaggi fiscali indebiti*».

Il comma 2 dell'art. 10-*bis* è rivolto espressamente a chiarire le nozioni indicate nel comma 1, con particolare riferimento al significato di: «*operazioni prive di sostanza economica*» (comma 2, lett. a) e vantaggi fiscali indebiti (comma 2, lett. b).

«operazioni prive di sostanza economica», cioè «anomale»...

La lett. a) chiarisce, infatti, che per «*operazioni prive di sostanza economica*» si intendono operazioni negoziali formalizzate **in modo anomalo e incoerente rispetto all'obiettivo economico-giuridico perseguito.** Si tratta cioè di un abuso fiscale ottenuto per il tramite di un **abuso dello strumento negoziale** (profilo noto e rimarcato anche sul piano europeo quale elemento caratterizzante della condotta fiscalmente abusiva).

 ISBN 978-88-495-4378-0

... essenzialmente finalizzate a realizzare «vantaggi fiscali indebiti»

La lett. b) definisce i vantaggi fiscali indebiti quali benefici realizzati **in contrasto con le finalità delle norme fiscali o con i principi dell'ordinamento tributario.** Anche in questo caso si tratta di profili considerati sul piano europeo, in particolare nella Raccomandazione 2012/772/UE.

L'inopponibilità all'Amministrazione finanziaria

La normativa chiarisce ancora che, in presenza di tali circostanze, le operazioni «abusive» non sono opponibili all'Amministrazione finanziaria, che può disconoscere i vantaggi fiscali così ottenuti «*determinando i tributi sulla base delle norme e dei principi elusi e tenuto conto di quanto versato dal contribuente per effetto di tali operazioni*» (comma 1).

Nella disposizione è altresì chiarito che «*non si considerano abusive, in ogni caso, le operazioni giustificate da valide ragioni economiche, non marginali, anche di ordine organizzativo o gestionale, che rispondono a finalità di miglioramento strutturale o funzionale dell'impresa ovvero dell'attività professionale del contribuente*» (comma 3).

L'inapplicabilità delle sanzioni penali all'abuso

Il medesimo art. 10-*bis* contiene infine indicazioni **sul piano sanzionatorio.** È chiarito, infatti, che l'abuso **è sanzionabile sul piano amministrativo-tributario** (quindi è riconducibile all'area dell'illecito), ma **non è rilevante sul piano penale** (comma 13, in proposito Corte di cass., sez. penale, sent. n. 40272 del 7 ottobre 2015).

La fattispecie abusiva, dunque, per espressa previsione di legge **non può integrare un reato fiscale**.

Il procedimento di accertamento dell'abuso

La normativa, inoltre, stabilisce una specifica regolamentazione del procedimento di accertamento dell'abuso (commi 6, 7, 8, 9, 10, 11), che prevede un'ipotesi di **contraddittorio procedimentale «obbligatorio»** per l'amministrazione finanziaria.

Sul piano degli oneri probatori, infine, ricade sull'amministrazione finanziaria **l'onere di provare** la sussistenza delle circostanze indicate alle lettere a) e b) del comma 2 dell'art. 10-*bis*, mentre sarà al contrario onere del contribuente dimostrare la reale utilità economica dell'operazione così come realizzata, anche eventualmente rapportandola alle reali esigenze organizzativo-gestionali della propria attività d'impresa.

Conclusivamente, si osserva che la nozione di abuso o elusione fiscale contenuta nell'art. 10-*bis* codifica gli elementi descrittivi già emersi nella precedente esperienza giurisprudenziale, operando altresì delle scelte sul piano sanzionatorio e procedimentale, anche se il testo legislativo non esprime, con la dovuta chiarezza concettuale, una scelta sistematica in merito alla rimediabilità dell' abuso, distinguendo tale fenomeno dall'evasione.

ISBN 978-88-495-4378-0

5. La fattispecie elusiva di cui all'art. 10-*bis* rappresenta un'ipotesi concettualmente diversa dall'evasione fiscale. – Si è detto che nell'art. 10-*bis* non è dato cogliere un'indicazione rigorosa in termini di distinzione tra abuso ed evasione, tant'è che in tal senso la norma si è esposta alla critica della dottrina tributaria.

È possibile però affermare che l'art. 10-*bis* contiene elementi sufficienti per stabilire che la fattispecie abusiva (o elusiva) in esso codificata **non** può essere ricondotta *sic e simpliciter* all'evasione fiscale. Ciò, in particolare, se rimane ferma la nozione di **evasione fiscale quale ipotesi che dà luogo alla violazione di norme tributarie.**

Nel comma 12 dell'art. 10-*bis*, infatti, è testualmente affermato che non vi può essere accertamento dell'abuso se i vantaggi fiscali possono essere negati ***«contestando la violazione di specifiche disposizioni tributarie»***.

La violazione di norme tributarie è evasione e non abuso

In virtù di quanto testualmente indicato nel comma 12, dunque, se sussiste violazione delle norme tributarie non vi è abuso (ma evasione).

A tal proposito, è altresì utile ricordare che l'enunciato contenuto nel comma 12 non è affatto casuale, ma risponde ad una precisa e fondamentale indicazione contenuta nella legge delega; l'assunto in questione, cioè, esprime un profilo che il legislatore parlamentare ha ritenuto primario per la definizione della normativa generale antiabuso. Il legislatore delegante, infatti, aveva espressamente e puntualmente affermato che l'abuso in ambito tributario deve essere configurato dalla legge (poi confluita nell'art. 10-*bis*) come una condotta «*che non sia in contrasto con alcuna disposizione*» (art. 5, comma 1, lett. a della l. delega).

Attribuendo quindi la giusta importanza al comma 12 ed alle indicazioni del legislatore delegante, ne deriva che le fattispecie abusive così come delineate nell'art. 10-*bis*, si qualificano quali **condotte che «non violano» alcuna disposizione tributaria** (al di là, ovviamente, del divieto previsto e regolamentato nel medesimo art. 10-*bis*).

Per tale ragione le ipotesi abusive, riconducibili cioè al divieto di cui all'art. 10-*bis*, **non dovrebbero poter essere contrastate con gli ordinari rimedi interpretativi (es. interpretazione logico-sistematica della legge tributaria).**

6. Interpretazione del contratto e abuso fiscale. – Tirando le fila della disamina sin qui condotta dell'art. 10-*bis*, discende da essa una importante conseguenza, sul piano delle scelte legislative tra tutela rimediale antiabuso e interpretazione in ambito tributario.

 ISBN 978-88-495-4378-0

Le ipotesi abusive di cui all'art.10-bis vanno contestate con il procedimento antiabuso...

Si è infatti affermato che le condotte abusive, da un lato, sono contestabili «solo» con il procedimento di accertamento antiabuso, ma anche che esse non implicano una violazione delle altre disposizioni tributarie (segnatamente delle norme tributarie di tipo «sostanziale»).

Ergo, tali condotte non sono contrastabili con gli ordinari rimedi interpretativi e men che meno con **la simulazione, ipotesi, quest'ultima, direttamente riconducibile all'area dell'evasione.**

Può dunque affermarsi che l'art. 10-*bis*, **offre argomenti per ravvisare l'attuale esistenza di un limite legislativo, peraltro sorretto costituzionalmente, alle scelte «ideologiche» dell'interprete nell'applicazione delle leggi tributarie.**

Si è detto infatti che condotte negoziali anormali sul piano civilistico/gestionale ed essenzialmente finalizzate ad ottenere un vantaggio d'imposta, **ma purtuttavia poste in essere senza violare il contenuto delle medesime norme fiscali**, devono essere contrastate dal Fisco **ai sensi dell'art. 10-*bis***, piuttosto che per il tramite di interpretazioni «ideologicamente orientate» delle medesime leggi tributarie.

... non essendo (più) rimediabili con interpretazioni «ideologiche della legge d'imposta...

Se è questa dunque la lettura sistematica dell'art. 10-*bis*, in esso è dato cogliere anche una volontà del legislatore di rimettere a sé la definizione delle fattispecie imponibili, come peraltro costituzionalmente previsto dall'art. 23.

Nell'interpretare la norma tributaria sostanziale, cioè, l'interprete può certamente superare il dato «strettamente» letterale in caso di ambiguità e, utilizzando il criterio logico-sistematico, precisare l'applicazione concreta della legge d'imposta in modo da garantirne un applicazione coerente con la sua *ratio*; svolgendo tale compito, tuttavia, il medesimo interprete **non può** spingersi sino a **«completare/creare»** egli stesso il criterio di riparto del tributo, in virtù appunto di una propria «visione ideologica» del prelievo tributario; tale fondamentale scelta, infatti, è «costituzionalmente» rimessa alla responsabilità politica del legislatore.

Conferme di un tale intendimento legislativo, che tra l'altro si colloca a valle di una tematica discussa da anni nell'ordinamento tributario, possono in effetti trarsi anche da alcune significative espressioni contenute della Relazione illustrativa (pag. 1) ove, nel chiarire le ragioni e gli obiettivi dell'intervento legislativo che ha portato all'introduzione dell'art. 10-*bis*, si afferma con enfasi che: «*stabilità e certezza nell'ordinamento fiscale, ivi inclusa l'interpretazione delle norme e l'attività giurisdizionale, nonché l'esito dell'eventuale contenzioso,*

ISBN 978-88-495-4378-0

sono fattori importanti nella competizione tra Stati, almeno quanto il livello effettivo di tassazione».

Conclusivamente può affermarsi che, dopo l'emanazione dell'art. 10-*bis*, non possono essere «liberamente» utilizzati dall'interprete della legge d'imposta criteri sostanzialistici di interpretazione negoziale (fondati sulla rilevanza della c.d. «causa concreta o reale» ovvero sul collegamento negoziale – per l'interpretazione del contratto cfr. gli articoli 1362 e seg. c.c.), al fine di contrastare l'abuso o l'elusione fiscale. Un tale compito è infatti legislativamente rimesso all'art. 10-*bis*, nell'ambito del procedimento e delle garanzie ivi previste (cfr. Corte cost., ord. n. 158 del 2020, par. 5.2.4, specificamente riferita all'art. 20 del d.P.R. n. 131 del 1986, ma estensibile all'intero ordinamento tributario: «*...l'interpretazione evolutiva, patrocinata dal rimettente, di detto art. 20 del d.P.R. n. 131 del 1986, incentrata sulla nozione di "causa reale», provocherebbe incoerenze nell'ordinamento, quantomeno a partire dall'introduzione dell'art. 10-*bis *della legge n. 212 del 2000. Infatti, consentirebbe all'amministrazione finanziaria, da un lato, di operare in funzione antielusiva senza applicare la garanzia del contraddittorio endoprocedimentale stabilita a favore del contribuente e, dall'altro, di svincolarsi da ogni riscontro di "indebiti" vantaggi fiscali e di operazioni "prive di sostanza economica", precludendo di fatto al medesimo contribuente ogni legittima pianificazione fiscale (invece pacificamente ammessa nell'ordinamento tributario nazionale e dell'Unione europea)*».

... ovvero con criteri sostanzialistici di interpretazione negoziale

 ISBN 978-88-495-4378-0

Capitolo 10

Interpretazione dell'Amministrazione finanziaria e tutela dell'affidamento

Sommario: 1. Atti interpretativi dell'amministrazione finanziaria e tutela del legittimo affidamento. – 2. Il diritto di interpello nello Statuto dei diritti del contribuente. Le tipologie di interpello «facoltativo»: l'interpello ordinario. – 3. *Segue*. L'interpello «probatorio» e l'interpello antiabuso. – 4. L'interpello di tipo obbligatorio: l'interpello «disapplicativo». – 5. I requisiti di ammissibilità delle istanze di interpello. – 6. Gli effetti della risposta dell'amministrazione all'istanza di interpello.

1. Atti interpretativi dell'amministrazione finanziaria e tutela del legittimo affidamento. – L'art. 10, comma 1, dello Statuto dei diritti dei contribuenti (l. n. 212/2000), con espressa formulazione stabilisce che «*I rapporti tra contribuente e amministrazione finanziaria sono improntati* ***al principio della collaborazione e della buona fede***». La norma in questione, peraltro, riproduce un principio generale già considerato immanente nell'ordinamento.

Il principio di collaborazione e buona fede

Assume invece specifico rilievo applicativo il contenuto del secondo comma della medesima disposizione, ove è stabilito che «*Non sono irrogate sanzioni né richiesti interessi moratori al contribuente, qualora egli si sia conformato a indicazioni contenute* ***in atti*** *dell'amministrazione finanziaria, ancorché successivamente modificate dall'amministrazione medesima, o qualora il suo comportamento risulti posto in essere a seguito di fatti direttamente conseguenti a ritardi, omissioni od errori dell'amministrazione stessa*».

La disciplina in questione, posta a tutela del **legittimo affidamento del contribuente**, sottende, in effetti, una tipica dinamica concernente il funzionamento dell'ordinamento tributario e la sua attuazione concreta. L'emanazione e la ordinaria applicazione delle norme tributarie, infatti, è costantemente accompagnata da orientamenti interpretativi e indicazioni applicative espresse in «atti» dell'amministrazione finanziaria.

Il legittimo affidamento del contribuente

Gli atti in questione, definibili genericamente **«atti di prassi»** o **«circolari»** dell'amministrazione finanziaria, possono assumere in concreto diverse denominazioni: circolare, risoluzione, comunicato, nota, ecc.

Le circostanze che fanno sorgere il legittimo affidamento

Ciò che rileva, peraltro, al fine di integrare la tutela del legittimo affidamento di cui all'art. 10, comma 2, è:

– in primo luogo, il concreto contenuto «interpretativo» dell'atto stesso, laddove cioè in esso siano effettivamente rinvenibili **interpretazioni e/o indicazioni applicative** concernenti norme tributarie.

– in secondo luogo l'idoneità dell'atto a suscitare un legittimo affidamento nel contribuente; in tal senso, tuttavia, atteso il tenore letterale dell'art. 10, si valuta tendenzialmente come **decisiva la «mera» provenienza di tali atti da organi ufficiali dell'amministrazione finanziaria** [ad es. Agenzia delle Entrate, sia quale Direzione Centrale che nelle sue articolazioni periferiche (Direzioni Regionali)], nonché una **generica conoscibilità dell'atto stesso da parte del contribuente** (ad es. perché l'atto è stato pubblicato su gazzetta ufficiale, ovvero è presente su siti ufficiali dell'agenzia, su banche dati, ecc.).

In presenza delle circostanze appena descritte, sempreché ovviamente il contribuente abbia uniformato la propria condotta circa l'interpretazione di una norma fiscale alle indicazioni applicative contenute nell'atto di prassi, sorge, tipicamente, il legittimo affidamento del medesimo contribuente, tutelato *ex* art. 10, comma 2.

L'inapplicabilità di sanzioni ed interessi

In particolare, ove la condotta del contribuente si riveli successivamente erronea ed in violazione della normativa fiscale, ma purtuttavia il comportamento tenuto era conforme ad indicazioni contenute in atti di prassi provenienti dall'amministrazione finanziaria, per tale violazione **non potranno essere irrogate al contribuente sanzioni né richiesti interessi moratori.**

Rimane fermo, invece, pur in presenza di un legittimo affidamento così come tutelato *ex* art. 10, comma 2, **l'obbligo di pagare l'imposta nella misura effettivamente dovuta per legge** (Corte di cass., sent. n. 8197 del 22 aprile 2015).

2. Il diritto di interpello nello Statuto dei diritti del contribuente. Le tipologie di interpello di tipo «facoltativo»: l'interpello ordinario. – L'art. 11 della l. n. 212/2000, come riformulato dal d.lgs. n. 156 del 24.09.2015, al comma 1, stabilisce **la possibilità**, per il contribuente, di richiedere (ed ottenere) una risposta dall'Amministrazione finanziaria concernente **la corretta applicazione di norme tributarie (c.d. diritto di interpello;** per approfondimenti si rinvia alla circolare dell'Agenzia delle Entrate n. 9/E, del 1 aprile 2016).

Il diritto di interpello

ISBN 978-88-495-4378-0

Le ipotesi di interpello considerate nel comma 1 sono riconducibili ad ipotesi di **interpello facoltativo** (*«Il contribuente* ***può*** *interpellare l'amministrazione...«*, cfr. art. 11, comma 1); ciò implica che la mancata attivazione di tali istanze di interpello da parte del contribuente non implica, di per sé, alcuna violazione di norme tributarie.

Tipologie di interpello facoltativo:

Il medesimo capoverso del comma 1 stabilisce ancora che l'interpello deve essere riferito a fattispecie concrete e personali. In virtù di tale previsione, può dirsi che tutte le ipotesi di interpello contemplate nel comma 1 richiedono, **a pena di inammissibilità**, la formulazione di un'istanza che non si limiti ad un quesito sull'applicazione/interpretazione di una norma tributaria in termini generali, ma implichi piuttosto la prospettazione di tale profilo rispetto **ad un caso concreto e personale**.

Ciò premesso in termini generali, nell'ambito della disciplina recata dal comma 1 è possibile distinguere tre distinte tipologie di interpello.

La prima tipologia è contenuta nella lettera a), che contempla il c.d. **interpello ordinario,** nei due possibili profili di **interpello ordinario c.d. «puro»**, e **interpello ordinario di tipo «qualificatorio»**. Caratteristiche di tale tipologia di interpello sono il carattere spiccatamente **interpretativo** e la non tassatività, nel senso che tale interpello è azionabile per **la generalità delle norme tributarie**.

l'interpello ordinario...

... di tipo interpretativo e generalizzato

L'istanza di interpello ordinario può essere in particolare presentata:

– per ottenere una risposta sul significato **giuridico-tributario** di determinati **termini, nozioni o frasi** contenuti in una norma tributaria (si veda, a titolo di esempio, la risoluzione dell'Agenzia delle Entrate n. 67/E, del 23 luglio 2015: nel caso di specie l'istante, chiedeva se, considerato che dopo aver aperto la partita Iva all'inizio del 2015, è entrato in vigore l'art. 10, comma 12-*undecies*, del d.l. n. 192 del 2014, che consente a coloro che hanno iniziato l'attività nel 2015 di avvalersi del regime fiscale di vantaggio per l'imprenditoria giovanile e lavoratori in mobilità, può considerarsi applicabile al suo caso il suddetto regime, pur avendo iniziato l'attività prima della data di entrata in vigore del citato art. 10 ed a prescindere da quanto comunicato nella dichiarazione di inizio attività).

– per sollecitare l'opinione dell'Amministrazione sulla **qualificazione giuridica di determinati elementi «fattuali»** rilevanti per l'applicazione di una norma tributaria (interpello ordinario «qualificatorio»: ad es. la qualificazione di un complesso di beni come «azienda»,

 ISBN 978-88-495-4378-0

ovvero la qualificazione di determinate spese come di pubblicità ovvero di rappresentanza);

– ovvero su entrambi i profili appena accennati.

Per l'ammissibilità dell'istanza di interpello ordinario è altresì specificamente necessario, come richiesto espressamente dalla legge, che **«ricorrano condizioni di obiettiva incertezza»**, ovviamente concernenti l'applicazione di una norma fiscale ad un **caso concreto e personale**, così come richiesto in via generale dal comma 1.

3. ***Segue*****. L'interpello «probatorio» e l'interpello antiabuso.** – L'art. 11 dello Statuto, nell'ambito del medesimo comma 1, disciplina due ulteriori ipotesi di interpello «facoltativo», sub lettere b) e c).

l'interpello «probatorio»...

... di tipo tassativo

La lettera b) concerne il c.d. **interpello «probatorio» (o «applicativo)**. L'interpello in questione, diversamente da quanto previsto nella lettera a), è correttamente utilizzabile solo nei casi **tassativamente previsti dalla legge** e non è quindi azionabile per la generalità delle norme fiscali.

In concreto l'interpello probatorio concerne propriamente una richiesta rivolta all'Amministrazione finanziaria volta ad ottenere una **valutazione**, da parte di quest'ultima, degli **elementi probatori** offerti dal contribuente per ottenere l'applicazione o la non applicazione di uno specifico regime fiscale.

Tra le ipotesi (tassative) cui è riferibile l'interpello probatorio, si ricorda:

– l'interpello per la «non adozione» del regime c.d. *Controlled Foreign Companies* (CFC) *ex* art. 167 Tuir, comma 5;

– l'istanza di interpello per la continuazione del regime di consolidato nazionale nel caso di fusione societaria – art. 124, comma 5, Tuir;

– l'interpello per la non adozione del regime delle «società di comodo» *ex* art. 30, comma 4-*bis*, l. n. 724/1994.

La lettera c) del comma 1, contiene invece la disciplina del c.d. **interpello anti-abuso**.

l'interpello anti-abuso...

... di tipo interpretativo speciale»

Anche in questo caso si tratta di un'ipotesi di interpello di tipo tassativo, applicabile in concreto solo con esclusivo riferimento alla disciplina di cui all'art. 10-*bis* dello Statuto, ma avente un contenuto di tipo **essenzialmente interpretativo** (si tratta in effetti di un'ipotesi di interpello interpretativo «speciale»).

Con l'istanza di interpello anti-abuso, in particolare, il contribuente può sollecitare una risposta dell'amministrazione finanziaria in ordine

ISBN 978-88-495-4378-0

all'abusività o meno di una determinata e concreta operazione, avendo riguardo alla disciplina ed alle indicazioni contenute in via generale nell'art. 10-*bis*.

4. L'interpello di tipo obbligatorio: l'interpello «disapplicativo». – Il comma 2 dell'art. 11 contiene la disciplina del c.d. **interpello disapplicativo**.

Tipologia di interpello obbligatorio: l'interpello disapplicativo…

Con l'istanza in questione il contribuente chiede all'Amministrazione di «disapplicare» una determinata norma fiscale il cui contenuto limita deduzioni, detrazioni o altri diritti per ragioni, implicite, di cautela fiscale e di contrasto a comportamenti potenzialmente elusivi dei contribuenti (l'ordinamento tributario è disseminato di tali norme; a titolo di esempio si veda l'art. 84, comma 3, del Tuir, che limita il riporto delle perdite nel caso di modifiche nella maggioranza della compagine sociale del soggetto Ires che ha diritto a riportare le perdite fiscalmente prodotte).

Le norme tributarie potenzialmente «disapplicabili» dal contribuente sono cioè norme che non considerano espressamente il comportamento abusivo, come fa l'art. 10-*bis* dello Statuto, ma hanno un contenuto letterale particolarmente rigido e cautelativo che, in determinati casi, può rappresentare un «ostacolo fiscale» ingiusto alla realizzazione di operazioni economicamente ed imprenditorialmente utili.

In presenza di simili circostanze e, cioè, se il contribuente intende disapplicare una norma fiscale poiché reputa che nel suo caso concreto la normale applicazione della normativa fiscale impedisce, **irragionevolmente, un'operazione valida e utile sul piano aziendale**, **«deve»** azionare l'interpello disapplicativo, fornendo la dimostrazione delle concrete ragioni economiche perseguite nonché **l'assenza di effetti elusivi**.

L'interpello **disapplicativo**, dunque, **non si riferisce ad ipotesi normative tassativamente indicate**, come l'interpello probatorio e l'interpello antiabuso; esso pare piuttosto riferibile ad una generica topologia di norme tributarie che, in determinati casi concreti, possono integrare i presupposti per la disapplicazione.

… di tipo non tassativo ma vincolato ad una specifica funzione

Inoltre, è utile ancora ribadire che quest'ipotesi di interpello è di tipo **«obbligatorio»**, nel senso che qualora il contribuente intenda disapplicare determinate norme tributarie che limitano deduzioni, ecc., assumendo la concreta assenza di elusione fiscale, **«deve»** presentare previamente istanza di interpello disapplicativo.

La violazione di quest'obbligo, tuttavia, determina unicamente l'ir-

 ISBN 978-88-495-4378-0

rogazione di una sanzione amministrativa (art. 11, comma 7-*ter*, d.lgs. n. 471/1997), **non implicando alcuna preclusione giuridica alla disapplicazione**, ove sussistano le circostanze indicate; anche in assenza di preventivo interpello (o di risposta non favorevole da parte dell'amministrazione), dunque, il contribuente può comunque disapplicare la norma, conservando la possibilità di dimostrare le ragioni e la legittimità della disapplicazione anche nella fase amministrativa di accertamento tributario, ovvero nella fase contenziosa innanzi al giudice tributario.

5. I requisiti di ammissibilità delle istanze di interpello. – Le istanze di interpello possono essere presentate all'amministrazione mediante: **consegna a mano, spedizione a mezzo plico raccomandato con avviso di ricevimento**, ovvero **per via telematica** attraverso l'impiego della **posta elettronica certificata** (da PEC a PEC).

Modalità di presentazione dell'istanza di interpello

È privo di effetti, invece, l'invio dell'istanza ad indirizzi di posta elettronica «libera» dell'amministrazione, salvo che per i soggetti non residenti privi di un domiciliatario in Italia.

Gli articoli 2, 3 e 5 del d.lgs. n. 156 del 2015 prescrivono determinati requisiti che le istanze di interpello devono contenere.

requisiti di ammissibilità

In particolare, è espressamente richiesto, **a pena di inammissibilità** dell'istanza:

– l'indicazione dei **dati identificativi dell'istante** ed eventualmente del suo legale rappresentante, compreso il codice fiscale;

– una **circostanziata e specifica** descrizione della fattispecie concreta;

– la **preventiva** presentazione dell'istanza, rispetto alla scadenza dei termini previsti dalla legge per la presentazione della dichiarazione tributaria o comunque per l'assolvimento degli obblighi fiscali connessi alla fattispecie sottoposta ad interpello; è utile ricordare che la presentazione di istanza di interpello **non ha alcun effetto sulle scadenze previste dalle norme fiscali**, né tantomeno incide sui termine di decadenza o prescrizione previsti in ambito tributario (art. 11, comma 5, l. n. 212/2000).

– la sussistenza effettiva di una condizione di **obiettiva incertezza** per le istanze di interpello ordinario (art. 11, comma 1, lett. a);

L'istanza è altresì da considerare inammissibile laddove verta su questioni per le quali, alla data di presentazione della medesima istanza, **siano state già avviate attività di controllo** di cui il contribuente sia formalmente a conoscenza, ovvero quando il contribuente non ot-

ISBN 978-88-495-4378-0

temperi all'invito dell'ufficio **di integrare i dati e le notizie di cui l'istanza è eventualmente carente** (ad es. la tipologia di interpello azionato, la soluzione interpretativa proposta dal contribuente, l'indicazione delle specifiche disposizioni delle quali si chiede l'interpretazione, l'applicazione o la disapplicazione, ovvero in caso di mancata sottoscrizione dell'istanza).

6. Gli effetti della risposta dell'amministrazione all'istanza di interpello. – Se l'istanza di interpello è correttamente presentata dal contribuente e contiene i requisiti di ammissibilità previsti dalla legge, **l'amministrazione finanziaria è tenuta a rispondere.**

La risposta dell'amministrazione:

In particolare, l'amministrazione deve rispondere nel termine di **novanta giorni** alle istanze di interpello ordinario e nel termine di **centoventi giorni** alle istanze riferibili alle altre tipologie di interpello (probatorio, antiabuso e disapplicativo).

La risposta, che deve essere scritta e motivata, è **vincolante** per ogni organo dell'amministrazione, sia pure **limitatamente alla questione oggetto dell'istanza ed al singolo richiedente.**

Se la risposta non è comunicata dall'amministrazione al contribuente/istante entro il termine previsto, il silenzio equivale a condivisione, da parte dell'amministrazione, della soluzione prospettata dal contribuente (c.d. **silenzio-assenso**).

gli effetti

L'art. 11 dello Statuto, infine, precisa gli **effetti** che assume la **risposta** (espressa o tacita) dell'amministrazione ad un'istanza di interpello. Il comma 3, del medesimo l'art. 11, in particolare, stabilisce che gli atti dell'amministrazione successivi alla risposta all'istanza di interpello, espressa o tacita, ed eventualmente **difformi da essa,** sono **nulli.**

La risposta all'interpello produce dunque effetti **«vincolanti»** per l'amministrazione.

La disciplina dell'interpello realizza così una **tutela massima dell'affidamento del contribuente** che abbia correttamente azionato l'istanza di interpello e si sia adeguato alla risposta, espressa o tacita, dell'amministrazione (in proposito, Corte di cass., sent. n. 17010 del 5 ottobre 2012).

Gli effetti della risposta all'interpello sono estesi a tutti i comportamenti del contribuente successivi, sempreché, ovviamente, essi siano puntualmente ed effettivamente riconducibili alla fattispecie oggetto di interpello; nel caso in cui l'amministrazione modifichi successivamente la soluzione interpretativa fornita inizialmente con la

 ISBN 978-88-495-4378-0

propria risposta, gli effetti di tali cambiamenti assumeranno valenza limitatamente ai comportamenti del contribuente successivi alla comunicazione a quest'ultimo di tale modifica (art. 11, comma 3).

La risposta all'interpello, che è vincolante per l'amministrazione, **non lo è invece per i contribuenti** (Corte cost., sent. n. 191, del 14 giugno 2007). L'istante, infatti, può scegliere di discostarsi dalla risposta ed adottare comunque la soluzione interpretativa che ritiene corretta, ovvero applicare/non applicare il regime fiscale tassativamente richiesto con l'interpello probatorio, o ancora disapplicare una determinata norma fiscale. Evidentemente in questi casi non ci sarà alcun affidamento da tutelare e la condotta del contribuente si esporrà, nei modi ordinari, al controllo dell'amministrazione ed alle relative conseguenze, anche eventualmente di tipo sanzionatorio.

Nel concludere la disamina concernente gli effetti della **risposta** all'interpello, si rileva che tale atto, per espressa disposizione di legge, **non è impugnabile** dal contribuente innanzi al giudice; a tale regola costituisce unica eccezione l'impugnabilità della risposta all'interpello disapplicativo che, peraltro, può avvenire solo congiuntamente all'impugnazione dell'atto impositivo (o sanzionatorio) che l'amministrazione abbia successivamente emanato in coerenza con tale risposta (art. 6, comma 1, d.lgs. n. 156/2015).

ISBN 978-88-495-4378-0

Capitolo 11

La dichiarazione tributaria e gli altri obblighi di tipo formale

Sommario: 1. Gli obblighi tributari di tipo formale. – 2. L'obbligo formale di presentare la dichiarazione tributaria. – 3. La disciplina della dichiarazione dei redditi: i soggetti obbligati. – 4. *Segue.* Forma, contenuto e modalità di presentazione della dichiarazione dei redditi. – 5. *Segue.* Il termine di presentazione della dichiarazione dei redditi. – 6. La dichiarazione tributaria quale mero atto giuridico riconducibile ad una «dichiarazione di scienza». – 7. *Segue.* Il contenuto «negoziale» della dichiarazione tributaria. – 8. La rettificabilità della dichiarazione tributaria da parte del contribuente: la dichiarazione integrativa in aumento e in diminuzione.

1. Gli obblighi tributari di tipo formale. – La disciplina dei principali tributi prevede, oltre all'obbligo di pagare il debito tributario, l'adempimento di **obblighi di tipo formale**, essenzialmente volti a favorire la corretta attuazione del tributo e le procedure di controllo da parte dell'Amministrazione finanziaria.

Gli obblighi tributari di tipo formale:

Gli obblighi di tipo formale previsti dalla normativa tributaria sono, in primo luogo, **obblighi di tenuta di determinate scritture contabili** (cfr. ad es. gli art. 13 e 14 del d.P.R. n. 600/1973 che, ai fini dell'accertamento delle imposte sui redditi, stabiliscono l'obbligo di tenere il libro giornale, il libro degli inventari, ecc.; simili obblighi documentali sono prescritti anche ai fini dell'imposta sul valore aggiunto).

gli obblighi contabili

In particolare, le norme tributarie stabiliscono diffusamente obblighi contabili in capo a **società, enti commerciali ed imprenditori individuali**, ma taluni adempimenti contabili sono obbligatoriamente previsti anche per **lavoratori autonomi, enti non commerciali ed imprese agricole**.

Gli obblighi di tenuta delle scritture contabili, come è noto, non rappresentano certamente una peculiarità del diritto tributario (si vedano ad esempio gli articoli 2214 e seg. c.c.). Quando l'obbligo contabile è stabilito da norme tributarie, peraltro, seppure rimangono tendenzialmente applicabili i criteri di corretta e ordinata contabilità

ISBN 978-88-495-4378-0

generalmente validi, al fine del **corretto adempimento** vanno in ogni caso prioritariamente rispettate indicazioni e **modalità specifiche eventualmente stabilite nelle norme tributarie** (cfr. in particolare l'art. 14 già citato).

L'**inadempimento** dei medesimi obblighi contabili, se ed in quanto disciplinati dalle norme tributarie, produce effetti e conseguenze propri dell'ordinamento tributario:

– in primo luogo, **l'irrogazione di sanzioni tributarie** – cfr. ad esempio quanto stabilito dall'art. 9 del d.lgs. n. 471/1997;

– ma anche effetti ulteriori, quali ad es. **l'applicazione di determinate modalità di accertamento del tributo** – art. 39, comma 2 lett. c) del medesimo d.P.R. n. 600/1973, che consente all'ufficio di eseguire l'accertamento c.d. «extracontabile», nel caso in cui il contribuente *«non ha tenuto … una o più scritture contabili prescritte dall'art. 14…»*.

l'obbligo di presentare la dichiarazione tributaria…

2. L'obbligo formale di presentare la dichiarazione tributaria. – La presentazione della dichiarazione tributaria è senz'altro il **più rilevante e peculiare obbligo di tipo formale** previsto dalla normativa tributaria. Un tale adempimento è diffusamente rinvenibile nello schema di attuazione delle principali imposte (ad. es., Imposte sui redditi, Iva, Irap, Imu), anche se non è imprescindibilmente stabilito per tutti i tributi.

La dichiarazione tributaria è un adempimento con il quale è richiesto **al contribuente** (ma talvolta anche ad altri soggetti, v. ad esempio la dichiarazione dei **sostituti d'imposta** *ex* art. 4 d.P.R. n. 322/1998) di presentare all'amministrazione finanziaria una dichiarazione dalla quale emerga il presupposto del tributo realizzato nonché la liquidazione monetaria della base imponibile e dell'imposta dovuta.

Con la dichiarazione tributaria, quindi, è obbligatoriamente richiesta la primaria collaborazione del contribuente nel «quantificare, autoliquidare e pagare» il tributo a lui spettante in base alla legge.

Il ruolo dell'amministrazione finanziaria consiste invece, principalmente, in un'attività di controllo (ed eventualmente assistenza, la c.d. *compliance*) dei contribuenti, concernente la completezza, la veridicità ed il corretto adempimento degli obblighi tributari da parte di questi ultimi.

Nel sistema attuale, dunque, caratterizzato da una fiscalità di massa,

ISBN 978-88-495-4378-0

l'autoliquidazione effettuata con la dichiarazione tributaria ed il conseguente versamento spontaneo del tributo da parte del contribuente (c.d. **riscossione spontanea**), assumono un ruolo centrale per la fisiologica attuazione del concorso alle spese pubbliche *ex* art. 53 Cost. Tant'è che la normativa tributaria prevede l'irrogazione di gravose **sanzioni amministrative pecuniarie** (ma in taluni casi anche di **sanzioni penali** – v. ad. es. artt. 2, 3, 4 e 5 d.lgs. n. 74/2000 per imposte sui redditi ed iva) nel caso di omessa presentazione della dichiarazione tributaria, ovvero di presentazione di una dichiarazione infedele o addirittura con modalità «fraudolente».

... funzionale all'autoliquidazione del tributo

3. La disciplina della dichiarazione dei redditi: i soggetti obbligati. – La dichiarazione prevista per l'imposta sui redditi è senz'altro l'ipotesi di dichiarazione tributaria più rilevante, in primo luogo per la sua applicazione pressoché generalizzata in capo ai contribuenti.

La dichiarazione dei redditi: i soggetti obbligati

Un tale adempimento è in linea di massima riferibile, con cadenza **annuale**, ai contribuenti **titolari di redditi nel periodo d'imposta di riferimento** (cfr. art. 1, comma 1, primo periodo, d.P.R. n. 600/1973).

Il **periodo d'imposta di riferimento è normalmente rappresentato dall'anno solare precedente** [ad. es. la dichiarazione dei redditi presentata dal contribuente nel 2017 si riferisce ai redditi posseduti dal medesimo contribuente nell'anno («periodo d'imposta») 2016].

L'art. 1, comma 1, del d.P.R. n. 600/1973, al secondo periodo, prevede poi ipotesi di **soggetti obbligati** a presentare la dichiarazione anche se nel periodo d'imposta precedente non hanno posseduto alcun reddito (essenzialmente si tratta dei soggetti cui l'art. 13 del medesimo Decreto imputa obblighi tributari di tipo contabile).

Al contempo, nel comma 4 del medesimo art. 1, sono analiticamente disciplinate alcune ipotesi di **esonero** dall'obbligo di presentare la dichiarazione (ad esempio persone fisiche non gravate da obblighi contabili e titolari solo di redditi esenti o soggetti a ritenuta alla fonte a titolo d'imposta).

Per lavoratori dipendenti e pensionati è invece prevista la possibilità, in determinate circostanze, di presentare una dichiarazione semplificata (c.d. Mod. 730), per il cui adempimento è stato tra l'altro attuato un regime di «precompilazione» direttamente dall'Agenzia delle Entrate, quale ausilio per l'attività di determinazione e autoliquidazione del tributo (art. 1 d.lgs. n. 175/2014 e art. 44, comma 11, l. n. 190/2014).

Come già anticipato, inoltre, anche i sostituti d'imposta sono ob-

 ISBN 978-88-495-4378-0

bligati alla presentazione di una specifica dichiarazione ai fini delle imposte sui redditi (art. 4, d.P.R. n. 322/1998).

Sussistono, infine, molteplici ipotesi particolari che prevedono obblighi di presentazione della dichiarazione tributaria, per l'approfondimento dei quali si rinvia alla disciplina di riferimento (ad es. in caso liquidazione societaria e di fallimento, con obbligo di presentazione che grava rispettivamente in capo al liquidatore sociale o al curatore fallimentare – art. 5 d.P.R. n. 322/1998, ovvero in caso di trasformazione, fusione e scissione societaria – art. 5-*bis* d.P.R. n. 322/1998, ovvero in caso di morte del contribuente, con obbligo di presentazione gravante sugli eredi e prorogato *ex lege* di sei mesi – art. 65 d.P.R. n. 600/1973).

4. ***Segue.*** **Forma, contenuto e modalità di presentazione della dichiarazione dei redditi.** – La dichiarazione dei redditi «*deve indicare i dati e gli elementi necessari per l'individuazione del contribuente, per la determinazione dei redditi e delle imposte dovute…*» (art. 2, d.P.R. n. 600/1973).

Il contenuto

Ferma tale essenziale finalità, l'esigenza concreta di favorire il controllo successivo dell'amministrazione finanziaria in una fiscalità di massa, impone la redazione della dichiarazione tributaria su **modelli conformi** a quelli approvati e predisposti dalla medesima amministrazione finanziaria (art. 1 d.P.R. n. 322/1998). Il rispetto di tale modalità formale di redazione della dichiarazione tributaria è essenziale per la validità della stessa; eventuali presentazioni difformi, infatti, rendono la dichiarazione tributaria giuridicamente **nulla**.

la forma

la presentazione

La **presentazione della dichiarazione**, inoltre, avviene normalmente a mezzo di un **invio di tipo telematico**, anche se è tuttora prevista, oramai in ipotesi del tutto marginali e tassative, la possibilità di presentare la dichiarazione anche su modello cartaceo per il tramite di una banca convenzionata ovvero di un ufficio delle poste italiane (artt. 1 e seg., d.P.R. n. 322/1998).

la sottoscrizione

La normativa prevede che la dichiarazione deve essere **sottoscritta, a pena di nullità**, dal contribuente o da chi ne ha la rappresentanza legale o negoziale (art. 1, comma 3, primo periodo, d.P.R. n. 322/1998). Tuttavia l'impatto pratico di tale nullità **è oggi fortemente ridimensionato.**

In primo luogo, l'Agenzia delle Entrate, riscontrata l'assenza di sottoscrizione, è tenuta ad invitare il contribuente a sottoscrivere e «*la nullità è sanata se il contribuente provvede alla sottoscrizione en-*

ISBN 978-88-495-4378-0

tro trenta giorni dal ricevimento dell'invito» (art. 1, comma 3, secondo periodo, d.P.R. n. 322/1998).

In secondo luogo, avvenendo oggi la presentazione (pressoché esclusivamente) in via telematica, l'obbligo di sottoscrizione è unicamente riferibile alla copia della dichiarazione che il contribuente è tenuto a conservare (art. 1, comma 6, e art. 3, comma 9, d.P.R. n. 322/1998).

5. *Segue*. Il termine di presentazione della dichiarazione dei redditi. – Le persone fisiche, le società di persone e le associazioni professionali presentano la dichiarazione in via telematica **entro il 30 novembre dell'anno successivo a quello di chiusura del periodo di imposta** (art. 2, comma 1, d.P.R. n. 322/1998).

Il termine per la presentazione

Le società di capitali, gli enti commerciali e gli enti non commerciali (soggetti passivi dell'imposta sul reddito delle società – Ires), presentano la dichiarazione in via telematica, **entro l'ultimo giorno dell'undicesimo mese successivo a quello di chiusura del periodo d'imposta** (art. 2, comma 2, d.P.R. n. 322/1998).

Sono considerate valide le dichiarazioni presentate **entro novanta giorni dalla scadenza del termine** previsto per legge (c.dd. **dichiarazioni «tardive»**), fatta salva l'applicazione di sanzioni amministrative per il ritardo (art. 2, comma 7, d.P.R. n. 322/1998).

dichiarazioni «tardive»

Le dichiarazioni presentate con ritardo **superiore a novanta giorni** (c.dd. **dichiarazioni «ultra tardive»**) si considerano invece **omesse**, come tali giuridicamente inidonee ad assolvere l'adempimento dell'obbligo dichiarativo; da notare, peraltro, che anche le dichiarazioni c.dd. «ultra tardive» costituiscono titolo, a favore del Fisco, per la riscossione delle somme ivi risultanti – v. paragrafo successivo), nonché sono eventualmente produttive di effetti a favore del contribuente ove siano integrati i requisiti del ravvedimento operoso (*infra* cap. 24, par. 2) ovvero nel caso della c.d. dichiarazione integrativa in diminuzione (v. successivo paragrafo 8 del presente capitolo).

dichiarazioni «ultra tardive»

6. La dichiarazione tributaria quale mero atto giuridico riconducibile ad una «dichiarazione di scienza». – Si è detto che con la dichiarazione dei redditi il contribuente «*deve indicare i dati e gli elementi necessari per l'individuazione del contribuente, per la determinazione dei redditi e delle imposte dovute...*».

Nel predisporre la dichiarazione tributaria avvalendosi di modelli conformi a quelli approvati, dunque, il contribuente porta a cono-

 ISBN 978-88-495-4378-0

scenza dell'amministrazione finanziaria fatti e notizie rilevanti sul piano fiscale, qualificandoli al contempo sul piano giuridico tributario [indica ad esempio il sostenimento di determinate spese (es. biglietti ferroviari), considerandole deducibili dal reddito di lavoro autonomo, in quanto costi inerenti allo svolgimento dell'attività professionale].

In questo senso, la dichiarazione tributaria denota un comportamento volontario e consapevole del contribuente, i cui effetti giuridici, tuttavia, si producono automaticamente per legge; indipendentemente, cioè, dalla volontà o meno del contribuente di realizzare tutti gli effetti scaturenti dalla medesima dichiarazione tributaria.

Sul piano della classificazione degli atti giuridici, quindi, il contenuto della dichiarazione tributaria è **normalmente** riconducibile a quello di un atto giuridico di tipo «non» negoziale (c.dd. **meri atti giuridici**) e, tra essi, alla sottocategoria delle **dichiarazioni di scienza,** non essendo pertanto applicabile ad essa la disciplina contrattuale dei vizi della volontà in tema di errore, violenza e dolo (art. 1427 c.c.; in tal senso, Corte di cass., SS. UU., n. 15063 del 25 ottobre 2002).

La natura non negoziale della dichiarazione (dichiarazione di scienza)...

La dichiarazione tributaria, cioè, una volta presentata con le modalità previste dalla normativa tributaria, produce determinati effetti giuridici così come legalmente predefiniti, essenzialmente in termini di determinazione dell'imponibile e dell'imposta dovuta.

In particolare, la dichiarazione tributaria produce l'effetto di rendere **immediatamente riscuotibili** da parte dell'amministrazione finanziaria, ove non versate spontaneamente dal contribuente, le somme che risultano **liquidate** (direttamente dal contribuente) o **liquidabili** (dall'amministrazione in esito a controlli di tipo essenzialmente formale-liquidatorio – su tali profili si rinvia *infra* al cap. 17) **in base alla medesima dichiarazione** presentata.

... ed i suoi effetti sulla riscossione

È utile ricordare che tale specifico effetto, ai fini della riscossione *pro fisco*, scaturisce anche dalla dichiarazione presentata con un ritardo superiore a novanta giorni (c.d. dichiarazione «ultra tardiva»).

7. ***Segue.*** **Il contenuto «negoziale» della dichiarazione tributaria.** – Si è già detto che la natura giuridica della dichiarazione tributaria è quella di una dichiarazione di scienza, riconducibile ad un mero atto giuridico e non avente natura negoziale.

Nell'ambito della medesima dichiarazione tributaria, tuttavia, si riscontrano alcune specifiche circostanze in cui il contenuto di essa as-

ISBN 978-88-495-4378-0

sume invece natura negoziale. Si tratta essenzialmente di quelle ipotesi in cui è rimessa al contribuente la scelta di determinati regimi di imposizione (ad es. la scelta per la tassazione separata in luogo di quella ordinaria – cfr. art. 17, comma 2, del d.P.R. n. 917/1986, ove è sancito che determinati redditi, «*...se conseguiti da persone fisiche nell'esercizio di imprese commerciali, sono tassati separatamente a condizione che ne sia fatta richiesta nella dichiarazione dei redditi...*»).

Nelle ipotesi appena descritte, quindi, il contribuente non si limita a riportare e qualificare giuridicamente determinati fatti, ma esercita delle vere e proprie **«opzioni»** a lui rimesse dal legislatore tributario.

Il contenuto negoziale della dichiarazione: le «opzioni»

Limitatamente alle parti di essa che contengono **manifestazioni di volontà di tipo opzionale**, la dichiarazione tributaria **assume dunque la natura di atto negoziale**, applicandosi in tali specifiche ipotesi la disciplina codicistica prevista per i contratti, sempre ovviamente **in quanto compatibile con le finalità proprie del tributo**.

8. La rettificabilità della dichiarazione tributaria da parte del contribuente: la dichiarazione integrativa in aumento e in diminuzione. – La dichiarazione tributaria quale dichiarazione di scienza, una volta presentata, non può essere revocata dal contribuente (o dal sostituto).

La dichiarazione integrativa:

Il contribuente (o il sostituto), tuttavia, può presentare un'ulteriore dichiarazione tributaria **per integrare la prima,** al fine di correggere eventuali errori od omissioni in essa contenuti.

La dichiarazione integrativa, che di per sé non preclude l'irrogazione delle sanzioni tributarie (si veda però la disciplina del ravvedimento operoso, *infra* cap. 24), può essere presentata dal contribuente entro il termine (normalmente quinquennale o settennale) che spetta all'amministrazione finanziaria per esercitare il proprio potere di accertamento (art. 2, comma 8, d.P.R. n. 322/1998).

in aumento

La dichiarazione integrativa potrà avere luogo sia per correggere errori od omissioni che abbiano determinato l'indicazione, nella dichiarazione originaria, di un obbligo tributario inferiore rispetto a quanto dovuto per legge (c.d. **dichiarazione integrativa in aumento**), sia nel caso opposto (**dichiarazione integrativa in diminuzione**).

e in diminuzione

Nella seconda ipotesi, l'eventuale credito d'imposta scaturente dalla dichiarazione integrativa in diminuzione è **utilizzabile in compensazione** dal contribuente a decorrere dal periodo d'imposta successivo a quello di presentazione della medesima dichiarazione integrativa (art. 2, comma 8-*bis*).

 ISBN 978-88-495-4378-0

Al di là di quanto stabilito in merito alla presentazione della dichiarazione integrativa, il contribuente potrà comunque rimediare agli effetti tributari di una dichiarazione erronea per eccesso in suo danno:

– presentando apposita istanza di rimborso della maggiore imposta versata e non dovuta (generalmente entro il termine di decadenza di quarantotto mesi previsto dall'art. 38 del d.P.R. n. 602/1973);

– ovvero in sede di impugnativa dei conseguenti atti di controllo dell'Amministrazione finanziaria, laddove evidentemente rivolti a riscuotere un tributo emergente dalla dichiarazione (originaria), ma purtuttavia non dovuto in base alla legge (cfr. art. 2, comma 8-*bis*, ult. per., d.P.R. n. 322/1998).

Incidentalmente può essere osservato che la disciplina prevista per la rettificabilità e l'integrazione della dichiarazione tributaria da parte del contribuente/dichiarante, è applicabile solo alla parte di essa che assume la natura di dichiarazione di scienza, mentre per i contenuti di tipo negoziale (opzioni), come già accennato, risulterà invece tendenzialmente applicabile la disciplina prevista per rimediare ai vizi della volontà negoziale, nei casi di errore, violenza o dolo (art. 1427 c.c.).

ISBN 978-88-495-4378-0

CAPITOLO 12

L'adempimento spontaneo del tributo

SOMMARIO: 1. Premessa: cenni sui profili generalissimi inerenti alla riscossione (spontanea e da inadempimento) delle entrate tributarie. – 2. Gli istituti della riscossione spontanea dei tributi: versamenti diretti dei contribuenti, ritenuta diretta e compensazione.

1. Premessa: cenni sui profili generalissimi inerenti alla riscossione (spontanea e da inadempimento) delle entrate tributarie. – La riscossione tributaria, intesa in senso generale, concerne le attività e modalità con cui può avere luogo l'incasso delle somme di natura tributaria a favore dell'ente impositore. La riscossione tributaria:

In tale prospettiva, è utile precisare, quale primaria indicazione generale, che tutte le modalità di riscossione delle somme tributarie trovano fondamento nella legge (per gli enti locali l'art. 52 del d.l. n. 446 del 1997 consente a comuni e province di disciplinare, con regolamento, le attività di liquidazione, accertamento e riscossione delle proprie entrate, comprese quelle tributarie).

Quanto appena detto, assume rilievo in una duplice prospettiva.

In primo luogo, non sono consentiti all'ente impositore modi e margini di riscossione amministrativa ulteriori rispetto a quelli puntualmente regolati dalla normativa tributaria (cfr. Cass. S.U. n. 28162 del 2008, ove si afferma, con riferimento alla possibilità per l'amministrazione di agire coattivamente nei confronti di soggetti obbligati *iure privatorum* e non *ex lege*, che *«i propri poteri di accertamento* ***e di esazione****, possono essere esercitati solo nei confronti di chi sia tenuto* ***per legge*** *a soddisfare il credito fiscale»)«.*

In secondo luogo, sono specificamente **disciplinate dalla legge tributaria** anche le ipotesi di riscossione spontanea dell'obbligazione tributaria che, in quanto rivolte a soddisfare le peculiari esigenze pubblicistiche di attuazione del tributo (c.d. specialità tributaria), non sono integrabili con le regole del diritto comune (per accenni su tali

 ISBN 978-88-495-4378-0

profili v. *retro* Cap. 5, par. 5, in tema di estinzione dell'obbligazione per compensazione).

da adempimento spontaneo (ispirata a modelli privatistici)

Ciò premesso, si distingue dunque una **riscossione tributaria da adempimento spontaneo** dei contribuenti, che rappresenta la naturale conclusione del «procedimento» di autoliquidazione del tributo; come già accennato, cioè, nella ordinaria e «fisiologica» attuazione dell'ordinamento tributario vigente, incombe sul contribuente sia l'obbligo di dichiarare il tributo da lui dovuto, sia quello di adempiere spontaneamente tale debito, nei modi e nei tempi specificamente previsti dalle norme tributarie.

e da inadempimento (ispirata a modelli amministrativistici)

Accanto a tale modalità, sussiste ovviamente una **riscossione tributaria da inadempimento**, applicabile nelle ipotesi in cui sia contestata una pretesa tributaria che l'amministrazione finanziaria assume come dovuta e purtuttavia non già pagata spontaneamente dal contribuente; la riscossione fiscale da inadempimento opera dunque quale naturale riflesso della funzione di controllo dell'amministrazione finanziaria, ed è riconducibile all'esercizio di poteri amministrativi.

Ne deriva che le due ipotesi di riscossione, ferma la mera comunanza sul piano della finalità generale di attuazione del concorso alle spese pubbliche ai sensi dell'art. 53 Cost., attengono ad istituti ben distinti quanto a strutturazione e finalità specifiche.

La riscossione c.d. spontanea, infatti, riferendosi allo schema dell'autoliquidazione del tributo e, cioè, al naturale adempimento di un'obbligazione di tipo pecuniario direttamente imputata ai contribuenti, è essenzialmente concepita con riferimento ai **modelli privatistici** di adempimento delle obbligazioni.

Anche nella riscossione tributaria spontanea, tuttavia, come già chiarito in termini generali, la natura pubblica dell'obbligazione tributaria ne caratterizza le modalità di adempimento in termini tassativi e predeterminati dalla medesima normativa tributaria, essenzialmente in ossequio ad esigenze di certezza ed efficace gestione, da parte dell'ente impositore, di flussi di pagamento estremamente diffusi ed ingenti.

Ciò nondimeno, ferma la tassatività e la predeterminazione normativa per le esigenze già descritte, l'adempimento spontaneo dell'obbligazione tributaria è oggi essenzialmente realizzato con modalità privatistiche, al di fuori dell'esercizio di poteri amministrativi.

Diversamente dalla riscossione spontanea, la riscossione tributaria

ISBN 978-88-495-4378-0

da inadempimento è invece tipicamente concepita secondo **schemi amministrativistici**, caratterizzati dall'avvio di un procedimento amministrativo e dall'ampio esercizio di **poteri autoritativi**.

Sul piano sistematico, dunque, è utile separare la trattazione delle due modalità di riscossione, attenendo esse a profili specifici di attuazione affatto diversi l'uno dall'altro.

Nelle pagine seguenti sarà dunque esposta unicamente la disciplina prevista per l'adempimento spontaneo dell'obbligazione tributaria, rinviando l'esame delle modalità concernenti la riscossione da inadempimento al capitolo 25, nell'ambito cioè della Parte (terza) dedicata ai poteri amministrativi di controllo.

2. Gli istituti della riscossione spontanea dei tributi: versamenti diretti dei contribuenti, ritenuta diretta e compensazione. – La riscossione spontanea dei tributi, come già chiarito, può avere luogo solo nelle forme predeterminate dalla normativa tributaria.

Gli istituti della riscossione spontanea:

In particolare, le ipotesi tipicamente riconducibili alle modalità di riscossione tributaria spontanea sono: **i versamenti diretti, la ritenuta diretta** e **la compensazione**.

Per completezza va detto che anche l'iscrizione a ruolo può essere concretamente prevista dalla normativa quale strumento per la riscossione spontanea (cfr. ad es. art. 32 d.lgs. n. 46/1999). Nel sistema vigente, tuttavia, l'utilizzo dell'iscrizione a ruolo nell'ambito della riscossione spontanea pare del tutto marginale, mentre è invece ampiamente radicato l'utilizzo di tale istituto nell'ambito della riscossione da inadempimento. Per tale ragione si reputa opportuno rinviarne la trattazione al cap. 25, nell'ambito cioè degli istituti che caratterizzano la riscossione tributaria da inadempimento.

Veniamo dunque agli istituti «normativamente» previsti per l'adempimento spontaneo dell'obbligazione tributaria.

i versamenti diretti

In primo luogo, vanno considerati i **versamenti diretti**; in effetti il termine in questione, **se inteso in modo ampio**, pare sistematicamente riferibile a tutte le ipotesi in cui è disciplinato l'adempimento di somme tributarie in assenza di un intervento autoritativo dell'amministrazione e, cioè, attualmente, alla generalità delle ipotesi che caratterizzano la riscossione tributaria spontanea.

Ciò premesso, in ragione di un riferimento già contenuto nell'art. 3 del d.P.R. n. 602 del 1973, si distingue tradizionalmente una nozione di **versamenti diretti «in senso stretto»**, letteralmente riferita ai versamenti direttamente effettuati dai contribuenti a titolo di **ac-**

 ISBN 978-88-495-4378-0

conto e **saldo** delle imposte dovute, nonché alle **ritenute alla fonte** prelevate dai sostituti d'imposta.

e la ritenuta diretta

Accanto ai versamenti diretti in senso stretto si colloca la **ritenuta diretta** (distintamente indicata nell' art. 2 del d.P.R. n. 602/1973); tale ipotesi di riscossione spontanea è attuata mediante la previsione di un obbligo, per le amministrazioni (statali) che corrispondono somme o altri emolumenti, di applicare una ritenuta alla fonte di tipo tributario sugli importi erogati.

Come le ritenute applicate dal sostituto, la ritenuta diretta può essere concretamente applicata a titolo di acconto (cfr. art. 29, d.P.R. n. 600/1973, concernente emolumenti e altre somme), ovvero a titolo di imposta (cfr. art. 30, d.P.R. n. 600/1973, riferibile all'erogazione di premi e vincite), nell'ambito di una distinzione concettuale analoga a quella già esaminata per le ritenute operate dai sostituti d'imposta (si veda *retro* cap. 7 par. 6).

La ritenuta diretta è in effetti un istituto che opera sul piano della riscossione tributaria in maniera concettualmente analoga alla ritenuta alla fonte applicata dal sostituto d'imposta, senza cioè alcun intervento di tipo autoritativo dell'amministrazione che applica la ritenuta.

la compensazione

La **compensazione** quale modalità di **estinzione** dell'obbligazione tributaria, come già in precedenza accennato (cfr. retro cap. 5, par. 6), è oggi espressamente prevista dall'art. 8, comma 1, della l. n. 212 del 2000.

Al di là di quanto enunciato in termini generali nello Statuto dei diritti del contribuente, tuttavia, anche la compensazione dei debiti tributari è applicabile solo nelle ipotesi tassativamente previste dalla normativa, tra l'altro entro i limiti quantitativi e con le caratteristiche procedurali di volta in volta stabiliti (cfr. ad es. l'art. 28-*quinquies* del d.P.R. n. 602/1973).

Sul piano descrittivo e della concreta operatività, è utile distinguere la **compensazione c.d. verticale**, che opera nell'ambito del medesimo tributo, dalla **compensazione c.d. orizzontale**, che consente invece la compensazione di crediti e debiti riferibili a tributi diversi.

Da notare che, sia pure nell'ambito di previsioni tassative, la normativa fiscale consente la compensazione (orizzontale) anche in assenza di reciprocità soggettiva di crediti e debiti, così come invece richiesto in termini generali nell'art. 1241 c.c.; nei confronti di Stato, regioni ed enti previdenziali (soggetti distinti tra loro), infatti, è espressamente consentito al contribuente di compensare propri debiti fiscali (o previdenziali) verso uno di tali enti, con crediti fiscali riferibili ad

ISBN 978-88-495-4378-0

altro dei medesimi enti, purché si tratti di debiti e crediti fiscali o previdenziali complessivamente sussistenti nei confronti di tali medesimi soggetti (cfr. ad es. art. 17 d.lgs. n. 241/1997).

È invece espressamente vietato, come già detto (cfr. par. 9, Capitolo 7), compensare debiti d'imposta accollati con crediti dell'accollante (art. 1, comma 2, d.l. n. 124/2019).

 ISBN 978-88-495-4378-0

Capitolo 13

Crediti d'imposta del contribuente e rimborso del tributo

Sommario: 1. Le fattispecie del credito d'imposta a favore del contribuente: crediti d'imposta da indebito tributario e c.dd. crediti d'imposta in senso stretto. – 2. I crediti d'imposta da indebito: tipologia. – 3. La tutela dei crediti d'imposta e del diritto al rimborso. – 4. *Segue*. La tutela del credito di imposta da indebito scaturente da atto di imposizione invalido.

1. Le fattispecie del credito d'imposta a favore del contribuente: crediti d'imposta da indebito tributario e c.dd. crediti d'imposta in senso stretto. – La tipica posizione soggettiva del contribuente, sul piano dell'obbligazione di pagamento del tributo, è ovviamente quella di debitore.

Tuttavia, dall'applicazione della medesima normativa tributaria possono venire in essere anche situazioni giuridiche nelle quali il contribuente assume invece una posizione soggettiva di creditore nei confronti dell'Erario.

Le ipotesi in questione, in particolare, danno luogo al sorgere di **crediti d'imposta**, in quanto crediti scaturenti in capo al contribuente dall'applicazione della normativa tributaria, come tali disciplinati e regolamentati all'interno dell'ordinamento tributario. I crediti d'imposta:

La disciplina dei crediti d'imposta, dunque, concerne unicamente i crediti derivanti dall'attuazione delle norme tributarie ed è, pertanto, da tenere nettamente distinta dalle diverse ed ulteriori ragioni creditorie che il contribuente eventualmente vanta nei confronti dello Stato o di altro ente impositore (ad es. crediti derivanti da ragioni contrattuali per l'esecuzione di appalti pubblici, ecc.).

Le vicende che possono dare luogo alla nascita di crediti d'imposta in capo al contribuente attengono a due fondamentali profili: l'**indebito tributario** e l'attuazione **di finalità agevolative**.

Le diverse fattispecie riferibili al primo profilo possono definirsi **crediti d'imposta da indebito**, mentre le seconde sono abitualmente definiti «**crediti d'imposta in senso stretto**».

 ISBN 978-88-495-4378-0

i crediti d'imposta in senso stretto (di tipo agevolativo)

In termini di classificazione generale, la categoria dei crediti d'imposta in senso stretto, trovando tassativo fondamento in una norma agevolativa fiscale, è quindi, per sua natura, da intendersi nei termini in cui è stata precedentemente definita l'agevolazione fiscale; ciascuna ipotesi di credito d'imposta non fondato sull'indebito tributario, cioè, riceve la propria disciplina e *ratio* applicativa, nell'ambito della specifica normativa che prevede l'agevolazione fiscale (ad es. crediti d'imposta per gli investimenti nel mezzogiorno così come previsti dall'art. 1, comma da 98 a 108, della legge 28 dicembre 2015, n. 208 – modificati dalla legge 27 febbraio 2017, n. 18 – sulla nozione di agevolazione fiscale si rinvia *infra* al cap. 8).

I crediti d'imposta da indebito

Così non è per la categoria dei crediti d'imposta da indebito. Le ragioni dell'indebito tributario, infatti, sono concettualmente riferibili al principio generale su cui è fondato l'indebito oggettivo contenuto nell'art. 2033 c.c., ove è sancito: «*chi ha eseguito un pagamento non dovuto ha diritto di ripetere ciò che ha pagato*».

Quella dei crediti d'imposta da indebito, diversamente da quella che racchiude i crediti d'imposta in senso stretto, non è dunque una categoria riconducibile ad ipotesi tassative e spiccatamente peculiari, ma ricomprende, residualmente, tutte le ipotesi in concreto riconducibili al **pagamento «non dovuto»** di somme di natura tributaria.

Ferma la riconducibilità dell'indebito tributario al principio generale dell'indebito oggettivo, ciò non implica peraltro una integrale applicabilità al primo della disciplina propria del diritto comune, così come sancita nel codice civile.

Sussistono, infatti, ben determinate coordinate concettuali che delimitano le vicende dell'indebito tributario in modo «speciale» rispetto al codice civile. Precisamente, il fondamento del «pagamento indebito tributario» è comunque riferibile alle ragioni (in questo caso «mancate») del tributo e, quindi, trova essenziale e primaria causa nelle medesime fonti tributarie, in primo luogo sul piano costituzionale ed europeo, nonché nella sottostante normativa tributaria di imposizione.

Il profilo di «specialità» dell'indebito tributario, determina modalità peculiari con cui il relativo credito d'imposta può ricevere o perdere la propria possibilità di giuridica tutela, essenzialmente legate ad esigenze di certezza e stabilità del gettito fiscale già acquisito all'erario (si pensi in particolare al regime delle decadenze – cfr. il successivo par. 3 – nonché a quello legato alla definitività degli atti amministrativi di imposizione).

Sempre in attuazione delle finalità generali del tributo e dei cor-

ISBN 978-88-495-4378-0

relati profili applicativi, l'indebito tributario può infine originarsi anche in seguito all'uso illegittimo, da parte dell'Amministrazione finanziaria, dei poteri amministrativi di controllo.

2. I crediti d'imposta da indebito: tipologia. – I crediti d'imposta da indebito possono scaturire dal pagamento di un tributo che è sin dall'origine non dovuto (c.d. **indebito originario**), ovvero da un indebito che si rivela tale solo in ragione di un evento successivo al pagamento (c.d. **indebito sopravvenuto**).

Il pagamento di somme tributarie dà luogo ad un indebito tributario c.d. originario nell'ambito delle seguenti tipologie generali: indebito originario

– **carenza del fondamento giuridico dell'imposizione** (ad es. tributo locale istituito con regolamento in violazione della riserva di legge). A tale ipotesi si reputa riconducibile sia la dichiarazione di incostituzionalità di una norma di imposizione con effetti retroattivi, sia la contrarietà della medesima al diritto europeo, nelle ipotesi in cui tale contrarietà determina, analogamente, il venir meno della fonte dell'imposizione con effetti retroattivi.

– **Errore del contribuente** nell'adempimento spontaneo del tributo dovuto; ciò si verifica, sia quando il contribuente (o il sostituto) effettua un versamento diretto superiore all'importo dovuto per legge, sia quando è erroneamente operata, in danno del contribuente, una compensazione tra debiti e crediti tributari nell'ambito delle modalità tassativamente previste dalla normativa tributaria.

– **Illegittimità o infondatezza dell'atto di imposizione**; in tale ipotesi il diritto al rimborso è da considerare giuridicamente sussistente allorquando un atto amministrativo di imposizione determina il pagamento, in capo al contribuente, di imposte, interessi ovvero sanzioni tributarie in misura non conforme a quanto stabilito nella legge.

Sono invece riconducibili ad indebiti tributari c.dd. sopravvenuti, a titolo esemplificativo: indebito sopravvenuto

– il versamento di acconti d'imposta che, successivamente alla data di versamento, si rivelino eccedenti dando luogo ad un credito d'imposta da indebito sopravvenuto; una simile evenienza, in particolare, può sovente realizzarsi sia nelle imposte sui redditi sia nell'Iva, ove sono diffusamente previsti pagamenti d'acconto in corso d'anno, mentre l'effettivo computo del tributo dovuto si determina solo dopo la chiusura del periodo (annuale) d'imposta (cfr. ad es. l'art. 22 del d.P.R. n. 917/1986 per lo scomputo degli acconti in ambito Irpef); in tali

 ISBN 978-88-495-4378-0

casi, quindi, può «fisiologicamente» accadere che i versamenti effettuati in acconto, pur se i medesimi acconti sono correttamente calcolati e versati in corso d'anno, risultino *ex post* in tutto o in parte indebiti; l'indebito, in questi casi, assume quindi rilievo giuridico in un momento successivo rispetto a quello in cui è effettuato il pagamento dell'acconto, realizzandosi cioè quando è prevista la liquidazione «a saldo» del tributo effettivamente dovuto;

– sempre in ambito Irpef, le imposte definitivamente assolte all'estero sui redditi ivi prodotti, allorché tali redditi concorrano (anche) alla formazione del reddito imponibile in Italia, che danno luogo *ex post* a crediti d'imposta nei limiti della corrispondente imposta netta effettivamente dovuta in Italia (v. art. 165 del d.P.R. n. 917/1986);

– nelle imposte indirette sui trasferimenti, il pagamento dell'imposta proporzionale di registro, che risulta dovuta allorché siano pattuiti acconti di prezzo in un contratto preliminare non soggetto ad Iva (art. 10, Tariffa Parte prima, allegata al d.P.R. n. 131/1986), dà luogo invece ad un successivo indebito tributario ove non si dia luogo alla stipula del contratto definitivo (Corte di cass., 15 giugno 2007, n. 14028: «*l'imposta parziale, anticipatamente versata, risulta indebitamente trattenuta dal fisco che, perciò, è tenuto alla restituzione in base ad una regola di carattere generale, di cui è traccia evidente nel D.P.R. n. 131 del 1986, art. 77*»).

3. La tutela dei crediti d'imposta e del diritto al rimborso. – In termini generali, ove il contribuente vanta un credito d'imposta a proprio favore è tenuto a farne richiesta nei modi e nei termini stabiliti dalla normativa tributaria (spesso all'interno della medesima dichiarazione tributaria).

Il termine per l'istanza di rimborso

A tal proposito, pur evitando una disamina dettagliata delle diverse ipotesi, è utile chiarire che nella legislazione fiscale sono diffusamente rinvenibili specifiche modalità e limitazioni per l'adempimento dei crediti d'imposta a favore del contribuente.

Quanto appena detto è abitualmente riscontrabile sia nei casi di indebito c.d. sopravvenuto sia nelle ipotesi di crediti d'imposta in senso stretto; in entrambe le tipologie indicate, infatti, il legislatore fiscale limita le possibilità che il contribuente ha di ottenere la restituzione del proprio credito d'imposta, restringendo tale possibilità all'interno di modalità di compensazione dei debiti tributari (orizzontale o verticale – cfr. *retro* cap. 12, par. 2), ovvero subordinando il diritto al rimborso alla sussistenza di ulteriori condizioni e garanzie

ISBN 978-88-495-4378-0

(v. ad es. gli articoli 30 e 38-*bis* del d.P.R. n. 633/1972 in tema di rimborsi Iva).

Fuori dalle previsioni specificamente previste dalla normativa tributaria, la tutela dei crediti d'imposta ed eventualmente del diritto al rimborso del contribuente, è sancita in termini generali dall'art. 21, comma 2, ult. per. del d.lgs. n. 546/1992 (recante Disposizioni sul processo tributario), ove è stabilito:

La tutela dei crediti d'imposta:

«*La domanda di restituzione, in mancanza di disposizioni specifiche, non può essere presentata dopo due anni dal pagamento, ovvero, se posteriore, dal giorno in cui si è verificato il presupposto per la restituzione*».

Dalla norma in questione si ricava che per tutelare il proprio diritto di rimborso così come derivante da un credito d'imposta, fatte salve disposizioni specifiche, il contribuente è tenuto alla presentazione di una **istanza di rimborso** entro un termine di **decadenza** biennale di portata residuale e generalizzata.

la decadenza del diritto di azionare il credito

Il termine di decadenza in questione decorre dal momento del pagamento ovvero, se diverso, dal momento in cui si è verificato il presupposto per la restituzione (ad es. nel caso dei c.dd. indebiti sopravvenuti derivanti da acconti correttamente calcolati ma successivamente rivelatisi eccedenti, il presupposto per la restituzione non sussiste nel momento in cui è pagato l'acconto, ma si realizza solo al momento della liquidazione annuale e del termine per il versamento dell'imposta a saldo: in tal senso, Corte di cass., sent. n. 26535 del 5 novembre 2008).

Può dunque affermarsi che per tutelare i propri crediti d'imposta il contribuente è in primo luogo tenuto a farne specifica richiesta entro **il termine di decadenza previsto dalla legge** ovvero, in mancanza di disposizioni specifiche che dispongono tale termine, entro il **termine biennale,** stabilito in via residuale e generalizzata dall'art. 21 d.lgs. n. 546/1992.

Con l'inutile decorso del termine di decadenza il contribuente perde il **diritto di azionare processualmente** il proprio credito d'imposta, pure se il medesimo credito permane sul piano sostanziale; ciò implica che, se è decorso inutilmente il termine di decadenza previsto nella legge, l'amministrazione finanziaria non può essere «costretta giudizialmente» dal contribuente ad effettuare il rimborso, pur potendo comunque decidere di rimborsare «spontaneamente» il credito d'imposta, ove lo reputi concretamente spettante (nell'ambito cioè del principio di autotutela amministrativa).

 ISBN 978-88-495-4378-0

L'ipotesi più importante di decadenza per la tutela del diritto al rimborso, contenuta in disposizioni specifiche ma di ampia valenza applicativa, è prevista negli articoli 37, comma 1, e 38, comma 1, del d.P.R. n. 602/1973, rispettivamente in tema di ritenuta diretta e versamenti diretti.

Le disposizioni in questione, in particolare, stabiliscono che «*...nel caso di errore materiale, duplicazione ed inesistenza totale o parziale dell'obbligo di versamento...*» può essere presentata istanza di rimborso «*...entro il termine di* ***decadenza*** *di* ***quarantotto mesi*** *dalla data del versamento stesso*».

la prescrizione del diritto di credito

Fermo quanto rilevato in tema di decadenza, il decorso del termine di **prescrizione** per l'inerzia del creditore/contribuente comporta invece il venir meno del diritto di credito d'imposta sul piano sostanziale.

Ai crediti d'imposta, infatti, si applica il regime ordinario di prescrizione decennale di cui all'art. 2946 c.c., fatte salve, anche in questo caso, eventuali disposizioni tributarie specifiche ove siano espressamente stabiliti termini di prescrizione differenti.

La tutela dei crediti d'imposta derivante da atti di imposizione illegittimi

4. ***Segue*****. La tutela del credito di imposta da indebito scaturente da atto di imposizione invalido.** – È necessario, infine, esprimere alcune precisazioni nel caso in cui il credito d'imposta (da indebito c.d. originario) sorga in ragione del pagamento di somme tributarie coattivamente richieste in un atto amministrativo di imposizione, che il contribuente reputi tuttavia illegittimo o infondato.

In tale ipotesi, come meglio si vedrà nel prosieguo quando saranno esaminate le caratteristiche degli atti amministrativi di imposizione (si rinvia *infra* al cap. 16), la tutela del contribuente è inevitabilmente influenzata dagli effetti che il provvedimento amministrativo di imposizione è in grado di produrre, ove non sia tempestivamente impugnato innanzi al giudice, anche nel caso in cui sia viziato da illegittimità o infondatezza.

Il provvedimento di imposizione, infatti, pure se invalido, è suscettibile di divenire **definitivo** ove non tempestivamente impugnato dal contribuente, rendendo stabili gli effetti giuridici da esso recati.

Nel caso di provvedimento di imposizione invalido, la cui esecuzione determina quindi il pagamento di un tributo non dovuto *ex lege* e, conseguentemente, il sorgere di un corrispondente credito di imposta da indebito, la tutela del contribuente implica essenzialmente la tempestiva **impugnazione dell'atto di imposizione**.

ISBN 978-88-495-4378-0

Se ciò non accade, ed il provvedimento di imposizione diviene definitivo, il contribuente perde il diritto di contestare giudizialmente tale atto e, con esso, il correlato diritto di azionare giudizialmente il credito di imposta da indebito da esso scaturente; in tali circostanze, sussistendo unicamente il credito d'imposta da indebito sul piano sostanziale, il contribuente potrà unicamente sollecitare l'Amministrazione a riesaminare in autotutela il provvedimento di imposizione anche se oramai definitivo, affinché restituisca «spontaneamente» il medesimo credito d'imposta da indebito che tale atto ha determinato (sull'autotutela amministrativa in ambito tributario, si rinvia al cap. 14, par. 5).

 ISBN 978-88-495-4378-0

Capitolo 14

L'attività amministrativa di controllo (e di collaborazione) in materia tributaria

Sommario: 1. La funzione (ancora essenzialmente) di controllo dell'amministrazione finanziaria. – 2. Tipologia e specifica finalità delle attività amministrative correlate alla «funzione» di controllo in ambito fiscale. – 3. Procedimenti amministrativi di controllo fiscale e contraddittorio procedimentale: l'approccio nazionale e quello europeo. – 4. *Segue*. Contraddittorio e ordinamento tributario: attualità e linee di tendenza. – 5. Procedimenti di controllo fiscale e autotutela amministrativa.

1. La funzione (ancora essenzialmente) di controllo dell'amministrazione finanziaria. – L'attività amministrativa in materia di tributi statali (ed europei) è essenzialmente attribuita all'Agenzia delle Entrate, con l'eccezione dei tributi doganali in senso lato, per i quali è riferibile all'Agenzia delle Dogane.

Per i tributi locali è invece tendenzialmente spettante all'ente locale creditore del tributo, che può organizzarla secondo le proprie esigenze. Ciò vale, oltre che per le Regioni, anche per gli enti privi di potestà legislativa (Province e Comuni), dal momento che gli aspetti inerenti ai poteri tributari di controllo non rientrano tra quelli riservati alla «legge» ai sensi dell'art. 23 della Costituzione (cfr. art. 52 d.lgs. n. 446/1997).

Per ciò che concerne il ruolo dell'amministrazione finanziaria in ambito tributario, può ancora affermarsi che esso si esplica essenzialmente quale **funzione amministrativa di controllo** dell'esatto adempimento degli obblighi tributari da parte dei contribuenti, con il conseguente tipico esercizio di poteri amministrativi di tipo istruttorio, accertativo/liquidatorio, di riscossione coattiva e sanzionatori.

L'attività amministrativa di controllo

Quanto detto, ovviamente, non esclude la crescente importanza, nell'attuazione dell'ordinamento tributario, di un'attività amministrativa volta ad enfatizzare maggiormente un rapporto di collaborazione tra Fisco e contribuente nel corretto assolvimento dei tributi (**c.d. *cooperative compliance***).

e la *cooperative compliance*

 ISBN 978-88-495-4378-0

Esempi in tal senso, oltre all'attività essenzialmente interpretativa dei già esaminati **procedimenti di interpello**, possono essere specificamente ravvisati nel regime **dell'adempimento collaborativo,** riservato ai contribuenti di maggiori dimensioni nonché dotati di particolare capacità organizzativa (artt. 3 e seg. d.lgs. n. 128/2015), ovvero in quello degli **accordi preventivi delle imprese con attività internazionale** (art. 31-*ter* d.P.R. n. 600/1973).

Più in generale, ma anche in termini meno stringenti sul piano giuridico, un'attività amministrativa di collaborazione può anche ravvisarsi nelle iniziative volte ad offrire un servizio di «precompilazione» della dichiarazione tributaria e degli altri adempimenti formali, offerto dall'amministrazione ai contribuenti che intendano spontaneamente beneficiarne.

Gli indici sintetici di affidabilità

Sempre in tale ordine di idee possono essere menzionati gli «**Indici sintetici di affidabilità» fiscale** (Isa), introdotti con d.l. n. 50/2017 che hanno sostituito definitivamente gli studi di settore. Tali indici misurano, in ragione di standards generali, la maggiore o minore «affidabilità» fiscale (con valori da 1 a 10) degli operatori economici (professionisti e imprese); i quali, a seconda del risultato raggiunto che possono valutare autonomamente, possono poi ottenere determinati effetti favorevoli (ad es. essere esclusi da determinati tipi di controlli, beneficiare di una riduzione dei termini di decadenza degli accertamenti, ecc.).

Ferme tali tendenze, rimane peraltro assolutamente centrale lo schema di attuazione del tributo per il tramite di una dichiarazione tributaria predisposta dal contribuente che, conseguentemente, autoliquida e paga spontaneamente il tributo da lui dovuto (c.d. autoimposizione o autotassazione). Il ruolo esercitato dalla Pubblica Amministrazione in ambito tributario è dunque ancora riconducibile, primariamente, **ad una funzione di controllo del corretto assolvimento degli obblighi tributari da parte dei contribuenti**.

Tipologie di attività di controllo:

2. Tipologia e specifica finalità delle attività amministrative correlate alla «funzione» di controllo in ambito fiscale. – L'esercizio della «funzione» di controllo in ambito fiscale implica tradizionalmente la seguente articolazione di attività amministrative:

poteri amministrativi di tipo istruttorio

– **un'attività amministrativa di tipo istruttorio**, volta a verificare e ricercare i dati e le notizie inerenti al corretto assolvimento degli obblighi fiscali da parte dei contribuenti, essenzialmente funzionale alla conseguente attività amministrativa di tipo accertativo/liquidatorio e sanzionatorio;

ISBN 978-88-495-4378-0

– un'**attività amministrativa di accertamento e liquidazione delle maggiori pretese fiscali** che l'Amministrazione finanziaria ritiene dovute per legge, rispetto a quanto spontaneamente auto-liquidato e versato dal contribuente (c.d. attività amministrativa di imposizione);

poteri amministrativi di accertamento e liquidazione

– un'**attività amministrativa di irrogazione delle sanzioni tributarie**, implicante la violazione di norme tributarie (c.dd. illeciti tributari) e quindi strettamente correlata alla fase di tipo accertativo/liquidatorio; esula invece completamente dai poteri di tipo amministrativo l'attività di irrogazione delle sanzioni penali tributarie, anch'essa correlata alla violazione di norme tributarie ma, in quanto implicante la contestazione di illeciti penali, rimessa alla magistratura penale);

poteri amministrativi sanzionatori

– **un'attività amministrativa di riscossione delle entrate tributarie**, che si pone concettualmente a valle delle fasi accertativo/liquidatoria e sanzionatoria. Va qui ancora ricordato, tuttavia, che nel sistema vigente l'esercizio di poteri amministrativi di riscossione è essenzialmente riferibile alle ipotesi di inadempimento degli obblighi tributari, mentre la riscossione c.d. spontanea è strutturata secondo schemi privatistici, sia pure tassativamente disciplinati dalla norma fiscale. È altresì utile precisare sin d'ora, inoltre, che gli schemi attuali della riscossione amministrativa tributaria tendono a ridurre l'autonomia procedimentale di tale attività rispetto a quella accertativo/liquidatoria; sono oggi diffusamente rinvenibili cioè, sia atti amministrativi tributari tipicamente riferibili al procedimento accertativo/liquidatorio che producono anche gli effetti dell'attività amministrativa di riscossione (ad es. atto di accertamento immediatamente esecutivo – *infra* cap. 25, par. 2); sia, al contrario, atti amministrativi tributari tipicamente riferibili al procedimento di riscossione che realizzano pure gli effetti dell'attività amministrativa di tipo accertativo/liquidatorio (ad es. iscrizione a ruolo conseguente alla liquidazione automatica *ex* art. 36-*bis* d.P.R. n. 600/1973 – *infra* cap. 17, par. 1).

poteri amministrativi di riscossione coattiva

Rinviando ai successivi capitoli la disamina specifica delle disposizioni concernenti la disciplina di ciascuno di tali poteri e dei relativi procedimenti amministrativi, è utile accennare ad alcuni principi di particolare rilievo che caratterizzano in senso generale l'attività amministrativa di controllo in ambito tributario: il contraddittorio endoprocedimentale e l'autotutela amministrativa.

3. Procedimenti amministrativi di controllo fiscale e contraddittorio procedimentale: l'approccio europeo e quello della legge

 ISBN 978-88-495-4378-0

generale sul procedimento amministrativo. – Come già accennato, l'attività di controllo fiscale si esplica, tipicamente, nell'ambito di **procedimenti amministrativi.**

L'art. 7 della l. n. 241 del 1990 (Legge sul procedimento amministrativo) sancisce la fondamentale e generale applicazione, nei procedimenti amministrativi, del principio del **contraddittorio procedimentale**, sia quale garanzia del **diritto di difesa** del destinatario (art. 24 Cost.), sia in funzione **dell'interesse pubblico al buon procedimento**, quale espressione dei principi costituzionali di imparzialità e buon andamento dell'amministrazione (art. 97 Cost.).

Il contraddittorio procedimentale

La legge n. 241/1990, all'articolo 13, comma 2, tuttavia, esclude i procedimenti amministrativi tributari dall'applicazione degli istituti partecipativi previsti dall'articolo 7 della stessa norma; esclusione da intendersi, però, non già espressiva della volontà di svilire la rilevanza di un tale principio nei procedimenti tributari, quanto piuttosto della scelta legislativa di rinviare (anche) tale profilo alla specifica regolamentazione prevista dalle norme tributarie che disciplinano i medesimi; in ossequio, cioè, alla già accennata «specializzazione» della normativa sui procedimenti tributari (cfr. *infra* cap. 1, par. 2).

Ciò premesso, può affermarsi che nella **normativa tributaria nazionale** non vi è, attualmente, una disposizione che sancisce, **in termini generali**, un obbligo di contraddittorio procedimentale tra amministrazione e contribuente.

Sussistono invece particolari disposizioni che prevedono, in **determinate e specifiche circostanze**, un tale obbligo (ad es. articolo 10-*bis*, comma 6, dello Statuto dei diritti del contribuente, nell'ambito della disciplina dell'abuso del diritto, dalla cui violazione la legge fa discendere **automaticamente** l'invalidità del successivo atto di imposizione).

Il principio del contraddittorio procedimentale è invece attualmente codificato, in termini generali, nell'art. 41 della Carta dei diritti fondamentali **dell'Unione europea** (c.d. Carta di Nizza) che, nel garantire il diritto ad una buona amministrazione, sancisce espressamente *«il diritto di ogni persona ad essere ascoltata prima che nei suoi confronti venga adottato un provvedimento individuale che le rechi pregiudizio»*.

La disciplina europea: applicazione generalizzata…

Il principio sancito nell'art. 41 della Carta di Nizza è pacificamente applicabile, anche in ambito nazionale, sia pure limitatamente ai **tributi armonizzati** (ad es. Iva, tributi doganali, ecc. – cfr. *infra* cap. 2, par. 2).

ISBN 978-88-495-4378-0

È importante notare, peraltro, che la giurisprudenza europea (cfr. C. Giust. sentenza 3 luglio 2014, cause riunite C-129/13 e C-130/13, «Kamino») ha condivisibilmente delineato una rilevanza del contraddittorio procedimentale **in termini sostanzialistici e non meramente formali.** ... «sostanzialistica»...

In particolare, la Corte di Giustizia ha chiarito, in primo luogo, che l'obbligo di contraddittorio non riguarda l'attività amministrativa di indagine e di acquisizione di elementi probatori, laddove tale fase, non implicando già l'adozione di un provvedimento di contestazione, può validamente prendere avvio anche senza informare preventivamente il contribuente; ferma la salvaguardia delle già accennate esigenze di segretezza ed efficacia dell'azione di acquisizione istruttoria, ovviamente, anche in tale fase il contraddittorio con il contribuente è fondamentale al fine di una ragionevole valutazione degli elementi istruttori già nella fase «amministrativa» di acquisizione della prova.

La funzione del contraddittorio procedimentale, in ogni caso, prevede che tale attività sia specificamente svolta prima della conclusione della fase accertativo-liquidatoria e sanzionatoria.

Precisamente, secondo il diritto europeo, l'amministrazione finanziaria ha sempre l'obbligo di invitare al contraddittorio il contribuente, prima di emettere un atto tributario di imposizione o sanzionatorio nei suoi confronti.

Nel caso in cui l'amministrazione non rispetti l'obbligo di contraddittorio preventivo, peraltro, il contribuente non potrà chiedere, automaticamente, l'annullamento dell'atto di imposizione (o sanzionatorio) per tale violazione procedimentale.

L'atto di imposizione non preceduto dal contraddittorio, infatti, sarà concretamente viziato da invalidità soltanto se il contribuente sarà in grado di eccepire che, ove fosse stato preventivamente invitato al contraddittorio, avrebbe potuto addurre ragioni rilevanti, in base alle quali la conclusione del procedimento di imposizione sarebbe potuta essere diversa **(c.d. prova di resistenza)**; in tal senso è l'orientamento consolidato della giurisprudenza europea (Corte di giust., sent. *Sopropè*, del 18 dicembre 2008, cit.; 3 luglio 2014, in cause riunite C-129/13 e C-130/13, *Kamino International Logistics BV*). ... con «prova di resistenza»

Un tale approccio, «se correttamente inteso», è idoneo ad escludere impugnative per violazione del contraddittorio meramente pretestuose e formalistiche, preservando al contempo un autonomo, generalizzato e ragionevole rilievo al fondamentale principio del contraddittorio procedimentale ed alla violazione di tale obbligo.

 ISBN 978-88-495-4378-0

4. ***Segue*****. Contraddittorio e ordinamento tributario: attualità e linee di tendenza.** – La vigente attuazione del contraddittorio procedimentale nell'ordinamento tributario è piuttosto critica sul piano sistematico.

Per i tributi rimessi alla sovranità europea, sussiste infatti un obbligo generalizzato di contraddittorio procedimentale, direttamente promanante dall'art. 41 della Carta di Nizza, applicabile a tutti i c.dd. tributi armonizzati, nei termini già descritti (approccio sostanzialistico e prova di resistenza).

Diversamente, per i tributi non armonizzati, secondo l'orientamento della prevalente giurisprudenza di legittimità (cfr. per tutte Cass. Sezioni Unite, 9 dicembre 2015, n. 24823), non sussiste un obbligo generale di contraddittorio procedimentale nell'ordinamento tributario nazionale.

La disciplina nazionale: applicazione tassativa... ... con effetti «automatici»...

Nella legislazione nazionale, peraltro, sono stabiliti obblighi di contraddittorio previsti da norme tributarie particolari, la cui violazione è stata prevalentemente intesa in senso automatico, con effetto in sé invalidante per il successivo atto di imposizione: cfr. in particolare, oltre al già citato interpello antiabuso, il successivo **art. 12, comma 7, l. n. 212/2000**, volto a valorizzare la cooperazione tra amministrazione e soggetti passivi ed emanata nell'ambito dei diritti e delle garanzie del contribuente sottoposto a verifiche fiscali (su cui *intra* Cap. 15, par. 8); la norma in questione, che assume ampio rilievo applicativo, stabilisce che dopo la redazione del processo verbale che conclude la verifica (processo verbale di constatazione), il contribuente ha un termine di **sessanta giorni** per comunicare eventuali osservazioni e richieste agli organi titolari del potere di accertamento-liquidazione, «*che sono valutate dagli uffici impositori*» (cfr. testualmente comma 7); prima del decorso di tale termine, l'ufficio non potrà emanare alcun atto di accertamento, pena la **nullità** dello stesso (Corte di cass., SS. UU., sent. n. 18184 del 29 luglio 2013).

L'art. 5-ter: applicazione ampia, ma non compiutamente generalizzata...

Il 1 luglio 2020, infine, è entrato in vigore **l'art. 5-*ter* del d.lgs. n. 218/1997**, che prevede, in capo all'ufficio l'obbligo di notificare al contribuente *«l'invito a comparire di cui all'articolo 5 per l'avvio del procedimento di definizione dell'accertamento»*.

La norma in questione, pur estendendo notevolmente l'obbligo di applicazione del contraddittorio procedimentale, contempla, peraltro, numerose eccezioni (per la formulazione di indicazioni operative su tale disciplina, cfr. Circolare Agenzia Entrate n. 17/E del 22 giugno 2020).

In particolare, la disposizione *de qua* esclude l'obbligo di invito:

ISBN 978-88-495-4378-0

– (comma 1) «*nei casi in cui sia stata rilasciata copia del processo verbale di chiusura delle operazioni da parte degli organi di controllo*» (per tali ipotesi, come già detto, è invece applicabile l'art. 12, comma 7, della l. n. 212/2000, sopra richiamato);

– (comma 2) per «*gli avvisi di accertamento parziale previsti dall'articolo 41-*bis *del decreto del Presidente della Repubblica 29 settembre 1973, n. 600, e gli avvisi di rettifica parziale previsti dall'articolo 54, terzo e quarto comma, del decreto del Presidente della Repubblica 26 ottobre 1972, n. 633*»;

– (comma 4) «*in tutti i casi di particolare urgenza, specificamente motivata, o nelle ipotesi di fondato pericolo per la riscossione*».

Ciò detto, «*il mancato avvio del contraddittorio mediante l'invito di cui al comma 1 comporta l'invalidità dell'avviso di accertamento qualora, a seguito di impugnazione, il contribuente dimostri in concreto le ragioni che avrebbe potuto far valere se il contraddittorio fosse stato attivato*» (comma 5).

Nelle ipotesi di invito obbligatorio contemplate dall'art. 5-*ter*, in ragione della previsione contenuta nel comma 5, l'invalidità derivante dal mancato rispetto di tale obbligo si delinea dunque in termini **non automatici**, in una prospettiva non dissimile da quella vigente in ambito europeo (approccio sostanzialistico e c.d. prova di resistenza).

… «sostanzialistica» e con «prova di resistenza»

Conclusivamente, si rileva che l'attuazione del contraddittorio procedimentale nell'ordinamento tributario nazionale è alquanto complessa e disomogenea. Accanto ad ipotesi in cui la normativa prevede un obbligo di contraddittorio di tipo sostanzialistico (prova di resistenza), sussistono casi in cui la violazione del principio opera in modo automatico, nonché ampie situazioni in cui l'atto di imposizione (e sanzionatorio) può essere senza alcun obbligo di contraddittorio preventivo per l'amministrazione.

L'esigenza (anche sul piano costituzionale) di garantire un pieno esercizio del diritto di difesa del contribuente prima della fase contenziosa, ma ancor di più **l'interesse pubblico ad una corretta formazione procedimentale della pretesa tributaria**, spingono indubbiamente, anche sul piano dell'interpretazione adeguatrice, nel senso di una generalizzata valorizzazione del contraddittorio procedimentale anche in ambito tributario nazionale.

Una piena ed uniforme applicazione del principio del contraddittorio procedimentale a tutti i tributi è da ritenere, quindi, una linea di tendenza fortemente auspicabile anche sul piano della razionalità complessiva del sistema tributario e della coerenza ordinamentale.

 ISBN 978-88-495-4378-0

A tale ultimo auspicio va però aggiunto il convinto *favor* per l'approccio «europeo» alla questione, con adeguata accentuazione cioè di un rilievo **sostanzialistico** del contraddittorio procedimentale, che garantisca al contempo autonomo rilievo alla violazione di tale obbligo da parte dell'Ufficio.

Una tale modalità dovrebbe precedere, a mio avviso, tutti i procedimenti tributari di tipo accertativo-liquidatorio e sanzionatorio, nonché quelli che attengono alla riscossione da inadempimento, laddove occorra assumere una «decisione amministrativa» con effetti sfavorevoli per il contribuente.

Andrebbero al contempo tendenzialmente negate invalidità di tipo «automatico» per la violazione del contraddittorio, valorizzando ragionevolmente la valenza sostanziale di tale principio, laddove è in tale accezione che il contraddittorio procedimentale è effettivamente utile a garantire un'attività amministrativa di controllo imparziale e trasparente, oltre che efficiente (articolo 97 Cost.).

Quanto detto implica anche che, come ribadito in ambito europeo, il contribuente che intende dolersi della violazione di tale fondamentale principio per contestare l'invalidità dell'atto di imposizione, dovrebbe sempre indicare i fatti e le ragioni che avrebbe potuto utilmente addurre nel contraddittorio procedimentale, ove l'ufficio l'avesse preventivamente attivato prima di notificargli la contestazione fiscale.

La violazione del contraddittorio «sostanzialistico» quale autonomo vizio invalidante

È vero altresì che, ove il contribuente adduca «valide ragioni» pretermesse per la mancanza di contraddittorio, **il giudice dovrebbe garantire autonomo rilievo a tale vizio «procedimentale»**, non restringendo le ipotesi di annullamento ai soli casi in cui la «prova di resistenza» assuma in sé anche una prova stringente di infondatezza nel merito dell'atto impositivo.

Solo in tal modo, infatti, potrà dirsi attuata la peculiare e fondamentale finalità di fondo del contraddittorio procedimentale in ambito tributario, che implica sì una partecipazione democratica e generalizzata del contribuente nell'attuazione procedimentale della funzione impositiva, ma tutto ciò in ossequio alla fondamentale **finalità di garantire un accertamento argomentato e ragionevole dell'obbligazione tributaria** (cfr. *retro* cap. 5, par. 4) e non certo per alimentare inutili «formalismi» e altrettanto inutili contenziosi.

5. Procedimenti di controllo fiscale e autotutela amministrativa. – Dai già richiamati principi costituzionali di imparzialità e buon an-

ISBN 978-88-495-4378-0

damento discende altresì nel diritto amministrativo, tradizionalmente, il potere dell'ufficio di **riesaminare** la propria azione, **annullando o revocando** i propri atti che dovessero successivamente rivelarsi viziati (espressione del c.d. **potere di autotutela** della Pubblica Amministrazione).

L'autotutela amministrativa

Un tale potere è in linea di principio applicabile anche all'azione amministrativa esercitata in ambito tributario, ricordando altresì che l'attività amministrativa in ambito tributario è essenzialmente espressione di un potere amministrativo **di tipo vincolato**, rivolto cioè alla corretta applicazione dei tributi così **come stabiliti nella legge**.

Ferma la pacifica sussistenza del potere di autotutela anche in ambito tributario, può dirsi che esso è concretamente esercitabile dall'ufficio per annullare o revocare (anche parzialmente) un proprio atto, in seguito a **richiesta del contribuente,** così come su **iniziativa dello stesso ufficio**; l'autotutela, in particolare, può essere esercitata sia nell'ambito di procedimenti amministrativi in corso (ad es. ricorso/reclamo o accertamento con adesione), sia in pendenza della successiva fase giudiziale, ed anche ove l'atto amministrativo da riesaminare o annullare in autotutela sia divenuto **definitivo** (sulla definitività dei provvedimenti amministrativi cfr. *infra* cap. 16, par. 6).

attivabile d'ufficio o su richiesta del contribuente

A titolo esemplificativo e non tassativo, l'art. 2, comma 1, D.M. 11/02/1997, n. 37) indica le ipotesi per le quali può essere esercitato il potere di autotutela: a) errore di persona; b) evidente errore logico o di calcolo; c) errore sul presupposto dell'imposta; d) doppia imposizione; e) mancata considerazione di pagamenti di imposta, regolarmente eseguiti; f) mancanza di documentazione successivamente sanata, non oltre i termini di decadenza; g) sussistenza dei requisiti per fruire di deduzioni, detrazioni o regimi agevolativi, precedentemente negati; h) errore materiale del contribuente, facilmente riconoscibile dall'amministrazione.

Nell'ambito del potere di annullamento o di revoca in autotutela deve intendersi ricompreso anche il potere per l'ufficio di disporre la sospensione (**c.d. sospensione amministrativa**) degli effetti dell'atto che appaia illegittimo o infondato (cfr. d.l. 30/9/1994, n. 569, art. 2-*quater*, comma 1-*bis*).

È importante ricordare, tuttavia, che l'esercizio del potere di autotutela è invece espressamente precluso all'amministrazione finanziaria «*...per **motivi** sui quali sia intervenuta sentenza passata in **giudicato favorevole all'Amministrazione finanziaria***» (art. 2, comma 2, D.M. n. 37/1997).

Autotutela amministrativa e giudicato

 ISBN 978-88-495-4378-0

Il limite in questione, anche in ragione del più generale principio di legalità dell'imposizione, è peraltro condivisibilmente inteso in termini stringenti, nel senso che il giudicato favorevole all'amministrazione preclude all'ufficio l'esercizio dell'autotutela solo con riferimento ai motivi affermati nel medesimo giudicato, ma non con riguardo a **motivi diversi** (ad es. motivi inerenti a vicende e **fatti sopravvenuti**).

Il mancato esercizio del potere di autotutela amministrativa, ove provochi un danno ingiusto, può esporre l'amministrazione al risarcimento del danno *ex* art. 2043 c.c.

L'impugnativa del diniego di autotutela

Estremamente controversa è invece la questione concernente l'impugnativa, da parte del contribuente, dell'eventuale **diniego (espresso o tacito) di autotutela**, con particolare riferimento ai limiti della tutela effettivamente azionabile in tale ipotesi innanzi al giudice tributario.

Se è oggi pacifico, infatti, che il diniego di autotutela è «atto» autonomamente impugnabile innanzi al giudice tributario (in tal senso, Corte di cass., SS. UU., sent. n. 16776 del 9 giugno 2005) ove contenga propri vizi di legittimità (es. vizio di motivazione), la giurisprudenza tende invece a negare che l'impugnativa del diniego di autotutela consenta al giudice di riesaminare la pretesa tributaria sottostante; ciò in quanto, così facendo, risulterebbe alterata la struttura impugnatoria del processo tributario, andando oltre quanto ordinariamente consentito al contribuente in tale giurisdizione (così, Corte di cass., SS. UU., sent. n. 7388 del 27 marzo 2007; sulla dinamica del processo tributario si rinvia al capitolo 26).

ISBN 978-88-495-4378-0

Capitolo 15

L'attività amministrativa di ricerca e acquisizione di dati e notizie ai fini fiscali (i c.dd. poteri istruttori)

1. La disciplina dei poteri istruttori: premesse generali. – Come già detto in termini generali, tra le attività correlate alla «funzione» di controllo dell'amministrazione finanziaria, si distingue un'attività amministrativa **di tipo istruttorio**, rivolta cioè **alla ricerca ed acquisizione di dati e notizie** rilevanti per la verifica del corretto e spontaneo assolvimento degli obblighi tributari da parte dei contribuenti.

L'attività amministrativa di tipo istruttorio

La primaria regolamentazione dei poteri istruttori in ambito tributario è rinvenibile nelle imposte sui redditi [articoli 31 e seg. d.P.R. n. 600/1973, ma essa è espressamente applicabile anche ad altri tributi (cfr. art. 53-*bis* d.P.R. n. 131/1986, per l'imposta di registro, le imposte ipotecarie e catastali), nonché analogamente regolamentata anche ai fini Iva (artt. 51 e seg. d.P.R. n. 633/1972)].

Un'attività di tipo istruttorio, intesa in senso lato, è logicamente prodromica all'esercizio di tutte le attività amministrative di controllo. Vero è, tuttavia, che la complessa articolazione della disciplina tributaria sui poteri amministrativi di tipo istruttorio assume **specifico e ampio rilievo** in funzione dell'esercizio dei poteri di **controllo di tipo «accertativo»**, essendo tipicamente più **semplificata** l'acquisizione di dati e notizie quando sono posti in essere controlli di tipo essenzialmente **«liquidatorio»**.

In ossequio alla loro finalità, come accennato, i poteri amministrativi di tipo istruttorio sono finalizzati **all'acquisizione delle prove** concernenti la violazione di norme tributarie da parte dei soggetti passivi.

finalizzata all'acquisizione delle prove

 ISBN 978-88-495-4378-0

Sulla base di tali acquisizioni probatorie, opportunamente vagliate dall'amministrazione in merito alla loro attendibilità, dovrà eventualmente fondarsi la successiva attività amministrativa di tipo accertativo, liquidatorio e sanzionatorio, nonché le relative pretese creditorie (tributarie e sanzionatorie) eventualmente vantate dall'amministrazione finanziaria in esito ai poteri di controllo.

Onere della prova e procedimento di controllo

Tutto ciò in ossequio alla tendenziale applicabilità, in ambito tributario, **della regola generale di ripartizione degli oneri probatori così come sancita nell'art. 2697 c.c. (onere della prova)**, che impone a ciascuno di provare i fatti che costituiscono il fondamento del proprio diritto/pretesa (su tali profili si veda il cap. 19, par. 3, nonché il cap. 26, par. 2.8, sul processo tributario).

È utile precisare, quindi, che in ambito tributario assume rilievo un profilo di acquisizione e valutazione delle **le prove** già nella fase del **procedimento amministrativo di controllo**, oltre che, successivamente, nella eventuale fase processuale innanzi al giudice tributario.

I soggetti titolari dei poteri istruttori:

Agenzie fiscali (ed enti locali)

2. I soggetti titolari dei poteri istruttori in ambito fiscale. – I poteri istruttori in materia tributaria, oltre che essere attribuiti ai medesimi soggetti titolari in via generale dei poteri di controllo [**agenzie fiscali** (ed **enti locali**), ciascuno per i tributi loro riferibili] sono tradizionalmente esercitati anche dalla **Guardia di Finanza** (cfr., ad es., per le imposte sui redditi, l'art. 33, comma 3, d.P.R. n. 600/1973 e, per l'Iva, l'art. 63, d.P.R. n. 633/1972).

Guardia di Finanza

La Guardia di Finanza (G.d.F.), in particolare, quale organo di **«polizia tributaria»**, è organo sussidiario degli uffici finanziari ed è tendenzialmente dotato **dei medesimi poteri istruttori normativamente attribuiti all'Agenzia delle Entrate** (ed all'Agenzia delle Dogane), pur non essendo titolare dei poteri tributari di accertamento e liquidazione, né tantomeno dei poteri amministrativi sanzionatori.

La medesima G.d.F. può assumere altresì il distinto ruolo di **«polizia giudiziaria»** ed agire, cioè, quale organo ausiliario della Procura della Repubblica nelle attività investigative di tipo penale, ivi comprese quelle rivolte alla repressione dei «reati tributari».

È importante, in ogni caso, distinguere se la concreta attività di acquisizione probatoria è svolta dalla G.d.F. nell'esercizio dei poteri istruttori tributari, disciplinati appunto dalle norme tributarie, ovvero nell'ambito di indagini penali, la cui disciplina e tutela trova apposita regolamentazione nelle norme di diritto penale.

ISBN 978-88-495-4378-0

3. Tipologia dei poteri istruttori fiscali: l'anagrafe tributaria. – Gli organi titolari dei poteri amministrativi di tipo istruttorio in ambito tributario possono in primo luogo beneficiare della possibilità di accedere ai dati dell'**anagrafe tributaria**; tale archivio informatico, nel quale ogni contribuente è identificato mediante un proprio numero di codice fiscale, contiene informazioni e notizie utilizzabili ai fini del controllo tributario (artt. 1 e 3, d.P.R. del 29/7/1973, n. 605).

Tipologia dei poteri istruttori:

Evitando un esame dettagliato della disciplina relativa all'anagrafe tributaria, si rileva però una progressiva accentuazione, sia dei soggetti «obbligati» ad inviare determinati dati in loro possesso all'anagrafe tributaria (ad. es. enti pubblici, ordini professionali, banche ed enti finanziari, rappresentati legali di enti, soggetti Iva, amministratori di condominio, ecc.), sia della tipologia di notizie ritenute fiscalmente rilevanti (di particolare rilievo, in tal senso, sia le comunicazioni sui dati finanziari che quelle relative alle operazioni rilevanti ai fini dell'imposta sul valore aggiunto – cfr. art. 7, d.P.R. n. 605/1973 e art. 21 d.l. n. 78/2010 conv. dalla l. n. 122/2010).

l'accesso ai dati dell'anagrafe tributaria

4. *Segue*. Lo scambio d'informazioni. – Le dinamiche attuali di un'economia sempre più globalizzata, nonché caratterizzata da un'estrema mobilità internazionale di persone e capitali, hanno incrementato l'esigenza di cooperazione dell'amministrazione finanziaria di ogni paese con le autorità fiscali di altri Stati, ai fini dell'acquisizione di notizie fiscalmente rilevanti per il controllo dei contribuenti.

lo scambio d'informazioni

In risposta a tali finalità è oggi diffusamente prevista la possibilità, per l'amministrazione finanziaria, di assumere notizie fiscalmente rilevanti attivando uno **«scambio d'informazioni»** con analoghe autorità competenti di altri Stati nazionali.

Una tale disciplina, di origine europea, è attualmente specificamente codificata nella normativa nazionale (cfr. dir. 2011/16/UE, richiamata nell'art. 31-*bis* del d.P.R. n. 600/1973; per l'Iva si veda l'art. 65, d.P.R. n. 633/1972).

La procedura amministrativa concernente lo scambio di informazioni consente ed istituzionalizza, in sostanza, la trasmissione di notizie fiscalmente rilevanti direttamente tra autorità amministrative (finanziarie) dei singoli Stati, evitando le complesse lungaggini burocratiche che caratterizzano normalmente i rapporti tra autorità di Stati diversi.

Lo scambio d'informazioni, quindi, è finalizzato a consentire a ciascuno Stato nazionale di controllare i redditi e le ricchezze dei propri contribuenti localizzate all'estero, superando le enormi difficoltà sinora esistenti in tale ambito per ragioni legate alla tutela della sovranità nazionale.

Questa modalità procedurale, al di là della già richiamata regolamentazione che la introduce in ambito europeo, è in costante espansione anche con Stati non ricompresi nell'UE, per il tramite della stipula di apposite convenzioni internazionali.

5. *Segue.* Inviti a comparire, richieste documentali e questionari. – Nell'ambito della loro attività di controllo fiscale, gli uffici dotati

inviti a comparire

dei poteri istruttori possono **invitare** i contribuenti «*indicandone il motivo, **a comparire** di persona o per mezzo di rappresentanti per fornire dati e notizie rilevanti*» ai fini fiscali (cfr. ad es. art. 32, comma 1, n. 2, d.P.R. n. 600/1973).

I medesimi uffici, oltre agli **inviti a comparire**, hanno altresì un'ampia possibilità di richiedere ai contribuenti **l'esibizione o la trasmissione di atti e documenti,** rilevanti sia ai fini del controllo fiscale nei loro confronti che riguardo ad altri contribuenti con i quali abbiano avuto rapporti; limitatamente ai soggetti obbligati alla tenuta di scrit-

richieste di documenti

ture contabili, può essere altresì richiesta **l'esibizione o la trasmissione di documenti contabili** previsti dalle norme fiscali o rilevanti a tal fine, anche in questo caso sia ai fini del controllo fiscale nei loro confronti che con riferimento alla situazione di altri contribuenti con i quali abbiano avuto rapporti (art. 32, comma 1, n. 3, 6, 7, 8, 8-*bis*, 8-*ter*).

l'invio di questionari

È poi ancora prevista la possibilità «*di inviare ai contribuenti **questionari** relativi a dati e notizie di carattere specifico*», rilevanti sia ai fini del controllo fiscale nei loro confronti che nei confronti di altri contribuenti con i quali abbiano avuto rapporti (art. 32, n. 4).

Da notare, infine, l'ampia possibilità per gli uffici finanziari di richiedere dati e notizie fiscalmente rilevanti ad enti pubblici (art. 32, n. 5).

Conseguenze della mancata collaborazione da parte del contribuente:

La collaborazione dei destinatari di inviti e richieste formulati nell'esercizio dei poteri istruttori in ambito tributario è **«obbligatoria»**; a fronte del mancato o non corretto assolvimento di quanto richiesto da uffici tributari e G.d.F., infatti, è prevista l'irrogazione di una

sanzione amministrativa...

sanzione amministrativa (art. 11, d.lgs. n. 471/1997).

In aggiunta alla sanzione specificamente prevista, la mancata collaborazione può anche comportare una **preclusione probatoria,** sia

... e preclusione probatoria

in sede amministrativa che giudiziale, rispetto alla successiva attività difensiva del contribuente.

ISBN 978-88-495-4378-0

L'art. 32, comma 4, d.P.R. n. 600/1973, stabilisce infatti che: «*Le notizie ed i dati non addotti e gli atti, i documenti, i libri ed i registri non esibiti o non trasmessi in risposta agli inviti dell'ufficio non possono essere presi in considerazione a favore del contribuente, ai fini dell'accertamento in sede amministrativa e contenziosa. Di ciò l'ufficio deve informare il contribuente contestualmente alla richiesta*» (si veda anche l'art. 52, comma 5, d.P.R. n. 633, ai fini IVA).

La giurisprudenza, peraltro, interpreta in termini stringenti l'operatività della preclusione probatoria, per evitare che ciò implichi una concreta ed inaccettabile violazione del fondamentale diritto di difesa (in tal senso, Corte di cass., sent. n. 18921 del 16 settembre 2011).

In virtù di tali condivisibili orientamenti giurisprudenziali, in particolare, è negato ogni effetto preclusivo per il mancato adempimento di richieste istruttorie formulate in modo generico ovvero eccessivamente ampio, nonché in tutti i casi in cui il contribuente dimostri di non aver potuto adempiere alla richiesta per causa a lui non imputabile (art. 32, comma 5, d.P.R. n. 600/1973).

In argomento, è infine importante ricordare la previsione contenuta nell'art. 6, comma 4, dello Statuto dei diritti dei contribuenti, ove è previsto che «*al contribuente non possono, in ogni caso, essere richiesti documenti ed informazioni già in possesso dell'amministrazione finanziaria o di altre amministrazioni pubbliche indicate dal contribuente*» (per l'applicazione di tale principio ed il conseguente venir meno della preclusione probatoria, cfr. Corte cass., ord. n. 16548 del 22 giugno 2018).

I poteri istruttori implicanti indagini finanziarie

6. *Segue.* Le indagini bancarie e finanziarie. – Nell'ambito del potere di acquisizione di dati e notizie fiscalmente rilevanti, specifico rilievo è assunto dalla possibilità, per gli uffici finanziari e la Guardia di Finanza, di **richiedere a banche ed enti finanziari in genere, dati e notizie di tipo finanziario concernenti i loro clienti** [art. 32, comma 1, n. 7; incidentalmente si rileva che, nell'ipotesi di mancata o non adeguata collaborazione degli operatori finanziari, al di là della già accennata sanzionabilità, gli uffici (e la G.d.F.) possono disporre l'accesso di propri dipendenti presso gli enti, per acquisire direttamente i dati fiscalmente rilevanti (art. 33, comma 2, d.P.R. n. 600/1973)].

È importante precisare, preliminarmente, che l'esercizio del potere istruttorio in questione (**c.dd. «indagini finanziarie»**) è subordinato, per espressa previsione legislativa, al rilascio di una preventiva e **spe-**

 ISBN 978-88-495-4378-0

l'autorizzazione

cifica autorizzazione; da richiedere al Direttore Centrale o Regionale, se la richiesta di informazioni finanziarie è effettuata da uffici dell'Agenzia delle Entrate, ovvero al Comandante Regionale, se invece proviene dalla Guardia di Finanza.

In difetto della prescritta autorizzazione, la procedura di richiesta e acquisizione di dati finanziari è quindi effettuata in violazione di legge, per cui le risultanze finanziarie eventualmente ottenute in tal modo dagli uffici sono conseguentemente da considerare **giuridicamente «inutilizzabili»**, sia nel procedimento tributario di accertamento sia nella eventuale successiva fase giurisdizionale.

Ferma la prescritta autorizzazione, l'effettuazione di indagini finanziarie e la conseguente legittima acquisizione di dati e notizie di tipo finanziario ai fini del controllo fiscale, produce alcuni peculiari effetti sul piano probatorio.

A tal proposito, è utile distinguere i dati finanziari che esprimono movimentazioni in entrata (**c.dd. versamenti**), da quelli che invece denotano operazioni in uscita (**prelevamenti**).

la presunzione legale relativa

Se dai dati finanziari acquisiti risulta un'entrata sui conti del contribuente, si determina, secondo costante orientamento della giurisprudenza, una **presunzione legale (relativa)** di imponibile fiscale non dichiarato, sia ai fini **imposte sui redditi** che ai fini **Iva**.

La presunzione legale in questione, che inverte l'onere probatorio generale *ex* art. 2697 c.c., ponendolo in capo al contribuente, come già detto è di tipo relativo, nel senso che gli effetti probatori dei versamenti sui conti («entrate finanziarie»), in termini di maggior imponibile evaso, si realizzano appunto *ex lege;* i medesimi effetti probatori vengono meno solo se il contribuente dimostra (**c.d. prova contraria**) che ha già tenuto conto di tali entrate ai fini dell'imponibile fiscale dichiarato, ovvero che tali entrate sono giuridicamente irrilevanti ai fini dell'imponibile fiscale (art. 32, comma 1, n. 2 d.P.R. n. 600/1973 e art. 51, comma 2, n. 2, d.P.R. n. 633/1972).

La presunzione legale relativa sui versamenti bancari è applicabile in modo generalizzato nei confronti di tutti i contribuenti, sempreché i dati finanziari si riferiscano ad un conto/rapporto intestato al medesimo contribuente.

le indagini finanziarie su conti di «terzi»

Nell'ipotesi invece in cui i dati finanziari siano ritratti **da conti intestati a «terzi»** (ad es. coniuge o dipendente del contribuente) ma l'ufficio ritenga che i versamenti confluiti sul conto del terzo siano in concreto fiscalmente riferibili ad un contribuente diverso dal soggetto formale «intestatario» del conto, ciò non potrà avvenire in virtù

ISBN 978-88-495-4378-0

di una presunzione legale. Ove ricorra una tale ipotesi, infatti, come affermato dalla giurisprudenza più accorta, l'ufficio dovrà indicare gli elementi gravi, precisi e concordanti (**presunzione semplice**) per i quali si presume che i versamenti confluiti sul conto di un determinato soggetto (c.d. «terzo») siano invece fiscalmente riferibili ad un diverso contribuente (Corte di cass., sent. n. n. 12624 del 20 luglio 2012).

la presunzione legale sui prelevamenti per gli imprenditori

Per ciò che concerne invece i **prelevamenti** bancari, pur dovendosi rilevare anche in tale ipotesi, secondo l'orientamento della giurisprudenza, una presunzione legale relativa di imponibile evaso sia ai fini delle imposte sui redditi che ai fini Iva, il discorso è alquanto diverso [incidentalmente si chiarisce che, ai fini Iva, i prelevamenti bancari danno precisamente luogo ad una presunzione legale relativa di **acquisti Iva non regolarizzati** (art. 51, comma 2, n. 2, d.P.R. n. 633/1972)].

In primo luogo, va detto che la presunzione legale sui prelevamenti non è applicabile nei confronti di tutti i contribuenti ma soltanto nei confronti dei soggetti che assumono la qualifica di **«imprenditori»** (cfr. Corte cost., sent. n. 228 del 6 ottobre 2014).

Atteso poi che è certamente opinabile un ragionamento presuntivo che lega ad ogni prelevamento bancario (che esprime in sé un'uscita e non un'entrata) un imponibile evaso di pari importo, si reputa che gli effetti della presunzione legale in questione vadano contenuti nell'ambito di ciò che è rigorosamente ritraibile dalla lettera della norma.

In tal senso, si ritiene che i prelevamenti rilevati in esito ad indagini finanziarie danno luogo ad una presunzione legale relativa (solo) «*...se il contribuente non ne indica il* ***soggetto beneficiario*** *e sempreché* ***non risultano dalle scritture contabili***» (art. 32, comma 1, n. 2).

Ove il beneficiario del prelevamento dell'impresa sia invece **puntualmente individuabile** (ad es. perché rilevato nelle scritture contabili) o venga successivamente **indicato dal contribuente**, la presunzione legale in questione non potrà operare; in tali casi, cioè, i prelevamenti bancari potranno rilevare fiscalmente solo nell'ambito di una presunzione semplice, con onere in capo all'ufficio di indicare gli elementi gravi, precisi e concordanti per i quali il prelevamento bancario è da intendere quale imponibile evaso dal contribuente.

Nel concludere la disciplina delle indagini finanziarie, può infine accennarsi alla rilevanza del contraddittorio con il contribuente.

Non v'è dubbio che la potenziale pervasività di tali indagini, spe-

 ISBN 978-88-495-4378-0

cie per gli effetti di inversione dell'onere della prova (presunzione legale relativa), determina l'evidente e ragionevole conseguenza che gli esiti delle stesse siano valutati dall'amministrazione in **contraddittorio** con il contribuente.

L'importanza «pratica» del contraddittorio procedimentale

La particolare utilità del contraddittorio procedimentale nelle indagini finanziarie può dirsi dunque pacifica, e tale modalità è oggi diffusamente applicata dagli organi dell'amministrazione finanziaria nella normale operatività del relativo procedimento di controllo, sia nella fase istruttoria, sia in quella accertativa.

La giurisprudenza (*ex multis*, Corte di cass., n. 10767 del 16 maggio 2014), peraltro, in assenza di un obbligo espresso nella normativa tributaria *de qua*, fatta salva l'applicazione dei principi europei ai tributi armonizzati (ad es. Iva) e delle ipotesi di contraddittorio procedimentale disciplinate espressamente dalla legge (si veda *retro* Cap. 14, par. 4), nega la sussistenza di uno specifico «obbligo» di contraddittorio preventivo per l'accertamento fondato su indagini finanziarie.

7. *Segue*. Accessi, ispezioni e verifiche. – I soggetti titolari dei poteri istruttori in ambito fiscale possono disporre l'**accesso** di propri dipendenti presso i locali destinati ad attività imprenditoriali o professionali, previa autorizzazione del capo dell'ufficio da cui dipendono (art. 52 d.P.R. n. 633/1972 cui fa rinvio l'art. 33 d.P.R. n. 600/1973).

I poteri istruttori implicanti accessi…

L'accesso in locali destinati all'esercizio di arti e professioni dovrà essere eseguito in presenza del titolare dello studio o di un suo delegato.

Nel caso in cui l'accesso venga effettuato in locali adibiti ad abitazione, ovvero implichi perquisizioni personali o apertura «coattiva» di casseforti, borse ecc., è necessaria **l'autorizzazione del Procuratore della Repubblica**.

In mancanza della prescritta autorizzazione, nei modi e termini previsti dalla normativa, le prove raccolte saranno da considerare **inutilizzabili** ai fini del controllo fiscale, sia in sede amministrativa che giurisdizionale.

In seguito all'esercizio del potere di accesso, possono essere effettuate **ispezioni documentali** di tutti i libri e registri contabili, di scritture varie e di ogni tipo di documento reperibile presso i locali, ivi compresi i dati accessibili tramite apparecchiature informatiche installate presso i medesimi locali (art. 52, comma 4).

… ispezioni documentali…

ISBN 978-88-495-4378-0

I soggetti che effettuano l'accesso, al di là dell'ispezione documentale, possono altresì effettuare **verifiche tributarie**, da intendere cioè quali attività rivolte in senso ampio alla ricerca di dati e notizie utili ai fini del controllo fiscale (ad. es. verificare la quantità e qualità delle merci giacenti nel magazzino rispetto a quanto risultante nei documenti contabili, effettuare richieste di chiarimenti e informazioni sia al contribuente che a soggetti terzi – ad es. dipendenti, clienti, ecc.). ... e verifiche

A tal proposito è utile ricordare che libri contabili, registri, scritture e documenti di cui **è rifiutata l'esibizione**, non possono essere presi in considerazione, a favore del contribuente, ai fini dell'accertamento in sede amministrativa o contenziosa (c.d. preclusione probatoria, che opera nei termini e con i limiti già evidenziati per l'inadempimento ad inviti e richieste – cfr. *retro* par. 5). Per rifiuto di esibizione si intendono anche la dichiarazione di non possedere i libri, registri, documenti e scritture di cui è obbligatoria la tenuta nonché la sottrazione di essi all'ispezione (art. 52, comma 5).

Per tutte le attività istruttorie (di ispezione e verifica) conseguenti al potere di accesso, funzionari degli uffici e militari della G.d.F. **devono** redigere un apposito **verbale giornaliero**, sottoscritto dal contribuente che ha diritto ad averne una copia; è altresì obbligatoria, nonché di particolare rilievo, la redazione di un verbale conclusivo delle attività istruttorie poste in essere dopo l'accesso (c.d. **processo verbale di constatazione**), ove sono riepilogate tutte le risultanze delle attività svolte nonché sono prospettate le valutazioni finali dei verificatori, unitamente alle eventuali osservazioni del contribuente. Anche tale verbale, ovviamente, deve essere sottoscritto dal contribuente ed a lui rilasciato in copia. Il processo verbale giornaliero... ... il processo verbale di constatazione

È utile ricordare che i verbali redatti dagli organi titolari dei poteri istruttori in materia tributaria, in quanto provenienti da pubblici ufficiali, fanno piena prova fino a querela di falso *ex* art. 2700 c.c. (**c.d. fede privilegiata**), della loro **provenienza dal pubblico ufficiale** e dei **fatti o atti avvenuti in sua presenza o da lui direttamente compiuti** (Corte di cass., sent. n. 23747 del 2013).

Al di là di tali limitati effetti che assumono appunto valore di «fede privilegiata», ogni altro profilo probatorio ricavabile dai medesimi verbali, ivi comprese tutte le valutazioni e le interpretazioni in fatto e in diritto effettuate dai verificatori in esito alle attività istruttorie svolte, sono invece liberamente apprezzabili sia dagli organi titolari del potere di accertamento, sia innanzi all'autorità giudiziaria. ... e loro rilevanza probatoria

 ISBN 978-88-495-4378-0

Poteri istruttori e diritti del contribuente:

8. *Segue*. Diritti e garanzie del contribuente sottoposto a verifiche fiscali. – L'articolo 12 dello Statuto dei diritti del contribuente reca una specifica disciplina contenente i diritti e le garanzie dei contribuenti sottoposti a verifiche fiscali.

In primo luogo, è indicata l'esigenza che gli accessi e le successive attività di ispezione e verifica siano effettuate compatibilmente con gli orari di lavoro, nonché con modalità idonee ad arrecare la minore turbativa possibile alle attività economiche e personali ivi svolte.

i limiti di permanenza presso la sede del contribuente

Assume quindi specifico rilievo, sul piano applicativo, la disposizione che stabilisce una durata massima di **permanenza** degli operatori tributari presso i locali destinatari dell'accesso, che non può superare i **trenta giorni** di permanenza effettiva presso i medesimi locali, prorogabili di ulteriori trenta giorni nei casi di particolari complessità delle indagini fiscali (art. 12, comma 5).

Notevole importanza per il contribuente sottoposto ad attività istruttorie tributarie va attribuita alla disposizione contenuta nell'art. 12, comma 7, della medesima l. n. 212/2000, volta a valorizzare la cooperazione tra amministrazione e soggetti passivi tributari.

le osservazioni del contribuente

La norma in questione, come già accennato in tema di contraddittorio procedimentale (retro cap. 14, par. 4), stabilisce che dopo la redazione del processo verbale che conclude la verifica (processo verbale di constatazione), il contribuente ha un termine di **sessanta giorni** per comunicare eventuali osservazioni, che vanno direttamente indirizzate agli organi titolari del potere di accertamento. Prima del decorso di tale termine l'ufficio non potrà emanare alcun atto di accertamento, pena la **nullità** dello stesso (Corte di cass., SS. UU., sent. n. 18184 del 29 luglio 2013).

Sempre in merito alle garanzie ed ai diritti del contribuente sottoposto a verifiche fiscali è utile ricordare, infine, che l'eventuale violazione della normativa che disciplina i poteri istruttori da parte degli organi a ciò preposti, come già detto in precedenza, conduce alla tendenziale **inutilizzabilità** delle prove (illegittimamente) raccolte ai fini dei successivi atti di contestazione fiscale, sia in sede amministrativa che giurisdizionale (Corte di cass., sent. n. 13319 del 29 maggio 2013).

ISBN 978-88-495-4378-0

Capitolo 16

L'attività amministrativa di accertamento e liquidazione dei tributi: profili generali

Sommario: 1. Premessa: i poteri di accertamento e liquidazione dell'Agenzia delle Entrate. – 2. Gli atti di accertamento e liquidazione dei tributi quali «atti amministrativi di imposizione»: tipologia generale. – 3. *Segue*. Natura provvedimentale e motivazione degli atti di imposizione. – 4. *Segue*. La «comunicazione» al destinatario: efficacia e decadenza del potere di imposizione. – 5. *Segue*. Esecutorietà ed (eventuale) valore di titolo esecutivo per la riscossione coattiva. – 6. *Segue*. Definitività e invalidità degli atti di imposizione.

1. Premessa: i poteri di accertamento e liquidazione dell'Agenzia delle Entrate. – La disciplina dei poteri di accertamento e liquidazione attribuiti all'amministrazione finanziaria è variamente rilevabile nella normativa di ciascun tributo. Non è compatibile con le finalità del presente lavoro, tuttavia, un esame esaustivo di tutte le disposizioni in questione.

Il potere di accertamento e liquidazione dei tributi

La tematica inerente a tali poteri sarà dunque essenzialmente limitata alla **disciplina dettata per le imposte sui redditi**, riprodotta in termini sostanzialmente analoghi **anche ai fini Iva**, ma il cui rilievo va oltre la specifica applicazione a tali fondamentali tributi. Ai principi in essa ricavabili è infatti tendenzialmente rivolta l'attuazione (ed in specie l'evoluzione) della disciplina dei poteri amministrativi prevista per gli altri tributi; anche per tale ragione, dunque, **lo studio dei poteri di accertamento e liquidazione delle imposte sui redditi,** nell'ambito ovviamente della cornice più generale rappresentata dai principi costituzionali ed europei, nonché di quelli specificamente ritraibili dalla l. n. 212/2000 (e, per certi versi, dalla l. 241/1990), può essere considerato **un primario riferimento, sul piano sistematico, dei poteri amministrativi di controllo nell'intero ordinamento tributario.**

La disciplina dettata per le imposte sui redditi...

... quale riferimento sistematico dell'ordinamento tributario...

Ciò premesso, si rileva che i poteri amministrativi di accertamento e liquidazione sono funzionalmente rivolti, come già detto, all'accertamento e liquidazione delle obbligazioni tributarie che l'ammini-

ISBN 978-88-495-4378-0

strazione finanziaria ritiene **dovute in base alla legge** e, purtuttavia, **«non» versate spontaneamente** dal contribuente.

Da ciò deriva che, se la mera selezione dei contribuenti da sottoporre a controllo può essere anche riconducibile all'esercizio di un'attività amministrativa di tipo discrezionale, il concreto esercizio del potere di accertamento e liquidazione del tributo è, per sua natura, **un'attività amministrativa di tipo vincolato** (vedi anche cap. 5, par. 4 sulla c.d. «indisponibilità» dell'obbligazione tributaria per l'amministrazione finanziaria).

... e la riconducibilità ad attività amministrativa di tipo vincolato

Fatta tale precisazione, nell'ambito dei poteri amministrativi di accertamento e liquidazione del tributo si possono distinguere due differenti macrocategorie:

– **un'attività amministrativa di tipo essenzialmente «liquidatorio»**, mirante cioè alla mera liquidazione coattiva della maggiore imposta dovuta, così come rilevata in esito all'esplicazione di procedimenti di controllo di tipo formale o automatizzato sulle dichiarazioni presentate dai contribuenti; tale potere esprime un controllo amministrativo meno stringente anche se molto diffuso, caratterizzato da un limitato utilizzo di poteri istruttori, nonché concluso direttamente con la notificazione di una **cartella di pagamento** recante **iscrizione a ruolo** (atti tipici, questi ultimi, dell'attività amministrativa di riscossione);

– **un'attività amministrativa di «accertamento in senso stretto»**, nella quale la liquidazione della maggiore imposta dovuta e non versata è effettuata a valle di un procedimento amministrativo di controllo più stringente e invasivo, esteso in modo ampio e generalizzato alla determinazione dell'imponibile e dell'imposta dovuta, caratterizzato altresì dalla diffusa utilizzabilità dei poteri amministrativi di tipo istruttorio, nonché concluso tipicamente con la notificazione di un **«atto di accertamento»**.

2. Gli atti di accertamento e liquidazione dei tributi quali «atti amministrativi di imposizione»: tipologia generale. – Prima ancora di esaminare la disciplina nell'ambito della quale si articolano i diversi procedimenti di accertamento e liquidazione, è utile esporre alcune nozioni e caratteristiche comuni ad essi.

In primo luogo è utile rilevare che gli atti amministrativi che **concludono** i procedimenti di accertamento e liquidazione dei tributi assumono specifico rilievo sul piano classificatorio e applicativo; tali atti sono tipicamente definiti quali **atti amministrativi di imposizione**: in particolare rientrano in tale nozione tutti gli atti con i quali l'am-

Gli atti amministrativi di imposizione:

ISBN 978-88-495-4378-0

ministrazione finanziaria contesta, **in modo definito ed imperativo, una pretesa tributaria non assolta spontaneamente dal contribuente e che purtuttavia essa assume dovuta in base alla legge**.

Le caratteristiche appena delineate rappresentano i requisiti fondamentali e comuni degli atti di imposizione, mentre sussistono tra essi differenti tipologie nonché distinte ed articolate metodologie applicative.

Rinviando ai capitoli successivi l'esame specifico della disciplina concernente i diversi atti di imposizione e le relative metodologie applicative, è utile invece precisare sin d'ora alcuni ulteriori requisiti comuni a tutti gli atti di imposizione, come tali caratterizzanti questa categoria di atti sul piano giuridico tributario.

Gli «**atti di imposizione**» attualmente esistenti nell'ordinamento tributario sono essenzialmente riconducibili alla seguente tipologia generale: «**avviso di accertamento**», «**atto di iscrizione a ruolo**» e «**avviso di liquidazione**».

Ferma la primaria utilità di tale denominazione formale, è utile rilevare, peraltro, che alla categoria degli atti di imposizione deve essere ricondotto ogni atto che ne abbia in concreto i requisiti, a prescindere dal *nomen iuris* concretamente utilizzato (su tale profilo e sulle conseguenze in termini di eventuale applicazione estensiva dell'elenco degli atti impugnabili di cui all'art. 19 d.lgs. n. 546/1992, si rinvia al cap. 26, par. 2.7.3).

Sempre al fine di fornire alcune preliminari precisazioni di tipo classificatorio e generale, è altresì utile immediatamente chiarire che:

l'avviso di accertamento

– l'«**atto (o avviso) di accertamento**» è il tipico e più importante atto di imposizione, ed alla medesima tipologia sono essenzialmente riconducibili, quali atti conclusivi di procedimenti sostanzialmente accertativi, gli «**atti di recupero di crediti d'imposta**», gli «**atti di diniego di rimborso**» e gli «**atti di diniego di agevolazioni fiscali**».

l'atto di iscrizione a ruolo

– **l'atto di iscrizione a ruolo** assume la funzione specifica di atto amministrativo di imposizione, in aggiunta alla sua funzione «naturale» di atto costituente titolo esecutivo di riscossione, solo quando non è preceduto da atto di accertamento o di liquidazione (sono tali, ad es. gli atti di iscrizione a ruolo emanati nell'ambito della liquidazione automatica e del controllo formale di cui agli articoli 36-*bis* e 36-*ter* del d.P.R. n. 600/1973, per la cui disamina si rinvia al seguente cap. 17); a tale tipologia è sostanzialmente riconducibile **l'ingiunzione fiscale** (r.d. n. 639 del 1910), limitatamente ai tributi in cui tale isti-

 ISBN 978-88-495-4378-0

tuto trova ancora (marginale) applicazione (tributi doganali e tributi locali);

l'avviso di liquidazione

– **l'avviso di liquidazione**, è una tipologia di atto impositivo mirante alla liquidazione amministrativa dell'imposta dovuta, in assenza tuttavia di contestazioni specificamente concernenti il valore venale dei beni e diritti sottoposti ad imposizione; un tale atto è poco rilevante nei procedimenti di controllo dei principali tributi erariali (imposte sui redditi, Iva e Irap), mentre è presente nella dinamica procedimentale dell'imposta di registro e dei tributi indiretti sui trasferimenti, nonché dei tributi locali.

3. ***Segue.*** **Natura provvedimentale e motivazione degli atti di imposizione.** – Si è detto che gli atti di imposizione concludono un procedimento (amministrativo) di accertamento e liquidazione del tributo.

L'atto di imposizione quale provvedimento amministrativo

Gli atti conclusivi di procedimenti amministrativi, peraltro, assumono tipicamente la natura di **«provvedimenti» amministrativi** (cfr. art. 2, comma 1, l. n. 241/1990), ed a tale più ampia categoria giuridica sono dunque coerentemente riconducibili gli atti di imposizione, quali atti conclusivi di procedimenti amministrativo-tributari di accertamento e liquidazione dei tributi.

Tutti gli atti amministrativi di imposizione, in quanto atti di natura provvedimentale, sottendono quindi necessariamente una **decisione amministrativa** che deve essere motivata, pena la loro invalidità.

la motivazione...

L'obbligo di **motivazione** per gli atti di imposizione è direttamente ricavabile dall'art. 3, l. n. 241/1990, la cui applicazione in ambito tributario è espressamente affermata dall'art. 7, comma 1, dello Statuto dei diritti del contribuente, che recita testualmente: «*gli atti dell'amministrazione finanziaria sono motivati secondo quanto prescritto dall'art. 3 della legge 7 agosto 1990, n. 241, concernente la motivazione dei provvedimenti amministrativi, indicando i presupposti di fatto e le ragioni giuridiche che hanno determinato la decisione dell'amministrazione*».

Ferma la necessità comune ed imprescindibile di una motivazione, le modalità con cui la stessa può essere validamente espressa variano a seconda della tipologia di atto di imposizione e delle circostanze di volta in volta considerate; può affermarsi, in via tendenziale, che il parametro generale per stabilire la validità della motivazione di un provvedimento (di imposizione) è la sua **idoneità concreta ad esprimere, al destinatario, le ragioni della decisione amministrativa che esso reca in sé.**

ISBN 978-88-495-4378-0

È evidente, quindi, che la motivazione dell'atto di imposizione dovrà naturalmente tenere conto ed essere coerentemente correlata con i risultati delle attività istruttorie che l'hanno preceduto (art. 3, comma 1, ult. periodo, l. 241/1990).

Il medesimo art. 7, comma 1, dello Statuto, inoltre, stabilisce che «*se nella motivazione si fa riferimento ad un altro atto, questo deve essere allegato all'atto che lo richiama*» (**c.d. motivazione *per relationem***).

... e la c.d. motivazione *per relationem*

A tal proposito però va aggiunto che la giurisprudenza interpreta, condivisibilmente, in modo sostanzialistico e non letterale l'obbligo di allegazione previsto espressamente nello Statuto in caso di motivazione *per relationem*; la mancata allegazione dell'atto cui si fa riferimento, cioè, determinerà l'invalidità dell'atto di imposizione solo ove una tale mancanza impedisce, in concreto, la conoscibilità al destinatario delle ragioni su cui è fondata la decisione amministrativa [così non è, ad esempio, se l'atto a cui si fa rinvio è già conosciuto dal destinatario – si pensi tipicamente al processo verbale di constatazione (p.v.c.), già consegnato e rilasciato in copia al contribuente, alle cui risultanze e argomentazioni può successivamente fare riferimento il successivo atto di accertamento notificato al medesimo contribuente, senza peraltro necessità di allegare copia integrale del medesimo p.v.c.; in tal senso, *ex multis*, Corte di cass., sent. n. 11784 del 14 maggio 2010 e n. 20551, del 6 settembre 2013].

4. *Segue*. La «comunicazione» al destinatario: efficacia e decadenza del potere di imposizione. – Gli atti di imposizione, in quanto provvedimenti amministrativi limitativi e lesivi della sfera giuridica dei contribuenti, acquistano **efficacia** nei confronti di ciascun destinatario con la **comunicazione** allo stesso.

la comunicazione al destinatario

Quanto detto, che riceve generale affermazione nell'art. 21-*bis* della l. n. 241/1990, risponde ad un principio di civiltà giuridica, da ritenere pienamente applicabile anche alla materia tributaria.

La correlazione tra comunicazione al destinatario ed efficacia dell'atto di imposizione assume particolare rilievo, non solo per l'esercizio delle attività difensive da parte del contribuente, ma prima ancora per stabilire se il potere di accertamento e liquidazione è stato esercitato nel rispetto dei termini di **decadenza** che sono naturalmente fissati dalla legge in capo all'amministrazione finanziaria.

la decadenza

Quanto detto è puntualmente e tradizionalmente rinvenibile nella

 ISBN 978-88-495-4378-0

normativa tributaria concernente la notificazione degli atti di accertamento (si rinvia *infra* cap. 18, par. 1 e 2).

La necessità che vi sia comunicazione al destinatario per attribuire efficacia agli atti tributari immediatamente lesivi della sfera giuridica del contribuente, ivi compresi tutti gli atti di imposizione, è da ritenere espressione di principi generali di rilevanza costituzionale, come più volte confermato dalle pronunce della Corte costituzionale. Basti pensare alla sentenza n. 280 del 15 luglio 2005 della Corte cost., che ha dichiarato l'illegittimità cost. dell'art. 25 del d.P.R. n. 602 del 1973 nella parte in cui non prevedeva un termine, **fissato a pena di decadenza**, per la notifica al contribuente delle cartelle di pagamento contenenti l'iscrizione a ruolo delle somme liquidate in esito ai controlli di tipo liquidatorio (su tale argomento si veda *infra* cap. 17, par. 4).

5. *Segue.* Esecutorietà ed (eventuale) valore di titolo esecutivo per la riscossione coattiva. – La natura provvedimentale degli atti di imposizione implica anche la naturale **esecutorietà** dei medesimi.

l'esecutorietà degli atti d'imposizione

Come stabilito in termini generali nell'art. 21-*ter* della l. n. 241/1990, anche nell'ordinamento tributario per **esecutorietà** dei provvedimenti amministrativi si intende, in particolare, che «*Nei casi e con le modalità stabiliti dalla legge, le pubbliche amministrazioni possono* ***imporre coattivamente l'adempimento degli obblighi nei loro confronti.*** *Il provvedimento costitutivo di obblighi indica il termine e le modalità dell'esecuzione da parte del soggetto obbligato. Qualora l'interessato non ottemperi, le pubbliche amministrazioni, previa diffida,* ***possono provvedere all'esecuzione coattiva*** *nelle ipotesi e secondo le modalità previste dalla legge*».

Tutti gli atti di imposizione sono dunque caratterizzati da esecutorietà, ma ciò non implica, invece, che essi costituiscano, in sé, necessariamente, anche la veste giuridica di titolo esecutivo per la riscossione coattiva.

la natura (eventuale) di titolo esecutivo

Ferma l'esecutorietà, dunque, gli atti di imposizione potranno in concreto assumere o non assumere la **natura di titolo esecutivo** in base alla regolamentazione di volta in volta contenuta nella normativa tributaria.

L'avviso di liquidazione, ad esempio, che è certamente dotato di esecutorietà in quanto atto di imposizione, non costituisce normalmente titolo esecutivo per la riscossione coattiva. Per riscuotere coattivamente la pretesa tributaria vantata con un avviso di liquidazione, infatti, l'amministrazione dovrà emettere e comunicare un successivo

ISBN 978-88-495-4378-0

atto amministrativo di riscossione (ad es. atto di iscrizione a ruolo o ingiunzione fiscale), che ne costituisce giuridicamente il titolo esecutivo (cfr. ad esempio gli artt. 17 e seg. d.lgs. 26.02.1999, n. 46, per la riscossione coattiva dell'imposta di registro).

Diversamente, l'avviso di accertamento, oltre ad essere caratterizzato da esecutorietà, assume oggi diffusamente anche valore di titolo esecutivo e precetto (si veda per imposte sui redditi, Iva e Irap, il d.l. 31 maggio 2010, n. 78; per tributi amministrati dall'Agenzia delle dogane – d.l. 2 marzo 2012, n. 16, art. 9, comma 3-*bis*; per i tributi locali, l. n. 160/2019, art. 1 comma 792; per i profili concernenti la riscossione da inadempimento, *infra* cap. 25, par. 2).

Come già accennato, infine, l'atto di iscrizione a ruolo e l'ingiunzione fiscale, quando assumono anche il ruolo di atti di imposizione, sono al tempo stesso anche titoli esecutivi, in ossequio alla loro «natura» primaria di atti amministrativi della riscossione.

6. *Segue*. Definitività e invalidità degli atti di imposizione. – In quanto **provvedimenti amministrativi**, gli atti di imposizione sono naturalmente suscettibili di divenire **«definitivi»**; tali atti, cioè, sono idonei a rendere stabili e appunto «definitivi» i propri effetti, una volta inutilmente decorso il termine stabilito dalla legge (ordinariamente pari a sessanta giorni) senza che il destinatario abbia assunto specifiche iniziative legali (ad esempio impugnando l'atto innanzi al giudice tributario, ovvero, nei casi previsti, presentando istanza di accertamento con adesione all'ufficio).

la definitività

In particolare, l'intervenuta definitività di un atto di imposizione, ferma l'astratta possibilità di un riesame in autotutela da parte dell'amministrazione finanziaria (si veda *infra* cap. 14, par. 5), comporta il **consolidamento della pretesa tributaria** (ed eventualmente di quella sanzionatoria) in esso contenuta, che non sarà più contestabile dal contribuente, ad esempio in occasione della successiva emanazione di atti della fase di riscossione coattiva.

effetti dell'intervenuta definitività

Quanto appena detto è coerentemente confermato nella disciplina sul processo tributario, dal momento che ciascun atto tributario è autonomamente impugnabile solo per **vizi propri** (art. 19, comma 3, d.lgs. n. 546/1992, che fa espressamente salva l'ipotesi in cui «*la mancata notificazione di atti autonomamente impugnabili, adottati precedentemente all'atto notificato, ne consente l'impugnazione unitamente a quest'ultimo*» – su tali profili si veda *infra* cap. 26, par. 2.7.3).

Vizi propri e impugnabilità

Il carattere di definitività degli atti di imposizione assume inoltre

 ISBN 978-88-495-4378-0

specifico rilievo in merito al regime dei vizi e delle invalidità degli atti tributari, rendendo **poco rilevante** una distinzione tra atti di imposizione invalidi in quanto **nulli** ed atti semplicemente **annullabili**.

Nullità e annullabilità

In termini generali può dirsi **«nullo»** l'atto di imposizione che «...*manca degli elementi essenziali, che è viziato da difetto assoluto di attribuzione, che è stato adottato in violazione o elusione del giudicato, nonché negli altri casi espressamente previsti dalla legge*» (art. 21-*opties*, l. n. 241/1990).

I principi in questione sono sostanzialmente applicabili all'ordinamento tributario ed in tal senso, a titolo esemplificativo, può dirsi certamente viziato da nullità l'atto di imposizione eventualmente emesso da un soggetto privo di potestà impositiva (carenza di potere), ovvero del tutto privo di motivazione.

Ciò premesso, nella normativa tributaria si rinvengono altresì numerose disposizioni che stabiliscono **espressamente la nullità** degli atti di imposizione nel caso di determinate violazioni di legge (si veda ad es. l'art. 11, comma 3, l. n. 212/2000 in tema di interpello, su cui *infra* cap. 10), mentre **l'annullabilità,** assume rilievo quale **categoria residuale di invalidità** degli atti tributari.

Ferme le ipotesi in cui la nullità (o l'annullabilità) è espressamente stabilita nella legge, è da ritenere, in ossequio a consolidato orientamento della giurisprudenza, che l'invalidità degli atti tributari sussista anche in mancanza di espressa previsione normativa, **ove la norma violata assuma particolare valore** (si veda ad es. il già citato art. 12, comma 7, della l. n. 212/2000).

È importante precisare, in ogni caso, che la **nullità degli atti tributari** non equivale giuridicamente alla nullità civilistica, rendendo cioè gli atti inidonei a produrre i propri effetti, ma è invece **concettualmente affine** alla categoria della **annullabilità**; gli atti di imposizione, cioè, una volta comunicati al destinatario e decorso inutilmente il termine per contestarli, sono parimenti idonei a produrre autoritativamente i loro naturali effetti ed a consolidarli «definitivamente» sul piano giuridico, sia se viziati da nullità che da annullabilità.

ISBN 978-88-495-4378-0

Capitolo 17

I poteri di controllo fiscale di tipo automatizzato o formale

Sommario: 1. I controlli fiscali di tipo automatizzato o formale: la liquidazione automatica delle dichiarazioni (art. 36-*bis* del d.P.R. n. 600/1973). – 2. *Segue*. Il controllo formale delle dichiarazioni (art. 36-*ter* del d.P.R. n. 600/1973). – 3. Gli esiti dei poteri di controllo di tipo liquidatorio: la comunicazione di irregolarità (c.d. avviso bonario) e le misure premiali. – 4. Termini e modalità di contestazione delle maggiori pretese tributarie rilevate nell'ambito dei poteri di liquidazione automatica e controllo formale: notifica della cartella di pagamento contenente l'iscrizione a ruolo.

1. Tipologia dei controlli fiscali di tipo automatizzato o formale: la liquidazione automatica delle dichiarazioni (art. 36-*bis* del d.P.R. n. 600/1973). – Nell'ambito dei poteri amministrativi di accertamento e liquidazione, il primo gradino, sul piano della minore intensità e compiutezza dei riscontri effettuati in capo al contribuente, è occupato dai poteri di tipo automatizzato o formale.

I controlli di tipo automatizzato o formale

Si tratta di poteri di controllo aventi un carattere **essenzialmente liquidatorio delle dichiarazioni**, esplicati con modalità **automatizzate** ovvero rivolti al mero riscontro della documentazione indicata dal contribuente. Per tali caratteristiche, i poteri in questione sono essenzialmente riconducibili ad un'attività di «**liquidazione amministrativa**» delle imposte dovute in base alle dichiarazioni tributarie, con una metodica di controllo strettamente delimitata ai dati risultanti dalle medesime dichiarazioni presentate dai contribuenti.

La prima tipologia di tali poteri liquidatori è regolamentata nell'art. 36-*bis* del d.P.R. n. 600/1973.

La liquidazione automatica

Il controllo in questione, denominato anche **liquidazione automatica (o controllo automatico)**, è operato dall'Agenzia delle Entrate su tutte le dichiarazioni presentate dai contribuenti e dai sostituti, «*...avvalendosi di procedure automatizzate...*». Quindi, in base agli elementi direttamente desumibili dalle dichiarazioni o dall'anagrafe tributaria, l'amministrazione, ai sensi dell'art. 36-*bis*, effettua un

ISBN 978-88-495-4378-0

controllo automatizzato e generalizzato sulle dichiarazioni tributarie presentate dai contribuenti, mirante essenzialmente a:

– correggere gli **errori materiali o di calcolo** delle dichiarazioni presentate dai contribuenti;

– **ridurre le detrazioni, le deduzioni, i crediti d'imposta** e le eccedenze indicati in misura superiore a quanto previsto per legge ovvero a quanto risultante dalle medesime dichiarazioni dei contribuenti ovvero a quanto risultante dalle dichiarazioni presentate dal medesimo contribuente per le annualità precedenti;

– controllare **la rispondenza dei versamenti** effettuati dai contribuenti e dai sostituti rispetto a quanto risultante dalle dichiarazioni presentate (anche tardivamente o «ultratardivamente»).

Si tratta dunque di un controllo estesissimo per ciò che concerne la platea dei destinatari (come già detto, infatti, concerne tutte le dichiarazioni presentate dai contribuenti e dai sostituti) ma dal contenuto molto circoscritto e tassativamente delimitato, che può definirsi di **liquidazione amministrativa «in senso stretto»**.

2. *Segue*. Il controllo formale delle dichiarazioni (art. 36-*ter* del d.P.R. n. 600/1973). – La seconda tipologia di poteri di controllo di tipo essenzialmente liquidatorio è rappresentata dal c.d. **controllo formale** delle dichiarazioni, disciplinato nell'art. 36-*ter* del d.P.R. n. 600/1973.

Il controllo formale delle dichiarazioni

Anche per tale ipotesi si tratta di un controllo delle dichiarazioni esplicato con modalità ben delimitate e di tipo prevalentemente formale; in particolare, con il potere di controllo esercitato ai sensi dell'art. 36-*ter* l'Agenzia delle Entrate può:

– **escludere le ritenute scomputate** nelle dichiarazioni dei contribuenti (sostituiti) che non trovano corrispondenza nelle dichiarazioni dei sostituti d'imposta;

– **escludere le detrazioni, le deduzioni ed i crediti d'imposta** che risultano non spettanti in base **all'esame dei documenti** richiesti ai contribuenti;

– correggere gli **errori materiali e di calcolo** commessi nelle **dichiarazioni dei sostituti d'imposta**.

Il controllo formale *ex* art. 36-*ter*, dunque, rispetto alla liquidazione automatica *ex* art. 36-*bis*, oltre ad estendere alle dichiarazioni dei sostituti d'imposta il potere di correggere gli errori materiali e di calcolo, si caratterizza per un **contenuto tipico**, leggermente **«più ampio»**.

Differenze con la liquidazione automatica

In particolare, nell'ambito di tale potere, l'Agenzia delle Entrate può:

ISBN 978-88-495-4378-0

– **«incrociare»** i dati che risultano da più dichiarazioni tributarie presentate per la medesima annualità [ad es. i dati delle dichiarazioni presentate dai sostituti d'imposta con quelli risultanti dalle dichiarazioni dei contribuenti (sostituiti), ovvero i dati che risultano da più dichiarazioni presentate dal contribuente per la medesima annualità – ad es. i dati della dichiarazione originaria con quelli di una eventuale successiva dichiarazione integrativa];

– effettuare un **controllo della documentazione** che il contribuente ha indicato nella propria dichiarazione per supportare determinate deduzioni, detrazioni, crediti d'imposta, ritenute subite, ecc.

Viste le modalità applicative previste dall'art. 36-*ter*, può dirsi che anche il controllo formale si risolve essenzialmente in un'attività di liquidazione amministrativa delle imposte dovute in base alle dichiarazioni tributarie presentate, pur consentendo una **liquidazione amministrativa «in senso ampio»**; tale controllo, infatti, è esteso al riscontro incrociato dei dati risultanti da più dichiarazioni, nonché alla verifica dei documenti inerenti alle detrazioni e deduzioni operate in dichiarazione dai medesimi contribuenti.

Il controllo formale *ex* art. 36-*ter*, diversamente dalla liquidazione automatica *ex* art. 36-*bis* che è effettuata in modo automatizzato su tutte le dichiarazioni presentate, è di norma realizzato **«a campione»** su di un certo numero (in ogni caso non piccolo) di dichiarazioni presentate.

3. Gli esiti dei poteri di controllo di tipo liquidatorio: la comunicazione di irregolarità (c.d. avviso bonario) e le misure premiali. – Lo svolgimento dei procedimenti di controllo di tipo liquidatorio prevede, espressamente, un'ipotesi **«obbligatoria»** di **contraddittorio** con il contribuente.

In particolare, ove dagli esiti del controllo effettuato con le modalità della liquidazione automatica emerge un risultato diverso rispetto a quello indicato nella dichiarazione, l'esito della liquidazione **«deve»** essere **comunicato** al contribuente o al sostituto d'imposta per evitare la reiterazione di errori e per consentire la regolarizzazione degli aspetti formali (art. 36-*bis*, comma 3).

L'obbligo di comunicazione al contribuente (contraddittorio): la comunicazione di irregolarità (c.c. avviso bonario)

Se la **comunicazione di irregolarità** (c.d. avviso bonario) non perviene al contribuente, il procedimento amministrativo di liquidazione risulterà viziato, con effetti invalidanti sugli atti di conclusione dello stesso (cfr. art. 6, comma 5, dello Statuto dei diritti del contribuente).

In esito alla ricezione dell'avviso bonario, laddove il contribuente

 ISBN 978-88-495-4378-0

la possibilità di fornire chiarimenti...

non ritenga corretti gli esiti della liquidazione automatica, può **fornire chiarimenti** ed eventuale ulteriore documentazione all'ufficio.

... e di riduzione delle sanzioni

Se invece il contribuente **paga quanto richiesto** entro trenta giorni dal ricevimento della comunicazione di irregolarità, l'ammontare delle **sanzioni** amministrative è ridotto **ad un terzo** (tale modalità è riconducibile ad un'ipotesi di «acquiescenza qualificata», ricompresa negli istituti deflattivi di tipo «automatico», per i quali si rinvia al cap. 24, par. 2 e 3).

La medesima misura premiale si applica anche se il contribuente paga entro i trenta giorni dalla eventuale comunicazione contenente la rideterminazione in sede di autotutela delle somme originariamente richieste con l'avviso bonario, ridotte successivamente dall'ufficio in accoglimento dei chiarimenti forniti dal contribuente (art. 2, comma 2, d.lgs. n. 462/1997).

Una comunicazione di irregolarità con modalità sostanzialmente analoghe è prevista anche nell'ambito dei poteri di controllo formale *ex* art. 36-*ter*.

Per tale ultima ipotesi, peraltro, il pagamento di quanto dovuto entro i trenta giorni dalla comunicazione di irregolarità comporta un effetto premiale quantitativamente più limitato, riducendo «automaticamente» le sanzioni amministrative **ai due terzi** (art. 3, comma 1, d.lgs. n. 462/1997).

4. Termini e modalità di contestazione delle maggiori pretese tributarie rilevate nell'ambito dei poteri di liquidazione automatica e controllo formale: notifica della cartella di pagamento contenente l'iscrizione a ruolo. – Se il procedimento di controllo *ex* art. 36-*bis* o 36-*ter* non si definisce «automaticamente» dopo l'invio della comunicazione di irregolarità con il pagamento di quanto dovuto nei trenta giorni successivi, l'Agenzia delle Entrate procede direttamente con **l'iscrizione a ruolo** delle maggiori somme «liquidate in via amministrativa», comprensive di sanzioni e interessi (cfr. artt. 2 e 3 d.lgs. n. 462/1997).

L'atto di iscrizione a ruolo costituisce anche il **titolo esecutivo** della pretesa tributaria.

L'iscrizione a ruolo (quale atto di imposizione)

L'**iscrizione a ruolo** è dunque l'atto di imposizione che conclude i procedimenti di «liquidazione automatica» e «controllo formale» e, per esso, valgono le considerazioni già svolte in via generale per tale tipologia di atti tributari (motivazione, comunicazione, esecutorietà, definitività e nullità/annullabilità – cfr. *infra* cap. 16).

ISBN 978-88-495-4378-0

Si è già detto, inoltre, che in assenza di preventiva comunicazione al contribuente l'eventuale iscrizione a ruolo è nulla, così come espressamente stabilito nella legge (art. 6, comma 5, l. n. 212/2000).

L'iscrizione a ruolo è concretamente comunicata al destinatario per il tramite di un altro atto amministrativo, denominato **cartella di pagamento** (v. art. 21, comma 1, ultimo periodo, d.lgs. n. 546/1992, ove è espressamente ribadito che «*la notificazione della cartella di pagamento vale anche come notificazione del ruolo*»).

La notifica della cartella di pagamento

La cartella di pagamento, preannunciando formalmente al destinatario l'imminenza della esecuzione coattiva sui propri beni, assume natura di **atto di precetto** della procedura di riscossione amministrativa tributaria.

Di particolare rilievo è la disciplina recata dall'art. 25 del d.P.R. n. 602 del 1973, che prevede termini perentori per la chiusura dei procedimenti di liquidazione amministrativa, stabiliti cioè **a pena di decadenza** per l'amministrazione finanziaria.

I termini di decadenza

In particolare, l'amministrazione finanziaria dovrà **notificare** al destinatario la **cartella di pagamento**, contenente l'iscrizione a ruolo, entro il **31 dicembre del terzo anno successivo** a quello di presentazione della dichiarazione, per le contestazioni di cui all'art. 36-*bis* («liquidazione automatica»).

La medesima comunicazione dovrà invece pervenire al destinatario, sempre a pena di decadenza, entro il **31 dicembre del quarto anno successivo** a quello di presentazione della dichiarazione, per i controlli esercitati ai sensi dell'art. 36-*ter* («controllo formale»).

A tal proposito, è utile ricordare che la versione attuale dell'articolo 25 con i termini di decadenza ivi stabiliti, è stata modificata e riformulata in seguito alla citata sentenza n. 280 del 15 luglio 2005 della Corte costituzionale. Con tale sentenza, in particolare, la Consulta aveva dichiarato l'illegittimità costituzionale della normativa tributaria nella parte in cui non prevedeva un termine, fissato a pena di **decadenza**, per la comunicazione al contribuente degli atti conclusivi dei controlli concernenti ipotesi di «liquidazione amministrativa» dei tributi, similmente a quanto stabilito per i controlli di tipo «accertativo».

Risulta oggi normativamente confermata, quindi, la valenza di principio generale (costituzionalmente protetto) della comunicazione al destinatario, quale requisito indispensabile e generalizzato per l'efficacia degli atti di imposizione, espressione della natura provvedimentale degli stessi, nonché della necessità di esercitare compiutamente detto potere entro un termine di decadenza.

 ISBN 978-88-495-4378-0

Incidentalmente, si rileva altresì che le disposizioni di cui agli artt. 36-*bis* e 36-*ter* prevedono propri ed ulteriori termini per l'effettuazione di tali controlli, rispettivamente «*entro l'inizio del periodo di presentazione delle dichiarazioni relative all'anno successivo*» (36-*bis*, comma 1) ovvero «*entro il 31 dicembre del secondo anno successivo a quello di presentazione*» (36-*ter*, comma 1).

È però pacifico che tali termini regolano rapporti inerenti al funzionamento interno dell'amministrazione finanziaria (essenzialmente riferibili ai rapporti tra amministrazione finanziaria e concessionario per la riscossione, art. 28 l. 449/1997); essi dunque **non assumono rilievo pratico** nei rapporti tra amministrazione finanziaria e contribuenti.

ISBN 978-88-495-4378-0

Capitolo 18

I poteri di controllo di tipo accertativo: tipologia generale

1. L'avviso di accertamento: considerazioni generali. – La disciplina dell'accertamento tributario è diffusamente e specificamente riscontrabile nella disciplina procedimentale relativa ai diversi tributi.

Ciò nondimeno, può dirsi che la normativa sull'accertamento delle imposte sui redditi assume un rilievo primario sul piano sistematico, per un verso, in ragione della sua complessa articolazione concettuale, per altro verso e conseguentemente, in quanto punto di riferimento generale della disciplina sull'accertamento in materia tributaria.

Per tale ragione, ai fini del presente manuale sarà essenzialmente considerata la disciplina dell'accertamento delle imposte sui redditi.

L'avviso di accertamento quale «primario» atto d'imposizione

Fatte tali premesse, si rileva che l'avviso (o atto) di accertamento **è l'atto di imposizione** che più di ogni altro esprime e valorizza le caratteristiche tipiche del provvedimento conclusivo di un'attività di controllo fiscale e del conseguente procedimento di accertamento e liquidazione dei tributi.

A tale atto sono dunque pienamente riferibili le considerazioni già svolte in termini di **motivazione, comunicazione/decadenza, esecutorietà, definitività e nullità/annullabilità degli atti di imposizione** (cfr. cap. 16).

Anzi, può aggiungersi che tali caratteristiche sono massimamente e specificamente valorizzate nelle leggi tributarie che stabiliscono la disciplina degli atti di accertamento.

In proposito, l'art. 42 del d.P.R. n. 600/1973, concernente l'accertamento delle imposte sui redditi ma espressiva di principi generalmente applicabili agli atti di accertamento tributari, stabilisce che:

– in merito all'obbligo di **comunicazione al destinatario**, gli avvisi di accertamento «*...sono portati a conoscenza dei contribuenti mediante **la notificazione** di avvisi sottoscritti dal capo dell'ufficio o da altro impiegato della carriera direttiva da lui delegato*»;

– in merito al **contenuto essenziale** ed alla **motivazione**: «*l'avviso di accertamento deve recare l'indicazione dell'imponibile o degli imponibili accertati, delle aliquote applicate e delle imposte liquidate, al lordo e al netto delle detrazioni, delle ritenute di acconto e dei crediti d'imposta, e deve essere **motivato** in relazione **ai presupposti di fatto** ed alle **ragioni giuridiche** che lo hanno determinato...*».

Può altresì affermarsi, sempre in termini generali, che tutta la complessa e ampia attività amministrativa di acquisizione di dati e notizie (poteri istruttori), riceve la sua naturale destinazione **al fine di costituire le prove** dei consequenziali atti di accertamento.

Tipologia generale dell'avviso di accertamento

2. L'accertamento delle imposte sui redditi. Tipologia generale: accertamento in rettifica o d'ufficio e rispettivi termini di decadenza. – L'art. 37, comma 2, del d.P.R. n. 600/1973, stabilisce che «*In base ai risultati dei controlli e delle ricerche effettuati gli uffici delle imposte provvedono, osservando le disposizioni dei successivi articoli, agli **accertamenti in rettifica** delle **dichiarazioni presentate** e agli **accertamenti d'ufficio** nei confronti dei soggetti che hanno **omesso la dichiarazione***».

Accertamento in rettifica e accertamento d'ufficio:

La distinzione tra **accertamento in rettifica** e **accertamento d'ufficio**, quindi, si fonda sulla circostanza che la dichiarazione tributaria sia stata validamente presentata (ipotesi cui è riferibile l'accertamento in rettifica) ovvero risulti omessa (in tal caso è operato l'accertamento d'ufficio).

Ai sensi dell'art. 41, comma 1, del medesimo decreto, in particolare, l'accertamento d'ufficio è espressamente applicabile sia in ipotesi di dichiarazione omessa che in ipotesi di dichiarazione nulla (cfr. ad esempio dichiarazione presentata con ritardo superiore ai novanta giorni).

Nel caso di **accertamento d'ufficio**, inoltre, può affermarsi sin d'ora che il legislatore consente all'ufficio l'utilizzo di **modalità di accertamento meno vigorose sul piano della prova e fortemente indiziarie** (cfr. art. 41 d.P.R. n. 600/1973; su tali aspetti si rinvia al successivo cap. 19).

ISBN 978-88-495-4378-0

Differenti sono altresì i termini di decadenza fissati per la notifica al contribuente dell'atto di accertamento in rettifica o d'ufficio. i termini di decadenza

L'art. 43, comma 1, del d.P.R. n. 600/1973, infatti, stabilisce in termini generali che «*Gli avvisi di accertamento devono essere notificati, a pena di decadenza, entro il* ***31 dicembre*** *del* ***quinto anno successivo*** *a quello in cui è stata presentata la dichiarazione*». La medesima disposizione precisa invece, al successivo comma 2, che «*Nei casi di omessa presentazione della dichiarazione o di presentazione di dichiarazione nulla l'avviso di accertamento può essere notificato entro il* ***31 dicembre*** *del* ***settimo anno successivo*** *a quello in cui la dichiarazione avrebbe dovuto essere presentata*».

Ai sensi di quanto disposto dall'art. 43 consegue, pertanto, che per **l'accertamento in rettifica il termine di decadenza è quello quinquennale** stabilito dal comma 1, mentre, in caso di omessa presentazione della dichiarazione (o di dichiarazione nulla), l'ufficio può notificare **l'accertamento d'ufficio entro il termine settennale di decadenza** previsto dal comma 2.

3. *Segue*. L'accertamento parziale. – L'atto di accertamento è tendenzialmente **unico e globale**, in modo da esprimere, in modo auspicabilmente esaustivo, il potere di controllo fiscale rispetto ad un determinato presupposto impositivo. Unicità e globalità dell'avv. di accertamento

Un tale principio non risulta affermato espressamente nell'ordinamento tributario, ma si ricava implicitamente da alcune disposizioni tributarie (cfr. art. 40 d.P.R. n. 600/1973 ove è scritto che «*...alla rettifica si procede con* ***unico*** *atto ... con riferimento* ***unitario*** *al reddito complessivo...*»).

L'esigenza di un accertamento tendenzialmente unico e globale della fattispecie impositiva, inoltre, è coerente, in primo luogo, con il principio di economia procedimentale ricavabile *ex* art. 97 Cost., nonché con i principi generali dello Statuto:

– in particolare, con i principi di collaborazione e buona fede sanciti nel comma 1 dell'art. 10 della l. n. 212/2000: «*I rapporti tra contribuente e amministrazione sono improntati al principio della collaborazione e della buona fede*»;

– nonché con l'onere di semplificazione e adeguata informazione stabilito nel comma 2, dell'art. 6 della medesima legge, ove è stabilito che «*l'amministrazione deve informare il contribuente di ogni fatto o circostanza a sua conoscenza dai quali possa derivare ... l'irrogazione di una sanzione...*».

 ISBN 978-88-495-4378-0

La natura tendenzialmente unitaria e globale dell'atto di accertamento, già derivata dai principi generali, è altresì confermata *a contrariis* da alcune specifiche tipologie generali di accertamento: l'accertamento parziale e l'accertamento integrativo.

L'accertamento parziale:

L'art. 41-*bis* del d.P.R. n. 600/1973 è specificamente rubricato quale «***Accertamento parziale*** *in base agli elementi segnalati dall'anagrafe tributaria*». Il nucleo caratterizzante di tale tipologia generale di accertamento è essenzialmente fondato su due profili:

Il contenuto «parziale»...

1) il primo concerne la circostanza che l'attività accertativa *ex* art. 41-*bis* non è il frutto di una valutazione compiuta del presupposto imponibile, ma appunto «parziale»; in tale ipotesi, infatti, l'accertamento è espressamente fondato (solo) su determinati elementi acquisiti da soggetti «qualificati»: l'Anagrafe tributaria, la Guardia di Finanza e altre pubbliche amministrazioni ed enti pubblici. Può dirsi dunque che la **particolare natura («pubblicistica»)** dei soggetti da cui provengono gli elementi su cui è fondata la contestazione tributaria, nonché la **specificità e determinatezza** degli stessi, consentono all'amministrazione finanziaria di emanare un atto di accertamento fondato unicamente su tali elementi, derogando quindi all'ordinaria esigenza di una valutazione completa della fattispecie imponibile. Il primo profilo, dunque, esprime propriamente la caratteristica «parziale» dell'accertamento (rispetto alla fattispecie imponibile considerata), in luogo della fisiologica globalità e compiutezza del medesimo atto.

... e la potenziale pluralità di atti

2) Il secondo profilo esprime invece la potenziale «pluralità di atti» che consegue all'adozione di tale modalità accertativa, in luogo della naturale «unitarietà» dell'atto di accertamento. Tale profilo è sancito dall'assunto contenuto nell'art. 41-*bis* ove è chiarito, appunto, che tale accertamento opera «*senza pregiudizio dell'ulteriore azione accertatrice nei termini dell'art. 43*». Quindi, dopo l'emanazione di un accertamento parziale *ex* art. 41-*bis*, l'amministrazione potrà eventualmente emanare un ulteriore accertamento sul medesimo presupposto impositivo già accertato parzialmente, senza alcuna specifica limitazione, fatta salva la duplicazione con gli aspetti già considerati nell'accertamento parziale. Ovviamente sia l'accertamento parziale che l'eventuale accertamento successivo dovranno essere notificati al contribuente entro i termini di **decadenza** previsti dall'art. 43, già esaminati nel paragrafo precedente.

4. ***Segue.*** **L'accertamento integrativo (e l'accertamento «sostitutivo»).** – La disciplina dell'**accertamento integrativo** trova fonda-

ISBN 978-88-495-4378-0

mento nell'art. 43, comma 3, del d.P.R. n. 600/1973, ove è stabilito che «*Fino alla scadenza del termine stabilito nei commi precedenti l'accertamento può essere integrato o modificato in aumento mediante la notificazione di nuovi avvisi, in base alla sopravvenuta conoscenza di nuovi elementi da parte dell'Agenzia delle entrate. Nell'avviso devono essere specificamente indicati, a pena di nullità, i nuovi elementi e gli atti o fatti attraverso i quali sono venuti a conoscenza dell'ufficio delle imposte*».

L'accertamento integrativo:

L'accertamento integrativo è dunque un ulteriore accertamento **che si aggiunge** ad un precedente accertamento già emanato e notificato al destinatario, «integrando o modificando» le contestazioni contenute nel precedente avviso in modo da **determinare un aumento dell'imposizione accertata**.

Da tale norma, peraltro, pur risultando espressamente confermata la possibilità per l'ufficio di integrare un precedente accertamento già notificato, si rileva chiaramente anche un limite a tale possibilità di modifica successiva, con particolare riferimento alle modificazioni successive che comportino un aumento dell'imposizione originariamente accertata: tale limite è costituito, appunto, dalla necessità che risulti riscontrata la **sopravvenuta conoscenza di nuovi elementi da parte dell'Agenzia**, evidentemente **non conosciuti** all'epoca del precedente accertamento, o meglio, come correttamente affermato, neppure **conoscibili** in ragione di un ragionevole e diligente esercizio dell'attività amministrativa già esplicata (in tal senso, Corte di cass., sent. n. 11421 del 3 giugno 2015, ove si afferma che «*l'Ufficio non può per esempio sostituire in autotutela un avviso con un altro modificato fondato su una diversa valutazione dei medesimi elementi*»).

la sopravvenuta conoscenza di nuovi elementi

Dall'esistenza del limite descritto per l'emanazione di un successivo atto di accertamento integrativo, dopo l'avvenuta notifica di un precedente accertamento al contribuente, discende quindi, sia pure indirettamente, una conferma alla natura **tendenzialmente** unica e globale dell'atto di accertamento (in tal senso Corte di cass., sent. n. 11421 del 3 giugno 2015).

Fatte le dovute precisazioni, può dunque affermarsi che l'accertamento integrativo così come ricavabile dal comma 3 dell'art. 43, consente di modificare (in aumento) un precedente accertamento **non già per emendare «vizi»** di cui il primo atto era affetto, ma propriamente e unicamente in ragione della **sopravvenuta conoscenza di nuovi elementi** idonei a determinare un aumento dell'imposizione accertabile; elementi, cioè, che all'epoca del primo atto di accerta-

 ISBN 978-88-495-4378-0

mento l'ufficio, pur agendo diligentemente, non aveva potuto ragionevolmente considerare.

la motivazione

Tant'è che la norma in questione, espressamente e coerentemente, richiede che la motivazione dell'accertamento integrativo dia chiara evidenza **di due specifici aspetti, rilevanti quali requisiti di validità del medesimo atto**: (1) i nuovi elementi e (2) le ragioni della sopravvenuta conoscenza dei medesimi; ciò a pena di nullità del medesimo accertamento integrativo.

distinzione dall'autotutela c.d. sostitutiva

Quanto detto implica, quindi, una netta distinzione concettuale tra accertamento integrativo (rilevabile dall'art. 43, comma 3), e autotutela amministrativa (cfr. cap. 14, par. 5). Nell'accertamento integrativo, infatti, a differenza dell'autotutela, come del resto già ampiamente precisato, la successiva azione amministrativa non è specificamente posta in essere per annullare/emendare un precedente atto amministrativo viziato.

Ferma la distinzione concettuale tra i due istituti, i confini applicativi divengono più sfumati in esito ad una non condivisibile prassi dell'amministrazione finanziaria, tendenzialmente avallata dalla giurisprudenza, che tende ad ampliare le ipotesi di autotutela (in proposito, Corte di cass., sent. n. 2531 del 22 febbraio 2002). In tal modo, si giunge sovente all'annullamento di un accertamento precedentemente notificato sostituendolo con un nuovo atto (**c.d. autotutela sostitutiva o accertamento sostitutivo**), anche nei casi in cui il nuovo accertamento non sostituisce un precedente accertamento in quanto viziato, ma piuttosto ne «integra» il contenuto giungendo ad una imposizione più elevata; così operando, evidentemente, si sovrappone impropriamente l'istituto dell'autotutela a quello dell'accertamento integrativo.

È evidente che, assumendo in termini rigidi e stringenti il principio di unicità e globalità dell'accertamento, l'accertamento sostitutivo dovrebbe essere considerato illegittimo in radice.

D'altro canto, accanto alle ragioni (anche costituzionali) già descritte a favore di un'attività accertativa unica e globale, vanno adeguatamente considerate anche le primarie esigenze derivanti dal principio di capacità contributiva e di giusta imposizione, alle quali è fondamentalmente ispirato l'orientamento meno rigido della giurisprudenza sull'accertamento sostitutivo.

Ciò premesso, non è peraltro né coerente né ragionevole, al fine di attuare la giusta imposizione, disattendere completamente la rigorosa regolamentazione derivante dal vigente art. 43, comma 3, espressione anch'essa di principi costituzionali.

ISBN 978-88-495-4378-0

Conclusivamente sull'argomento, si ritiene che in presenza delle condizioni specificamente indicate dall'art. 43, comma 3, l'amministrazione, a pena di illegittimità del proprio operato, dovrà procedere unicamente con l'accertamento integrativo, rispettando il relativo e specifico obbligo motivazionale circa i nuovi elementi e la sopravvenuta conoscenza dei medesimi.

Diversamente, laddove ritenga invece di emanare un accertamento sostitutivo dell'atto precedente al fine di emendare i vizi del primo, dovrà dare espressamente conto di ciò nella motivazione, sia in merito ai vizi dell'atto annullato, sia riguardo alle prevalenti e concrete ragioni di giusta imposizione che hanno dato luogo all'annullamento del precedente accertamento ed alla sua sostituzione con un nuovo atto; anche in tal caso, a pena di illegittimità della propria azione amministrativa.

5. Cenni alla tipologia generale dell'accertamento nei tributi diversi dalle imposte sui redditi. – Ferme alcune differenze legate alla peculiarità applicativa dei diversi tributi, sulle quali non si reputa utile soffermarsi stante la finalità del presente lavoro, può ribadirsi che quanto sinora esposto sulle caratteristiche generali dell'accertamento delle imposte sui redditi **è essenzialmente riferibile anche all'Iva (ed all'Irap).**

L'accertamento dell'Iva e dell'Irap

Maggiori differenze sussistono, invece, per l'accertamento delle **imposte indirette sui trasferimenti** (imposte di registro, sulle successioni e donazioni, ipotecarie e catastali).

L'accertamento delle imposte indirette sui trasferimenti

A tal proposito può essere (solo) accennato che in tale ambito è tipologicamente distinguibile **un atto di accertamento in rettifica e liquidazione**, tendenzialmente applicabile quando l'ufficio ritiene che i beni e diritti assoggettati ad imposizione hanno un valore venale superiore al valore dichiarato o al corrispettivo pattuito (c.d. «**accertamento valore**»), ovviamente facendo derivare da ciò un maggiore ammontare (dell'imponibile e) dell'imposta dovuta, oltre all'irrogazione di sanzioni.

Al contrario, ove la contestazione non riguarda il valore dichiarato dei beni e diritti, ma solo la corretta determinazione dell'imposta sui medesimi, l'ufficio notifica un **atto di liquidazione** del maggior tributo dovuto, con eventuale irrogazione di sanzioni.

Relativamente ai **tributi locali**, ferma una possibile differenziazione anche marcata dovuta all'esplicazione dell'autonomia regolamentare ed alle scelte concrete di tali enti (cfr. art. 52 e seg. d.lgs. n. 446/1997

L'accertamento dei tributi locali

 ISBN 978-88-495-4378-0

e art. 149 d.lgs. n. 267/2000), può essere genericamente indicata una tipologia **«atto di accertamento»**, riferibile per grandi linee all'ipotesi già descritta per le imposte sui redditi; per tali tributi è altresì diffusamente previsto anche un **«avviso di liquidazione»**, tendenzialmente applicabile agli esiti dei controlli di tipo essenzialmente liquidatorio, in cui l'ente ritrae la contestazione fiscale direttamente dai dati e dalle dichiarazioni fornite dal contribuente ovvero rilevate nei registri catastali.

ISBN 978-88-495-4378-0

Capitolo 19

Metodi e modalità generali di accertamento del tributo

Sommario: 1. Metodi di accertamento del tributo: metodo di accertamento di tipo «analitico». – 2. *Segue.* Metodo di accertamento di tipo «sintetico». – 3. Accertamenti tributari e onere della prova: modalità «ordinarie» e «non ordinarie» di accertamento e prova del fatto imponibile. – 4. *Segue.* Modalità di accertamento e prova del fatto imponibile di tipo presuntivo (c.d. accertamenti induttivi).

1. Metodi di accertamento del tributo: metodo di accertamento di tipo «analitico». – L'atto di accertamento tributario, nell'ambito della sua tipologia generale come descritta in precedenza, può in concreto caratterizzarsi essenzialmente per l'utilizzo del metodo analitico o sintetico di accertamento, così come predeterminati nella disciplina tributaria.

I metodi di accertamento del tributo:

L'**accertamento «analitico»**, che è la principale metodica accertativa, è comunemente inteso quale procedimento di accertamento rivolto alla valutazione di singoli elementi rilevanti per formulare specifiche e autonome contestazioni fiscali, giungendo in tal modo, appunto «analiticamente e singolarmente», alla definizione complessiva del «fatto imponibile accertato».

l'accertamento (condotto con metodo) «analitico»...

In altre parole, l'accertamento condotto con metodo di tipo analitico è per sua natura il frutto di (una o più) **contestazioni distinte**, ciascuna fondata su elementi particolari, le quali sono **autonomamente motivate e provate;** in tal modo, tutte le singole contestazioni contribuiscono complessivamente alla quantificazione del tributo che l'ufficio reputa dovuto, ma ognuna di esse rileva solo per la propria quota parte.

Può affermarsi, quindi, che gli accertamenti condotti con metodo di tipo analitico pervengono alla **determinazione del tributo dovuto «in termini analitico-specifici»**, in ragione cioè della sommatoria di una o più contestazioni distinte ed autonomamente valutabili.

Ciò premesso, dall'applicazione del metodo di accertamento di

 ISBN 978-88-495-4378-0

tipo analitico discendono, in via generale, importanti conseguenze sul piano della motivazione e della prova dell'atto di accertamento.

Il metodo analitico, infatti, implica, per stretta necessità logica, un'articolazione della motivazione e della prova di «tipo analitico», nel senso che ciascuna contestazione formulata dall'amministrazione deve essere coerentemente sorretta da proprie valide ragioni giuridiche (**motivazione analitica**) e, similmente, da elementi di prova che ne confermino la specifica veridicità (**prova analitica**).

... motivazione e prova di tipo analitico

Per gli accertamenti condotti con metodo di tipo analitico, quindi, ogni contestazione analiticamente formulata contribuisce a determinare l'imponibile complessivamente accertato con l'atto di accertamento, ma la **validità di ciascuna di esse si desume e si valuta singolarmente**.

Ciò premesso, gli accertamenti esercitati con metodo analitico di accertamento possono essere caratterizzati da modalità «ordinaria» o «non ordinaria» di prova del fatto imponibile, nei termini che saranno descritti successivamente (par. 3).

L'utilizzo di una «prova rigorosa», infatti, caratterizza solo normalmente le ipotesi concrete di accertamento che prevedono l'utilizzo del metodo di tipo analitico, ma la normativa tributaria prevede anche alcune tassative circostanze in cui l'accertamento condotto con metodo analitico può essere esercitato utilizzando «prove dal rigore attenuato».

2. ***Segue.*** **Metodo di accertamento di tipo «sintetico».** – Sul piano concettuale, l'espressione **«accertamento di tipo sintetico»**, contrapponendosi al già descritto significato di «accertamento di tipo analitico», riflette una metodica accertativa che non è fondata analiticamente sulla sommatoria di singole e distinte contestazioni, ma parte invece da una premessa generale (ad esempio le spese sostenute dal contribuente ed il suo tenore di vita) e da essa desume l'imponibile, accertandolo «sinteticamente» nella sua interezza (ad es. accertando il reddito imponibile in misura corrispondente alle spese necessarie a sostenere il tenore di vita condotto dal contribuente).

l'accertamento (condotto con metodo) «sintetico»

L'accertamento tributario condotto con metodo di tipo sintetico, quindi, è la naturale conseguenza di **contestazioni fondate sulla plausibilità di una premessa generale,** la quale, opportunamente valorizzata con specifico riferimento alla situazione concreta del contribuente, conduce logicamente ad una quantificazione «**unitaria**» e «globale» del fatto imponibile.

premessa generale...

ISBN 978-88-495-4378-0

Se è utilizzato il metodo sintetico per accertare un determinato fatto imponibile, quindi, la conseguente **determinazione del tributo dovuto** deve avvenire coerentemente ed unicamente «**in termini sintetico-globali**».

... dalla quale si desume il tributo in modo unitario e globale

In ragione di quanto appena rilevato, dunque, anche dall'applicazione del metodo di accertamento di tipo sintetico discendono, in via generale, importanti conseguenze sul piano della motivazione e della prova dell'atto di accertamento.

Il metodo sintetico, infatti, implica, per stretta necessità logica, un'articolazione della motivazione e della prova di «tipo sintetico», nel senso che le ragioni giuridiche formulate dall'amministrazione assumono rilievo in una duplice prospettiva: in primo luogo, ciascun fatto idoneo a specificare la premessa generale rispetto alla situazione concreta del contribuente (ad esempio le singole spese sostenute), dovrà essere a tal fine singolarmente motivato **(motivazione dei singoli fatti costitutivi della premessa generale in capo al contribuente, apprezzabile singolarmente)**; in secondo luogo, andrà poi espressa una motivazione che procede unitariamente dalla «premessa generale», opportunamente resa concreta in capo al contribuente, alla determinazione sintetico-globale dell'imponibile **(motivazione unitaria e sintetico-globale del fatto imponibile)**; similmente, anche gli elementi di prova dell'accertamento sintetico rilevano in due fasi distinte: preliminarmente, ciascun elemento utile a consolidare la premessa generale andrà valutato singolarmente **(prova dei singoli elementi costitutivi della premessa generale in capo al contribuente, apprezzabile singolarmente)**; successivamente, la «premessa generale» resa concreta, assumerà rilievo come prova unitaria di accertamento sintetico globale del fatto imponibile (**prova di evasione desunta dalla premessa generale valutabile unitariamente in termini sintetico-globali**).

duplice rilievo della motivazione:

a) motivazione e prova dei singoli fatti costitutivi della premessa generale

b) motivazione unitaria e sintetico-globale del fatto imponibile

Per gli accertamenti condotti con metodo di tipo sintetico, quindi, ciascun elemento/fatto costitutivo della premessa generale in capo al contribuente, pur se apprezzabile singolarmente come vero o falso nella fase di specificazione della premessa generale, non assume poi rilievo quale autonoma contestazione fiscale, a differenza di quanto accade nell'accertamento analitico, ma unicamente in funzione della successiva determinazione unitaria e globale del fatto imponibile accertato.

Come già detto per gli accertamenti esercitati con metodo analitico, anche gli accertamenti condotti con metodo sintetico possono essere caratterizzati da modalità probatorie «ordinarie» o «non ordinarie».

 ISBN 978-88-495-4378-0

In particolare, gli accertamenti condotti con metodo sintetico richiedono normalmente una prova rigorosa, fatte salve le ipotesi tassative in cui la norma consente all'amministrazione l'utilizzazione di prove dal rigore attenuato.

3. Accertamenti tributari e onere della prova: modalità «ordinarie» e «non ordinarie» di accertamento e prova del fatto imponibile. – La normativa tributaria richiede ordinariamente, oltre all'obbligo motivazionale, che l'accertamento tributario sia sorretto da prove dirette o indirette a supporto della pretesa tributaria vantata dall'amministrazione, liberamente valutabili dal giudice nel processo.

L'onere della prova

Ciò in ossequio alla tendenziale applicabilità, anche in ambito tributario, della regola generale sull'**onere della prova,** così come sancita nell'art. 2697 c.c., che impone a ciascuno di provare i fatti che costituiscono il fondamento del proprio diritto/pretesa (cfr. Corte di cass., ord., n. 17161 del 28 giugno 2018 in tema di «frodi carosello», ove si afferma: «*La fattispecie così ricostruita, si armonizza con la più recente giurisprudenza di questa Corte, secondo cui in caso di operazioni soggettivamente inesistenti, pure nell'ambito di una frode carosello quali sono quelle in contestazione, in cui le operazioni sono sempre effettive*» ribadiscono come «***l'Amministrazione ha l'onere di provare … la consapevolezza del destinatario di essere parte di un'evasione****, anche in via presuntiva in quanto* ***avrebbe dovuto conoscere*** *l'inesistenza del contraente*».

Prove dirette

In termini puramente orientativi, può essere accennato che si intendono **prove dirette** quegli elementi probatori idonei a dimostrare «immediatamente» il fatto che si intende provare (ad es. quando il minor versamento d'imposta risulta «direttamente» dalla dichiarazione tributaria, ovvero qualora le risposte fornite dal contribuente a questionari inviati dall'ufficio esprimano in sé la prova dell'evasione tributaria).

Prove indirette

Diversamente, si parla di **prove indirette** quando l'evidenza del fatto che si intende provare discende solo «mediatamente» dagli elementi addotti a supporto, richiedendo dunque un ragionamento critico di tipo logico-presuntivo.

In ogni caso, le prove concretamente rilevanti in ambito tributario sono essenzialmente di tipo **documentale** (in un'accezione da intendere in senso lato) o **presuntivo** (come si vedrà, sono invece espressamente vietate sia la testimonianza che il giuramento, cfr. cap. 26, par. 2.4).

ISBN 978-88-495-4378-0

In particolare, prove documentali di una contestazione fiscale possono essere «direttamente» ritratte dalle scritture contabili, ad esempio, riscontrando ricavi che risultano rilevati nel conto economico del bilancio e che invece non siano indicati nell'imponibile dichiarato dal contribuente con la dichiarazione tributaria. Prove di tipo documentale, sono inoltre ritraibili da qualsivoglia tipologia di **documentazione** che possa assumere rilievo ai fini fiscali (contratti vari, documentazione extracontabile, verbalizzazioni varie, ecc.). prove documentali

Le **prove presuntive** (c.d. prove indirette) sono invece riconducibili alle **presunzioni semplici** di cui all'art. 2729 c.c. (**«gravi»**, **«precise»** e **«concordanti»**), di cui meglio si chiarirà nei successivi paragrafi, ovvero alle **presunzioni legali** (relative), già descritte in occasione delle c.d. indagini finanziarie (cfr. cap. 15, par. 6). prove presuntive

L'utilizzo delle presunzioni semplici nell'accertamento fiscale è generalmente fondato sulla rilevanza di elementi indiziari di ampia tipologia (ad. es. documenti vari, controlli di magazzino, antieconomicità di operazioni societarie, ecc.), dai quali è probabilisticamente desumibile, in base ad un ragionamento di tipo inferenziale, la concreta sussistenza di una violazione della norma tributaria (si è già visto, invece, che nella presunzione legale, una volta acquisita l'esistenza di determinati fatti o circostanze previsti nella normativa, il ragionamento inferenziale per l'accertamento dell'illecito fiscale è astrattamente stabilito *ex lege*).

Ferma la generale necessità che l'accertamento tributario sia fondato su prove che sorreggano la fondatezza della decisione amministrativa da esso recata, può affermarsi che la normativa tributaria, in linea con i principi dell'ordinamento generale, prevede «ordinariamente» che gli accertamenti tributari siano fondati su elementi probatori idonei ad integrare una **«prova rigorosa»** della contestazione fiscale, a pena di invalidità dell'atto di accertamento.

Una tale esigenza, del resto, è in qualche modo emanazione degli artt. 53 (capacità contributiva e giusta imposizione) e 97 (imparzialità e buon andamento dell'amministrazione) della Costituzione. Così come può dirsi espressione del fondamentale diritto di difesa, sancito nell'art. 24 Cost., il diritto del contribuente di sottoporre alla valutazione giudiziale la fondatezza delle prove su cui è fondata un'attività amministrativa di controllo fiscale operata nei suoi confronti, affinché il giudice ne valuti, in concreto, il rigore e la persuasività secondo il suo libero e prudente apprezzamento (art. 116, c.p.c.).

 ISBN 978-88-495-4378-0

Prova «rigorosa» quale modalità «ordinaria» di accertamento

La necessità che l'accertamento tributario si fondi su **prove rigorose**, pienamente **valutabili dal giudice secondo il suo prudente apprezzamento**, essendo espressione di principi costituzionali (artt. 24, 53 e 97 della Costituzione), assume dunque rilievo quale **principio generale** dell'intera attività amministrativa di controllo tributario, al di là delle singole previsioni normative.

In lineare ossequio a tale principio, sono definibili **modalità «ordinarie»** di accertamento e prova del fatto imponibile, quelle modalità accertative pienamente riconducibili ai principi generali già descritti, le cui previsioni normative sono quindi naturalmente suscettibili di interpretazione estensiva ed analogica.

Prova «attenuata» quale modalità «non ordinaria» di accertamento

Nella legislazione tributaria, tuttavia, sussistono anche specifiche eccezioni e deroghe a tale principio, che prevedono **«attenuazioni del rigore probatorio»** per l'attività di accertamento; evidentemente tali ipotesi, che implicano una «compressione» dei principi costituzionali già considerati, oltre a ricevere adeguata e **ragionevole giustificazione** sul piano delle scelte legislative, a pena di illegittimità costituzionale della stessa disciplina legislativa, non sono applicabili in modo estensivo e generalizzato, ma solo nei casi **«tassativamente»** previsti, in coerenza con i particolari scopi perseguiti dalla legge.

Tali modalità di accertamento del fatto imponibile, eccezionalmente caratterizzate da un rigore probatorio attenuato, che si possono pertanto definire **«non ordinarie»**, saranno anch'esse oggetto di specifica disamina.

Modalità presuntive di accertamento

4. ***Segue*****. Modalità di accertamento e prova del fatto imponibile di tipo presuntivo (c.d. accertamenti induttivi).** – Come si è già accennato e come si vedrà in seguito, l'attività di controllo fiscale è ampiamente caratterizzata dall'uso di presunzioni.

La presunzione, come è noto, costituisce una prova logica o indiretta, in quanto conduce alla prova del fatto che si intende dimostrare in modo «indiretto», per il tramite appunto di un nesso di consequenzialità logica che prende le mosse da un fatto noto, ma in sé distinto da ciò che si intende propriamente provare.

Diffusamente, dunque, la prova della conoscenza di un fatto fiscalmente rilevante (ad es. ricavi evasi da attività di ristorazione) è derivata dalla conoscenza di un altro fatto (ad. es. riscontro delle materie prime impiegate), attraverso un ragionamento di tipo logico-inferenziale (ad. es. la quantità delle materie concretamente impiegate nell'attività di ristorazione è incompatibile con i ricavi dichiarati, im-

ISBN 978-88-495-4378-0

plicando quindi l'esistenza di un ammontare di ricavi non dichiarati; in proposito, Corte di cass., sent. n. 12212, del 15 settembre 2000, ove si conferma la legittimità di un accertamento condotto nei confronti di un ristoratore, deducendo il reddito dalla quantità di carne e pesce acquistata).

Quando l'accertamento tributario è caratterizzato dall'uso di presunzioni, l'accertamento tributario è normalmente definito **di tipo induttivo**.

Nell'accertamento tributario, la modalità di prova presuntiva può essere associata sia ad un accertamento condotto con metodo analitico, sia ad un accertamento condotto con metodo sintetico.

Gli accertamenti tributari di tipo presuntivo, infine, sia condotti con metodo analitico che con metodo sintetico, **sul piano del rigore probatorio richiesto** risultano generalmente disciplinati nella normativa tributaria in base una triplice modalità:

A) *Accertamenti tributari fondati su* ***presunzioni semplici*** *(«gravi», «precise» e «concordanti»).*

la presunzione semplice…

– Le parole utilizzate nella normativa tributaria per «qualificare» le presunzioni che possono essere utilizzate quali prove dell'accertamento tributario (**«gravi»**, **«precise»** e **«concordanti»**), sono direttamente riconducibili alla previsione di cui all'art. 2729 c.c., ed al sottostante significato sul piano giuridico-probatorio.

– In tal senso, evitando precisazioni di dettaglio sul significato di tali requisiti, può dirsi che l'utilizzo di **presunzioni semplici** dotate dei requisiti di **gravità, precisione e concordanza**, implica la ragionevole necessità che l'accertamento fondato su di esse esprima un **«rigoroso»** rapporto di consequenzialità logica fra premessa e conclusione del ragionamento inferenziale (in proposito, Corte di cass., sent. n. 4168, del 22 marzo 2001, ove si afferma, con riguardo al requisito di gravità che «*è sufficiente che l'esistenza del fatto ignoto sia desunta con ragionevole certezza, anche probabilistica*»; «*il requisito della precisione impone che i fatti noti … non siano vaghi ma ben determinati nella loro realtà storica*»; «*con il requisito della concordanza, si prescrive che la prova sia fondata su una pluralità di fatti noti convergenti nella dimostrazione del fatto ignoto*»; per completezza si evidenzia che in giurisprudenza, attenuando la rigidità del requisito della concordanza, si ritiene sufficiente anche un solo elemento per fondare una valida presunzione semplice, purché dotato di particolare gravità e precisione: *ex multis*, Corte di cass., sent. n. 9108 del 6 giugno 2012).

 ISBN 978-88-495-4378-0

– La fondatezza della prova su presunzioni semplici, inoltre, è sempre liberamente valutabile dal giudice secondo il suo prudente apprezzamento.

– L'accertamento fondato sulla presunzione semplice è dunque del tutto coerente con il principio che implica la generale necessità di fondare l'accertamento tributario su **«prove rigorose»**; quando l'accertamento tributario è fondato su presunzioni semplici è dunque riconducibile alla modalità «ordinaria» di accertamento e prova del fatto imponibile, sia quando esse sono utilizzate per determinare il tributo «in termini analitico-specifici» (dando quindi luogo ad un accertamento ordinario di tipo analitico-presuntivo), sia quando esse sono utilizzate per determinare il tributo in termini sintetico-globali, (ponendo dunque in essere un accertamento ordinario di tipo sintetico-presuntivo).

... quale modalità ordinaria (e generalizzata) di accertamento

B) *Accertamenti tributari fondati su presunzioni legali (relative).*

– In tali ipotesi, partendo dalla conoscenza di un fatto noto, è **direttamente il legislatore** che stabilisce le conseguenze desumibili in termini di accertamento del fatto ignorato (art. 2727 c.c.).

La presunzione legale relativa...

– La presunzione legale relativa, come la presunzione semplice, è concettualmente compatibile sia con il metodo analitico che con il metodo sintetico.

– L'accertamento tributario fondato su presunzioni legali relative, tuttavia, determina **un'inversione dell'onere probatorio**, che opera a favore dell'amministrazione e in danno del contribuente.

– Inoltre il meccanismo della presunzione legale relativa impedisce al giudice di valutare la prova nel suo complesso (così come previsto *ex* art. 116 c.p.c.); in tali ipotesi, infatti, il giudice, una volta accertato il fatto noto da cui scaturisce la presunzione legale, non può valutare la plausibilità in concreto del nesso inferenziale da esso scaturente, essendo esso stabilito *ex lege*, ma solo la fondatezza della prova contraria eventualmente addotta dal contribuente.

– In ragione delle sue caratteristiche, può dunque ritenersi che l'accertamento fiscale fondato su presunzioni legali comprime l'applicazione dei principi (anche costituzionali) normalmente riferibili agli accertamenti tributari; tale ipotesi è quindi riconducibile alle modalità «non ordinarie» di accertamento e prova del fatto imponibile; come tale necessita di ragionevole giustificazione sul piano costituzionale ed è applicabile solo nelle ipotesi **tassativamente previste dalla legge**.

... quale modalità non ordinaria (e tassativa) di accertamento

C) *Accertamenti tributari fondati su presunzioni prive dei requisiti di gravità precisione e concordanza (c.dd. presunzioni semplicissime)*

ISBN 978-88-495-4378-0

– In presenza di specifiche e tassative circostanze, la normativa tributaria consente all'amministrazione di accertare il tributo utilizzando presunzioni prive dei requisiti di gravità, precisione e concordanza (c.dd. **«presunzioni semplicissime»**).

La presunzione c.d. «semplicssima»...

– Nel caso delle presunzioni semplicissime, il legislatore consente che l'accertamento tributario sia validamente esperibile con un **rigore probatorio espressamente attenuato**.

– L'attenuazione del rigore probatorio può incidere sia sull'accertamento del fatto noto, sia sulla plausibilità del nesso inferenziale ragionevolmente ritraibile dal fatto noto per giungere all'accertamento del tributo.

– Le presunzioni semplicissime sono liberamente sottoposte all'apprezzamento del giudice *ex* art. 116 c.p.c.), che però le dovrà giudicare valide (o meno) in coerenza con la specifica attenuazione del rigore probatorio stabilita dalla legge tributaria per tale metodo di accertamento.

– L'attenuazione del rigore probatorio, in ogni caso, non può mai comportare l'arbitrarietà ovvero la contraddittorietà della prova; in tal senso, anche un accertamento fondato su presunzioni semplicissime che giunga a conclusioni del tutto arbitrarie o contraddittorie è da ritenere invalido, comportando una inevitabile violazione dell'art. 53 Cost.

– La presunzione c.d. semplicissima, come la presunzione semplice e la presunzione legale, è concettualmente compatibile sia con il metodo analitico che con il metodo sintetico.

– Similmente all'accertamento fondato su presunzioni legali, ed in modo ancora più stringente, l'accertamento fondato su presunzioni semplicissime riduce l'applicazione dei principi e delle garanzie costituzionali; tale ipotesi è quindi chiaramente riconducibile alle «modalità non ordinarie» di accertamento; come tale implica un'adeguata giustificazione sul piano costituzionale, ed è applicabile solo nelle ipotesi **tassativamente previste dalla legge**.

... quale modalità non ordinaria (e tassativa) di accertamento

 ISBN 978-88-495-4378-0

Capitolo 20

Tipologie particolari di accertamento del tributo

Sommario: 1. Tipologie particolari caratterizzate da modalità «ordinaria» di accertamento e prova del fatto imponibile. L' «accertamento analitico» (e «analitico-presuntivo») nelle imposte sui redditi. – 2. *Segue*. L' «accertamento sintetico fondato sulle spese» nell'Irpef. – 3. *Segue*. L' «accertamento contabile di tipo analitico» e («analitico-presuntivo») nelle imposte sui redditi. – 4. Tipologie particolari caratterizzate da modalità «non ordinarie» di accertamento e prova del fatto imponibile. L'accertamento d'ufficio. – 5. *Segue*. L'accertamento extracontabile del reddito d'impresa. – 6. *Segue*. Gli accertamenti che utilizzano «presunzioni legali relative»: l'accertamento fondato su «dati finanziari».

1. Tipologie particolari caratterizzate da modalità «ordinaria» di accertamento e prova del fatto imponibile. L' «accertamento analitico» (e «analitico-presuntivo») nelle imposte sui redditi. – Tenendo ancora una volta in primaria considerazione la normativa inerente alle imposte sui redditi, possono essere preliminarmente esaminate alcune ipotesi particolari in cui è applicato il c.d. **metodo «analitico»** di accertamento, con modalità «ordinaria» di accertamento e prova del fatto imponibile.

Tipologie particolari di accertamento (dei redditi)

Una tale terminologia trova espresso riferimento nell'art. 38, comma 2, del d.P.R. n. 600/1973, ove è stabilito, per l'accertamento dell'imposta sul reddito delle persone fisiche (Irpef), che «*...La rettifica deve essere fatta ... con* ***riferimento analitico*** *ai redditi delle varie categorie di cui all'art. 6...*».

L'accertamento analitico

Come già detto in termini generali, può affermarsi che l'accertamento analitico nell'Irpef sottende una metodica che tende a determinare «**in termini analitico-specifici**» il tributo accertato, ed implica coerentemente una motivazione ed una prova sviluppate in modo analitico.

Il termine analitico, quindi, è utilizzato in modo appropriato dal legislatore tributario nell'art. 38, comma 2, laddove è evidente che la determinazione del tributo in termini analitico-specifico è per sua na-

 ISBN 978-88-495-4378-0

tura indirizzata ad accertare i singoli elementi che compongono il reddito, con motivazione e prova analitica per ciascuna autonoma contestazione, nel senso già precedentemente descritto in termini generali; l'ufficio dovrà altresì precisare nell'accertamento, come espressamente previsto nella norma, la categoria di reddito Irpef (ad es. redditi fondiari, di lavoro autonomo, di capitale, ecc.) cui ogni singolo rilievo formulato nei confronti del contribuente è «analiticamente» riferibile.

La medesima disposizione (art. 38, comma 3) chiarisce, inoltre, che «*l'incompletezza, la falsità e l'inesattezza dei dati indicati nella dichiarazione, possono essere desunti dalla dichiarazione stessa...*», ovvero «*...dal confronto con le dichiarazioni relative ad anni precedenti*».

Tale indicazione sulla tipologia di prove è da ritenere meramente esemplificativa. Al di là infatti delle prove direttamente desumibili dal confronto di documenti contabili e fiscali, ogni elemento di «prova documentale in senso lato» da cui è ritraibile, in modo rigoroso e ragionevole, il non corretto pagamento del tributo dovuto, può essere validamente utilizzato per motivare e fondare un accertamento analitico *ex* art. 38, commi 2 e 3.

Il medesimo comma 3 dell'art. 38, stabilisce espressamente che l'ufficio può fornire la prova del tributo evaso anche «*sulla base di presunzioni semplici, purché queste siano gravi, precise e concordanti*» **(c.d. accertamento analitico-presuntivo o analitico-induttivo)**

e l'accertamento analitico-induttivo

È utile precisare, come peraltro desumibile dal medesimo art. 38, che l'accertamento condotto con metodo analitico può contenere, nell'ambito del medesimo atto di accertamento, sia determinazioni fondate su prove certe e dirette (ad es. direttamente ritratte dalla dichiarazione ovvero da altri documenti direttamente probanti sul piano dell'evasione fiscale), sia determinazioni fondate su presunzioni semplici, purché tutte le singole contestazioni conducano coerentemente, sul piano motivazionale e probatorio, ad una «rigorosa» **determinazione del tributo «in termini analitico-specifici»**.

Nel concludere l'esame dell'accertamento analitico e analitico-presuntivo disciplinato nell'art. 38, può dirsi che tale ipotesi particolare, pur essendo specificamente riferibile all'imposta sul reddito delle persone fisiche, **esprime una tipologia particolare di accertamento molto diffusa e di applicazione tendenzialmente generale nell'intero ordinamento tributario**.

L'accertamento sintetico fondato sulle spese

2. *Segue*. L'«accertamento sintetico fondato sulle spese» nell'Irpef. – Il medesimo art. 38 del d.P.R. n. 600/1973, ai commi 4, 5, 6,

ISBN 978-88-495-4378-0

7 e 8, disciplina un'ipotesi di accertamento di tipo «sintetico», fondato sulle spese effettuate dal contribuente nel periodo d'imposta.

In particolare nel comma 4 è stabilito che: «*L'ufficio, indipendentemente dalle disposizioni recate dai commi precedenti e dall'articolo 39, può sempre determinare* ***sinteticamente*** *il reddito complessivo del contribuente sulla base delle spese di qualsiasi genere sostenute nel corso del periodo d'imposta, salva la prova che il relativo finanziamento è avvenuto con redditi diversi da quelli posseduti nello stesso periodo d'imposta, o con redditi esenti o soggetti a ritenuta alla fonte a titolo di imposta o, comunque, legalmente esclusi dalla formazione della base imponibile*».

In stretta contiguità con il comma 4, il successivo comma 5 chiarisce altresì che: «*La determinazione* ***sintetica*** *può essere altresì fondata sul contenuto induttivo di elementi indicativi di capacità contributiva individuato mediante l'analisi di campioni significativi di contribuenti, differenziati anche in funzione del nucleo familiare e dell'area territoriale di appartenenza, con decreto del Ministero dell'Economia e delle Finanze da pubblicare nella Gazzetta Ufficiale con periodicità biennale. In tale caso è fatta salva per il contribuente la prova contraria di cui al quarto comma*».

L'ipotesi disciplinata nei commi 4 e seguenti dell'art. 38, peraltro frutto di notevoli modifiche rispetto alla stesura originaria, concerne una peculiare ipotesi di accertamento sintetico, la cui tipica «premessa generale» di riferimento si fonda sulla **«plausibilità del seguente assunto: le spese sostenute da una persona fisica nell'anno sono tendenzialmente finanziate con redditi conseguiti da costui nel medesimo anno».**

In primo luogo, l'ufficio procede con una ricostruzione «...*delle spese di qualsiasi genere sostenute nel corso del periodo d'imposta*...» dal contribuente (motivazione e prova di ciascun elemento costitutivo dell'ammontare complessivo delle spese sostenute); successivamente, confronta l'ammontare complessivo delle spese così determinate (premessa generale) con il reddito complessivo dichiarato dal contribuente nel medesimo anno, desumendo, in caso di incongruenza, un reddito evaso per il tramite di una determinazione unitaria e globale (motivazione e prova di tipo unitario e sintetico-globale).

L'accertamento sintetico di cui all'art. 38 concerne una metodica accertativa **riferibile alle sole persone fisiche,** utilizzabile cioè dall'ufficio unicamente ai fini del controllo relativo all'imposta sul reddito delle persone fisiche (Irpef).

applicabilità alle sole persone fisiche

 ISBN 978-88-495-4378-0

Ciò in quanto l'accertamento in questione, si fonda proprio sulla correlazione generale che sussiste tra abitudini di spesa di una persona fisica ed il reddito a questa ragionevolmente riferibile; con l'accertamento in questione, quindi, l'ufficio può operare un raffronto, in termini di coerenza, tra le spese sostenute dal contribuente nel periodo d'imposta ed il reddito che il medesimo contribuente ha dichiarato nel medesimo periodo ai fini Irpef.

Coerentemente con la esclusiva riferibilità di tale metodo all'accertamento del reddito delle persone fisiche, il comma 8 stabilisce che: «*Dal reddito complessivo determinato sinteticamente sono deducibili i soli oneri previsti dall'articolo 10 del decreto del Presidente della Repubblica 22 dicembre 1986 n. 917; competono, inoltre, per gli oneri sostenuti dal contribuente, le detrazioni dall'imposta lorda previste dalla legge*».

In tal senso è corretto definire tale metodica quale **«accertamento sintetico fondato sulle spese».**

Fatte tali premesse, nel comma 4 è chiarito che l'ufficio può considerare ai fini della determinazione sintetica «*le spese di qualsiasi genere sostenute nel corso del periodo d'imposta*», mentre nel comma 5 si fa riferimento al «*contenuto induttivo di elementi indicativi di capacità contributiva individuato mediante l'analisi di campioni significativi di contribuenti...*», così come risultante da apposito decreto ministeriale (c.d. redditometro).

Sussistono dunque due varianti di accertamento sintetico fondato sulla spesa:

le spese di qualsiasi tipo

– una prima ipotesi (comma 4), in cui l'ufficio può valutare **le «spese di qualsiasi tipo»** sostenute nel periodo d'imposta per desumere da esse, in modo ragionevole anche se **non predeterminato,** l'esistenza di un reddito non dichiarato;

le spese tipizzate (il redditometro)

– ed una seconda (comma 5), in cui l'ufficio può utilizzare un **parametro «predeterminato»** di coerenza reddituale, così come definito in un apposito **decreto ministeriale (redditometro)** che è applicabile a **«determinate spese ivi tipizzate»** (derivanti ad es. da mutui, affitti, trasporti, ecc.).

lo scostamento minimo

Il comma 6 del medesimo articolo 38 stabilisce inoltre che: «*La determinazione sintetica del reddito complessivo di cui ai precedenti commi è ammessa a condizione che il reddito complessivo accertabile ecceda di **almeno un quinto quello dichiarato***». Con tale disposizione, il legislatore ha fissato un requisito di validità di tipo «quantitativo» per entrambe le varianti di accertamento sintetico fondato sulla spesa,

ISBN 978-88-495-4378-0

definendo legislativamente **una soglia minima di «rilevanza» della determinazione sintetica.**

In ossequio alla disposizione contenuta nel comma 6, quindi, l'accertamento in questione **non può essere validamente esperito** se la determinazione fondata sulle spese conduce ad un **reddito sinteticamente accertabile** che, pur essendo più elevato del reddito dichiarato, eccede quest'ultimo in misura **inferiore ad un quinto.**

Fondamentale è poi la previsione contenuta nel successivo comma 7, ove è scritto che «*L'ufficio che procede alla determinazione sintetica del reddito complessivo ha* ***l'obbligo di invitare il contribuente a comparire*** *di persona o per mezzo di rappresentanti per fornire dati e notizie rilevanti ai fini dell'accertamento e,* ***successivamente, di avviare il procedimento di accertamento con adesione*** *ai sensi dell'articolo 5 del decreto legislativo 19 giugno 1997, n. 218*».

La previsione in esame stabilisce, in capo all'ufficio che sta procedendo con un accertamento sintetico fondato sulla spesa, **l'obbligo di instaurare il contraddittorio** con il contribuente. Anzi, può dirsi che la norma prevede letteralmente un duplice obbligo di contraddittorio, il primo da assolvere nel corso di svolgimento della modalità accertativa, ed un secondo da attuare dopo che l'ufficio ha ultimato le sue valutazioni, nei termini di un invito ad avviare la procedura di accertamento con adesione (su tale procedura si rinvia *infra* al cap. 24, par. 4 e 5).

l'obbligo rinforzato di contraddittorio procedimentale

Ferma l'invalidità dell'accertamento sintetico nel caso in cui l'«obbligo di contraddittorio» non risulti assolto dall'ufficio nei modi previsti dalla legge, può dirsi che la norma di cui al comma 7 assume un significato ulteriore rispetto a tale specifico profilo di legittimità. **L'obbligo di contradditorio** nell'accertamento sintetico fondato sulle spese, **funge da imprescindibile requisito di ragionevolezza della determinazione sintetica ivi disciplinata,** sia per l'ipotesi di cui al comma 4, sia per la variante «redditometrica» di cui al comma 5.

Entrambe le tipologie, infatti, considerando il carattere poco «stringente» della premessa generale utilizzata in premessa, sono da considerare in sé prive di concreto rigore probatorio.

Quanto appena affermato, incide anche sulla natura delle presunzioni che è ravvisabile in tale tipologia di accertamento.

Ad una prima lettura del testo della legge, commi 4 e 5, potrebbe desumersi che l'accertamento sintetico fondato sulla spesa si possa fondare su **presunzioni legali relative** (la normativa infatti contiene espressioni che richiamano la possibilità del contribuente di fornire

presunzioni semplici e non legali

 ISBN 978-88-495-4378-0

la prova contraria, con una terminologia sovente associata all'esistenza di presunzioni legali relative).

Ma così non è. In virtù di **consolidato e condivisibile orientamento della giurisprudenza**, infatti, coerentemente con quanto descritto, l'accertamento sintetico fondato sulla spesa, anche se di tipo redditometrico, **è da ritenersi fondato su presunzioni semplici**, le quali, tuttavia, possono assumere le caratteristiche di gravità, precisione e concordanza solo **nell'ambito del contraddittorio con il contribuente** (Corte di cass., sent. n. 23554 del 20 dicembre 2012; n. 13289 del 17 giugno 2011).

La fase del contraddittorio procedimentale assume dunque un ruolo fondamentale nella procedura in esame: da un lato per stabilire una concreta e stringente correlazione tra spesa sostenuta ed effettiva situazione reddituale del contribuente, conformemente al rigore richiesto ad una prova per presunzioni semplici; dall'altro, per consentire al medesimo contribuente di addurre tutti gli elementi che, al contrario, possono far venir meno il nesso tra spesa sostenuta e reddito sinteticamente accertabile (ad es. facendo riferimento al reddito dei familiari conviventi, al risparmio accumulato in anni precedenti, a prestiti ovvero a donazioni ricevuti, ecc.).

peculiarità delle spese per incrementi patrimoniali

Nell'ambito del medesimo contraddittorio procedimentale deve infine essere anche adeguatamente valorizzata la peculiarità delle **spese per incrementi patrimoniali** (es. spese per acquisto di abitazioni, di quote societarie, ecc.), laddove il finanziamento di tali spese, in sé relativamente ingenti, è sovente fisiologicamente sostenuto, per un verso, attraverso la sottoscrizione di prestiti (es. mutui bancari), per altro verso, attingendo a risparmi personali o familiari (ad es. con l' «aiuto» dei genitori); è evidente che un'adeguata e documentata dimostrazione di tali profili, in contraddittorio con l'ufficio, può consentire di superare, in concreto, le risultanze rinvenibili da una determinazione di tipo sintetico.

Tra l'altro, trattandosi di presunzioni semplici, tutti gli elementi probatori relativi ad un accertamento sintetico fondato sulle spese, sia per le spese non predeterminate (art. 38, comma 4) che per quelle predeterminate nel redditometro (art. 38, comma 5), sono da ritenere interamente sottoponibili al libero apprezzamento del giudice (tributario), *ex* art. 116 c.p.c.

Alla stregua di quanto detto in tema di rilevanza e valutazione degli oneri probatori dell'accertamento sintetico fondato sulla spesa, può ritenersi che tale accertamento, applicato correttamente in ossequio

ISBN 978-88-495-4378-0

all'orientamento della giurisprudenza, è conforme al principio generale che richiede di fondare gli accertamenti tributari su di una **«prova rigorosa»,** sia essa documentale o presuntiva.

Inteso nei termini descritti, l'accertamento sintetico fondato sulle spese si reputa dunque tipologia particolare effettivamente riconducibile alle modalità «ordinarie» di accertamento e prova del fatto imponibile, come classificate in termini generali nel presente lavoro (cfr. retro cap. 19, par. 1), rendendo altresì sistematicamente coerente l'assunto contenuto nel comma 4 dell'art. 38, ove è stabilito che l'ufficio può «*...sempre determinare sinteticamente il reddito complessivo*».

Anche in tale ipotesi, infine, come precisato *retro* nel presente paragrafo, il procedimento motivazionale e probatorio dell'atto di accertamento dovrà avvenire coerentemente con la metodica di tipo sintetico utilizzata; per cui, sia nella variante che considera presunzioni semplici derivanti da spese non tipizzate, sia nell'altra di tipo redditometrico, l'accertamento dovrà presentare una motivazione (ed una prova) coerentemente rivolta ad una preliminare valutazione dei singoli elementi di spesa, per poi accedere ad una determinazione unitaria del tributo «in termini sintetico-globali» (cfr. anche cap. 19, par. 3).

L'accertamento contabile di tipo analitico

3. ***Segue.*** **L'«accertamento contabile di tipo analitico» (e «analitico-presuntivo») nelle imposte sui redditi.** – Nell'art. 39 del d.P.R. n. 600/1973, sono disciplinati i contenuti delle procedure di accertamento dei redditi relativi a soggetti obbligati, dalle norme tributarie, alla tenuta di determinate scritture contabili (cfr. su tali aspetti *infra* cap. 11, par. 2).

In effetti, è bene chiarire preliminarmente che la terminologia di **«accertamento contabile»** deriva dalla circostanza che i contribuenti destinatari di tale tipologia accertativa sono obbligati appunto alla tenuta di scritture contabili, il cui esame rappresenta certamente un primario riferimento ai fini del controllo fiscale in questione; ciò premesso, è bene chiarire, tuttavia, che l' «accertamento contabile» non va affatto inteso quale modalità di accertamento «giuridicamente vincolata» all'utilizzo di determinate regole tecniche (di tipo «ragionieristico/contabile»); pure nell'accertamento contabile, infatti, l'obiettivo dell'accertamento fiscale rimane il medesimo e, cioè, **riscontrare l'esatto adempimento degli obblighi previsti dalla normativa tributaria e non il rispetto delle regole contabili, in sé considerate.**

Quanto detto è espressamente ricavabile nella disciplina di cui all'art. 39, comma 1, lett. b), che indica, con espressione esemplifica-

 ISBN 978-88-495-4378-0

tiva, che la rettifica può avere luogo in ogni caso in cui si rilevi la non corretta applicazione della disciplina in tema di redditi d'impresa, e cioè «*se non sono state esattamente applicate le disposizioni del titolo I, capo VI, del testo unico delle imposte sui redditi, di cui al decreto del Presidente della Repubblica 22 dicembre 1986, n. 917 e successive modificazioni*».

Va altresì precisato che, in coerenza con la tipologia di soggetti ed attività destinatari di obblighi contabili (imprese e lavoratori autonomi), l'accertamento contabile dell'amministrazione di cui all'art. 39, comma 1, prende essenzialmente le mosse dalle attività istruttorie di accesso, ispezione e verifica espletate nei confronti di tali soggetti.

In particolare, l'art. 39, comma 1, al di là della previsione già ricordata di cui alla lettera b), contiene espressioni altrettanto esemplificative sulla tipologia di riscontri **probatori** utilizzabili nell'accertamento contabile di tipo analitico:

– elementi probatori direttamente rilevabili dall'esame di dichiarazione tributaria e scritture contabili: «*se gli elementi indicati nella dichiarazione non corrispondono a quelli del bilancio, del conto dei profitti e delle perdite e dell'eventuale prospetto di cui al comma 1 dell'articolo 3*» (comma 1, lett. a, laddove cioè si rilevi una discordanza tra la dichiarazione tributaria e le risultanze del bilancio e delle altre scritture contabili);

– ovvero prove acquisite «***...in modo certo e diretto...***» in esito alle attività istruttorie svolte nei confronti sia del contribuente che nei confronti di terzi, sia mediante richieste e questionari (comma 1, lett. c), sia mediante accessi, ispezioni e verifiche (comma 1, lett. d);

– elementi **probatori fondati su presunzioni semplici:** nell'ultimo periodo del comma 1 lett. d), è espressamente chiarito che «*L'esistenza di attività non dichiarate o la inesistenza di passività dichiarate è desumibile anche sulla base di presunzioni semplici, purché queste siano gravi, precise e concordanti*».

Come già chiarito per l'analoga ipotesi di accertamento analitico disciplinata nell'art. 38, anche l'accertamento contabile di tipo analitico può contenere, nell'ambito del medesimo atto di accertamento, sia determinazioni fondate su dati certi e diretti (**c.d. accertamento contabile di tipo analitico**), sia determinazioni fondate su presunzioni semplici (**c.d. accertamento contabile di tipo analitico-presuntivo o analitico-induttivo),** purché tutte le singole contestazioni conducano coerentemente, sul piano motivazionale e probatorio, **ad una «rigorosa» determinazione del tributo «in termini analitico-specifici».**

e l'accertamento contabile di tipo analitico-induttivo

ISBN 978-88-495-4378-0

Questa tipologia particolare di accertamento è disciplinata in termini sostanzialmente analoghi anche per Iva e Irap.

4. Tipologie particolari di accertamento caratterizzate da modalità «non ordinaria» di accertamento e prova del fatto imponibile. L'accertamento d'ufficio. – Si è già affermata in precedenza (cfr. *retro*, cap. 19, par. 1) l'esigenza generale di fondare l'accertamento tributario su prove rigorose, nonché pienamente valutabili dal giudice secondo il suo prudente apprezzamento.

A tale principio sono puntualmente conformate le tipologie particolari di accertamento sinora esaminate, le quali, ferme le previsioni normative che regolano ciascuna di esse, possono quindi considerarsi espressione di poteri di controllo peculiari all'ambito tributario ma, purtuttavia, esercitati con modalità conformi ai principi normalmente vigenti dell'ordinamento generale.

La normativa tributaria prevede però anche ipotesi particolari di accertamento che derogano in modo più o meno intenso ai descritti principi generali, in presenza di specifiche finalità e circostanze.

In ragione della deroga che essi esprimono ai principi normalmente vigenti nell'ordinamento generale e di rilevanza costituzionale, come già detto, tali modalità accertative non sono applicabili in modo generalizzato, ma solo nei limiti **tassativamente** previsti dalla normativa tributaria.

Quale prima tipologia particolare di accertamento caratterizzato da modalità «non ordinaria» di accertamento e prova del fatto imponibile può essere ricordato **l'accertamento d'ufficio** nelle imposte sui redditi, la cui normativa è stata già esaminata per descrivere la tipologia generale di accertamento (cfr. retro cap. 14, par. 2).

L'accertamento d'ufficio...

L'accertamento d'ufficio, cioè, esprime sia una tipologia generale di accertamento (così definibile per la generalità degli accertamenti emanati in caso di omessa dichiarazione), sia una tipologia particolare riscontrabile in determinate disposizioni normative.

Ai sensi dell'art. 41, comma 1, del d.P.R. n. 600 del 1973, nell'ipotesi **tassativa** di **omessa presentazione della dichiarazione** (alla quale è assimilabile la presentazione di dichiarazione nulla ovvero con ritardo superiore a novanta giorni), è applicabile, *ex lege*, la specifica tipologia di accertamento d'ufficio ivi prevista.

per i «soli» casi di omessa dichiarazione

La circostanza che l'accertamento d'ufficio sia applicabile «solo» in caso di omessa dichiarazione, esprimendo in sé tale circostanza un ostacolo al normale esercizio del potere di controllo dell'am-

 ISBN 978-88-495-4378-0

ministrazione, rende ragionevole la compressione dei principi generali in tema di rigoroso accertamento (e prova) del fatto imponibile.

Quando è applicato l'accertamento d'ufficio, la normativa attribuisce, automaticamente, la possibilità di utilizzare i metodi analitici e sintetici di accertamento con una maggiore libertà istruttoria dell'ufficio ed una prova meno rigorosa.

Ed infatti la norma chiarisce che, ove sia omessa la dichiarazione (ovvero sia nulla o «ultratardiva»), l'ufficio determina il reddito «*...sulla base dei dati e delle notizie comunque raccolti o venuti a sua conoscenza, con facoltà di avvalersi anche di presunzioni prive dei requisiti di*» di gravità, precisione e concordanza, e «*...di prescindere in tutto o in parte dalle risultanze della dichiarazione, se presentata, e dalle eventuali scritture contabili del contribuente ancorché regolarmente tenute*».

Con tale accertamento, dunque, pur assumendo rilievo le consuete metodiche di tipo analitico o sintetico, ne è prevista un'applicazione peculiare e più favorevole all'organo accertatore, che implica un alleggerimento delle regole di acquisizione istruttoria, nonché la validità di una prova meno rigorosa, con particolare riguardo alla possibilità che l'ufficio si avvalga di presunzioni prive dei requisiti di gravità, precisione e concordanza.

A ciò si aggiunga che nell'ipotesi di accertamento d'ufficio in cui sia applicato il metodo sintetico «non» sono deducibili gli oneri di cui all'art. 10 d.P.R. n. 917/1986 (art. 41, comma 2), diversamente dalla tipologia particolare di accertamento sintetico fondato sulle spese previsto dall'art. 38 (cfr. *retro* par. 2).

È opportuno ribadire, conclusivamente, che il rigore attenuato della prova del fatto imponibile non può mai spingersi, in ogni caso, sino a ritenere valido un accertamento d'ufficio del tutto privo di prove ovvero sostanzialmente irragionevole e arbitrario; simili ipotesi, infatti, sono sempre da ritenere illegittime in quanto incompatibili con il principio di capacità contributiva.

L'accertamento extracontabile (o induttivo «puro»)

5. ***Segue.*** **L'accertamento extracontabile del reddito d'impresa.** – Alle modalità «non ordinarie» di accertamento e prova del fatto imponibile è riconducibile anche la specifica tipologia accertativa disciplinata nell'art. 39, comma 2, d.P.R. n. 600/1973, prevista per i redditi d'impresa (e di lavoro autonomo) (c.d. **accertamento extracontabile o induttivo «puro»**).

ISBN 978-88-495-4378-0

Dopo aver espressamente chiarito la portata «derogatoria» della tipologia di accertamento in questione, la normativa indica coerentemente le circostanze **«tassative»** nelle quali l'accertamento extracontabile è applicabile:

le circostanze «tassative» di applicazione

– nel caso di **omessa dichiarazione** del reddito d'impresa (o di lavoro autonomo);

– quando il contribuente **non ha tenuto o ha sottratto** all'ispezione una o più **scritture obbligatorie** ovvero esse non sono disponibili per causa di forza maggiore;

– quando le scritture contabili sono caratterizzate da **omissioni, falsità e inesattezze** ovvero da **irregolarità formali, gravi e ripetute,** tali da rendere **le scritture contabili** complessivamente **inattendibili.**

– quando il contribuente **non ha dato seguito agli inviti** a trasmettere atti e documenti disposti dall'ufficio nell'ambito dei propri poteri istruttori ovvero non ha **risposto a questionari** similmente formulati dall'ufficio al contribuente;

In presenza anche di una sola delle situazioni descritte, che l'ufficio ha l'onere di dimostrare preliminarmente, il medesimo organo accertatore **«può»** utilizzare l'accertamento extracontabile; quindi, anche in presenza delle circostanze indicate, la tipologia accertativa extracontabile è applicabile solo ove espressamente scelta dall'ufficio (in tal senso, Corte di cass., sent. n. 16979 del 2015).

L'accertamento extracontabile, ove l'ufficio decida di utilizzarlo, consente:

– di determinare il reddito d'impresa (o di lavoro autonomo) con una **ampia libertà di acquisizione di informazioni e prove** («...*sulla base dei dati e delle notizie comunque raccolti o venuti a sua conoscenza...*»);

libertà di acquisizione istruttoria per l'ufficio...

– di **prescindere in tutto o in parte dalle risultanze del bilancio e dalle scritture contabili** in quanto esistenti;

– di avvalersi anche di presunzioni **prive dei requisiti di gravità, precisione e concordanza.**

e possibilità di utilizzare presunzioni semplicissime

Le circostanze che consentono l'utilizzo di tale tipologia, espressive di un ostacolo al potere di controllo, rendono ragionevole la deroga alla regola di una prova rigorosa del fatto imponibile, purché limitata ai casi «tassativamente previsti».

La concreta applicazione dell'accertamento extracontabile, dunque, implica in capo all'ufficio una prova preliminare che ne condiziona il legittimo utilizzo (la sussistenza di almeno una delle circostanze tassativamente indicate), superata la quale consente un'ampia libertà

 ISBN 978-88-495-4378-0

di acquisizione istruttoria e, soprattutto, una prova «meno rigorosa» delle violazioni tributarie contestate .

In particolare, è molto frequente in questa tipologia di accertamento l'utilizzo di medie di settore, dati statistici ed altri indici di normalità, da cui desumere motivazione e prova del fatto imponibile senza i vincoli stringenti previsti per l'accertamento contabile «ordinario».

Come già detto per l'accertamento d'ufficio, infine, è opportuno anche in questo caso ricordare che il rigore attenuato della prova del fatto imponibile non può mai spingersi sino a ritenere valido un accertamento fiscale, anche se induttivo «puro», del tutto privo di concreti riscontri probatori ovvero sostanzialmente irragionevole e arbitrario (su tali profili, cfr. condivisibilmente Cass. Sez. Tributaria n. 19602 del 2015).

La tipologia particolare di accertamento extracontabile è disciplinata in termini sostanzialmente analoghi anche per Iva e Irap.

L'accertamento fondato su indagini finanziarie

6. *Segue*. Gli accertamenti che utilizzano «presunzioni legali relative»: l'accertamento fondato su «dati finanziari». – Come già detto, alle modalità «non ordinarie» di accertamento vanno altresì ricondotte tutte le ipotesi in cui la norma consente la determinazione del tributo in base a presunzioni legali relative. Tali ipotesi non sono ravvisabili unicamente nelle imposte sui redditi (es. art. 32 d.P.R. n. 600/1973) e nell'Iva (es. art. 51 d.P.R. n. 633/1972), ma anche in altri tributi (ad es. imposte indirette sui trasferimenti – art. 24 d.P.R. n. 131/1986 per l'imposta di registro), sia pure specificamente circoscritte e disciplinate.

Si è già detto a proposito delle **indagini finanziarie** (cfr. retro cap. 13, par. 6), che quando sono stabilite presunzioni legali (relative) il ragionamento inferenziale che conduce dal fatto noto (ad es. entrata finanziaria) all'accertamento del fatto ignoto (ad es. reddito evaso) è operato direttamente dalla norma, come tale vincolante (anche per il giudice), fatta salva la possibilità per il contribuente di fornire la prova contraria.

presunzione legale relativa e tassatività

La **presunzione legale relativa**, rimettendo *ex lege* l'onere di prova contraria in capo al contribuente, costituisce dunque una deroga alla regola dell'onere della prova sancita dall'art. 2697 c.c. che, con valenza di principio generale, impone normalmente a ciascuno di dimostrare i fatti che costituiscono il fondamento della propria pretesa.

Il modo in cui opera la presunzione legale, inoltre, determina una

ISBN 978-88-495-4378-0

limitazione al potere del giudice di valutare le prove così come sancito dall'art. 116 c.p.c., il cui principio generale è pacificamente applicabile anche in ambito tributario.

Per tali ragioni, le tipologie particolari di accertamento in cui la normativa consente all'ufficio di provare il fatto imponibile in base a presunzioni legali relative, come già accennato in precedenza, vanno considerate modalità «non ordinarie» di accertamento, sistematicamente accettabili solo se circoscritte a situazioni particolari, ed essenzialmente quando è oggettivamente sussistente una situazione di **svantaggio probatorio** per l'amministrazione finanziaria, rilevante quale ostacolo al potere di controllo.

Tale conclusione implica, altresì, che l'accertamento tributario fondato su dati finanziari è applicabile solo nei casi e nei modi **tassativamente** previsti dalla norma tributaria.

 ISBN 978-88-495-4378-0

Capitolo 21

Poteri di controllo fiscale e irrogazione delle sanzioni amministrative tributarie

1. Le sanzioni amministrative tributarie: finalità, modello concettuale e riferimenti costituzionali. – L'efficienza di un sistema tributario fondato sull'autoliquidazione è legato a molteplici e complessi fattori: sul piano meramente descrittivo, può dirsi che essa dipende, in primo luogo, dal radicamento di un' **«etica fiscale»** nei consociati, rispetto al dovere solidaristico di concorrere alle spese pubbliche.

È altresì innegabile, peraltro, che l'incertezza applicativa della legislazione tributaria, il livello eccessivo dell'imposizione e la scarsa qualità dei servizi pubblici erogati a favore dei consociati possono, tra l'altro, incidere negativamente sull'adempimento spontaneo degli obblighi tributari da parte dei soggetti passivi.

Al di là di ogni ulteriore considerazione su tali aspetti, è noto che l'adempimento spontaneo dei tributi è abitualmente «incoraggiato» mediante la previsione di molteplici e gravose misure che «sanzionano», sia sul piano amministrativo che penale, l'inadempimento degli obblighi fiscali.

 ISBN 978-88-495-4378-0

Le sanzioni amministrative tributarie

In merito alle sanzioni amministrative, la disciplina vigente è recata dai decreti legislativi n. 471, 472 e 473 del 1997, espressione all'epoca di un'importante revisione del sistema sanzionatorio tributario.

modello afflittivo e personalistico

Evitando di entrare nel dettaglio delle ragioni della riforma e delle caratteristiche del sistema previgente, pare indubitabile che la nozione attuale di **sanzione amministrativa tributaria** privilegia un **modello afflittivo e personalistico**, sostanzialmente riconducibile ad un'impostazione sanzionatoria **di tipo penalistico.**

Fatte tali brevissime premesse sulle finalità generali delle sanzioni tributarie e sul modello concettuale oggi vigente, prima ancora di esaminare la disciplina legislativa già richiamata, è utile stabilire a quali disposizioni costituzionali vada riferita la normativa delle sanzioni amministrative tributarie.

A tal proposito, vi è chi sostiene la riconducibilità delle misure sanzionatorie tributarie nell'ambito della più ampia categoria delle «prestazioni patrimoniali imposte» individuata dall'art. 23 Cost. e, quindi, nell'ambito della riserva relativa di legge ivi recata e già oggetto di specifica disamina nel presente manuale (cfr. *retro* cap. 4).

La riserva assoluta di legge

Sul punto, peraltro, anche in ragioni delle brevissime considerazioni tratte in via preliminare sulla tipologia di modello sanzionatorio oggi vigente, indubbiamente ispirato in senso penalistico, si reputa invece preferibile ricondurre le sanzioni amministrative tributarie all'interno della previsione contenuta nell'art. 25 Cost. che, nell'ambito di una **riserva assoluta di legge**, vieta l'irrogazione di sanzioni (penali) «*...se non in forza di una legge che sia entrata in vigore prima del fatto commesso*».

Al di là della riferibilità delle sanzioni tributarie all'art. 25 piuttosto che all'art. 23 della Costituzione, non si dubita in ogni caso che per stabilire una sanzione amministrativa tributaria è necessaria una **fonte legislativa**.

2. Nozione ed elemento oggettivo dell'illecito tributario: la violazione di norme tributarie. Cenni al contenuto pecuniario della sanzione amministrativa tributaria ed ai principi di personalità e legalità. – La disciplina sui principi generali delle sanzioni amministrative in materia tributaria è espressamente contenuta nel decreto legislativo n. 472 del 1997 (cfr. art. 1 d.lgs. n. 472/1997), la cui disamina assume pertanto un ruolo sistematicamente prevalente rispetto alle norme sulle singole ipotesi sanzionatorie (essenzialmente contenuta nei decreti legislativi n. 471 e 473).

ISBN 978-88-495-4378-0

L'art. 2 del decreto n. 472, in via assolutamente preliminare, chiarisce che la sanzione amministrativa tributaria:

– è prevista in ragione della **violazione** di norme tributarie, accadimento quest'ultimo che esprime l'**elemento oggettivo** dell'illecito tributario; il venir in essere dell'elemento oggettivo, unitamente alla sussistenza dell'**elemento soggettivo** (imputabilità e colpevolezza, per la cui disamina si rinvia *infra* ai successivi paragrafi), integra dunque la nozione compiuta di **illecito tributario**, come tale concretamente sanzionabile dall'ordinamento. Se dunque la violazione di una norma tributaria è situazione necessaria per integrare un illecito tributario, non tutte le violazioni di norme tributarie, come meglio si chiarirà in seguito, danno luogo ad illeciti tributari e cioè ad accadimenti sanzionabili.

Elemento oggettivo... e soggettivo dell'illecito tributario sanzionabile

– è una sanzione **di tipo pecuniario**, consistente nel pagamento di una **somma di denaro** [alla quale può essere eventualmente associata una sanzione accessoria, di tipo essenzialmente interdittivo (cfr. art. 21 d.lgs. n. 472/1997, che prevede, ad esempio, l'interdizione dall'incarico di amministratore, sindaco o revisore di società)];

Natura pecuniaria della sanzione

– è riferibile all'autore della violazione e cioè alla **persona** che ha commesso (o concorso a commettere) l'illecito; la natura personale della sanzione implica coerentemente, altresì, che l'obbligazione di pagamento da essa scaturente non è trasmissibile agli **eredi** del trasgressore (cfr. art. 8);

Principio di personalità: sanzione trib. non trasmissibile agli eredi...

– in quanto **afflittiva** e non risarcitoria, la somma irrogata a titolo di sanzione non è produttiva di **interessi**.

e non produttiva di interessi

Nell'art. 3 del medesimo decreto n. 472 è invece disciplinato il principio di **legalità** della sanzione.

Principio di legalità

Il comma 1 dispone testualmente: «*Nessuno può essere assoggettato a sanzioni se non in forza di una legge entrata in vigore prima della commissione della violazione*».

Il contenuto della disposizione richiama sostanzialmente la previsione di cui all'art. 25 Cost. e conferma un'impostazione in senso «penalistico» del vigente sistema sanzionatorio tributario.

L'irrogazione di una sanzione tributaria richiede dunque imprescindibilmente:

a) in primo luogo, un atto avente forza di legge che l'abbia già istituita, definendone puntualmente i profili applicativi (**legalità e tassatività** dell'illecito e della sanzione);

b) in secondo luogo, che la violazione della norma tributaria sanzionata come illecito tributario, sia concretamente avvenuta dopo che

 ISBN 978-88-495-4378-0

la norma istitutiva della medesima sanzione sia entrata in vigore [**legalità e divieto di retroattività** (***in peius***) della sanzione].

... e divieto (assoluto) di retroattività *in peius*

Vi è dunque un divieto di retroattività della norma sanzionatoria, da intendere tuttavia in termini «assoluti» solo ove l'applicazione retroattiva della norma sanzionatoria operi «in danno» del trasgressore.

Retroattività e *favor rei*

Ed infatti, ad ulteriore conferma di un modello di tipo penalistico, i successivi commi 2 e 3 stabiliscono altrettante ipotesi di retroattività della sanzione amministrativa tributaria, nel caso in cui l'applicazione di un «nuovo» regime sanzionatorio produce conseguenze «favorevoli» per il trasgressore (c.d. *favor rei*).

quando l'illecito viene meno

La **prima ipotesi** di retroattività «a favore» è prevista nel comma 2, ove è stabilito che: *Salvo diversa previsione di legge, nessuno può essere assoggettato a sanzioni per un fatto che, secondo una legge posteriore, non costituisce violazione punibile.*

In questo caso, un accadimento già previsto e sanzionato come illecito dalla legislazione tributaria vigente, diviene fiscalmente lecito in ragione dell'entrata in vigore di una nuova normativa sanzionatoria più favorevole.

Ove ricorra una simile circostanza, l'art. 2 stabilisce una retroattività delle nuove norme sanzionatorie «a favore» del trasgressore particolarmente estesa; è stabilito, infatti, che la sanzione non è più irrogabile agli illeciti già commessi nel vigore della precedente disciplina e non ancora sanzionati al momento di entrata in vigore della nuova legge; nonché, ove la sanzione sia invece già stata concretamente irrogata dall'ufficio in base alla normativa all'epoca vigente, la relativa obbligazione di pagamento si estingue, ovvero, se la somma è già stata **«provvisoriamente versata»** dal trasgressore, in esecuzione di procedimenti tributari pendenti (ad es. in seguito ad impugnativa innanzi al giudice tributario dell'atto di irrogazione della sanzione), essa andrà restituita dall'amministrazione (comma 2).

Unico limite al dispiegarsi del «*favor rei*», nel caso in questione, è rappresentato da un'eventuale sanzione non solo già irrogata ma anche **«definitivamente versata»** dal trasgressore, cioè pagata (in tutto o in parte) in base ad un **provvedimento** di irrogazione divenuto **definitivo** (sul concetto di definitività cfr. *retro* Cap. 16, par. 6); in tale specifica circostanza, infatti, si estinguerà solo l'eventuale «*debito residuo...*» non ancora pagato, ma non è invece ammessa la restituzione di quanto già versato (cfr. art. 3, comma 2, ult. per.).

e quando l'illecito riceve un trattamento più favorevole

La **seconda ipotesi** di retroattività «a favore» è invece disciplinata nel comma 3, ove è previsto che: «*Se la legge in vigore al momento*

ISBN 978-88-495-4378-0

in cui è stata commessa la violazione e le leggi posteriori stabiliscono sanzioni di entità diversa, si applica la legge più favorevole, salvo che il provvedimento di irrogazione sia divenuto definitivo».

In questo caso, dunque, l'accadimento già previsto come illecito tributario rimane tale anche per le leggi posteriori, ma risulta tuttavia modificata l'entità della sanzione prevista.

In particolare, sempreché la sanzione successivamente stabilita risulti in concreto più favorevole della precedente, andrà applicata la nuova norma, con tutte le conseguenze già descritte in precedenza per il comma 2; sussistono peraltro alcune importanti differenze nella disciplina di cui al comma 3 rispetto a quella del comma 2:

– in primo luogo, è importante ricordare che, permanendo in tale ipotesi l'illiceità e la sanzionabilità della violazione, l'applicazione del *favor rei* disciplinato nel comma 3 tende a realizzare una **riduzione** piuttosto che **un'estinzione** dell'obbligazione di pagamento della sanzione;

– in secondo luogo, si rileva che ove il provvedimento di irrogazione sia già definitivo nel momento in cui entra in vigore la nuova legge, la «vecchia» sanzione rimane in ogni caso dovuta in base al regime all'epoca vigente, anche se risulti superiore a quella nuova nonché in tutto o in parte non ancora pagata dal trasgressore;

– in terzo luogo, va considerata la circostanza in cui la legge posteriore stabilisce una sanzione meno favorevole rispetto al regime previgente; per una tale eventualità la disposizione recata dal comma 3 conferma espressamente l'applicazione del regime più favorevole, in questo caso quello previgente, agli illeciti commessi prima dell'entrata in vigore della legge posteriore. Ad una simile conclusione, peraltro, che conferma la retroattività della disciplina sanzionatoria solo nel caso in cui risulti «a favore» del trasgressore, si giunge anche in ragione di quanto già enunciato dal comma 1 del medesimo art. 3, nonché in virtù della fondamentale previsione contenuta nell'art. 25 Cost.

Elemento soggettivo dell'illecito tributario

3. Elemento soggettivo dell'illecito tributario: imputabilità e colpevolezza. – Si è già detto che la nozione di illecito tributario implica imprescindibilmente il venire in essere di un accadimento, qualificabile quale violazione di una norma tributaria (elemento oggettivo dell'illecito), a cui la legge ricollega una sanzione amministrazione tributaria.

Accanto al già descritto profilo oggettivo, affinché sia concretamente perfezionata la fattispecie dell'illecito tributario, è altresì ne-

 ISBN 978-88-495-4378-0

cessario, come già detto, verificare la sussistenza di un **elemento soggettivo** in capo al trasgressore.

L'elemento soggettivo dell'illecito tributario è integrato dall'**imputabilità** e, soprattutto, dalla **colpevolezza**.

L'art. 4 del d.lgs. n. 472/1997, rubricato «*Imputabilità*», dispone che «*Non può essere assoggettato a sanzione chi, al momento in cui ha commesso il fatto, non aveva, in base ai criteri indicati nel codice penale, la capacità di intendere e di volere*».

Imputabilità

L'**imputabilità** ai fini della sanzione tributaria, dunque, si traduce nella **capacità di intendere e di volere** in senso penalistico. Rinviando alla nozione penale di imputabilità ogni ulteriore approfondimento su tale aspetto, va detto, peraltro, che un tale profilo non assume particolare rilievo applicativo in ambito tributario.

Così non è per la colpevolezza, la cui disciplina è contenuta nel successivo art. 5, sulla cui sussistenza è invece decisivamente incentrata la valutazione del profilo soggettivo dell'illecito tributario.

Colpevolezza

La **colpevolezza** è intesa essenzialmente quale **dolo** o **colpa**, nel senso che la violazione (della norma tributaria), già prevista nella legge quale elemento oggettivo dell'illecito tributario, è concretamente sanzionabile solo ove sia commessa dal trasgressore con dolo o colpa (elemento soggettivo dell'illecito).

Il dolo

Il **dolo** implica la condotta colpevole più grave, ed è ravvisabile quando la violazione è attuata con modalità chiaramente e **intenzionalmente** rivolte **ad ostacolare** la ricostruzione del tributo e la correlata attività di controllo dell'Amministrazione (art. 5, comma 4).

e la colpa (grave e lieve)

La **colpa** è invece intesa essenzialmente quale **condotta negligente**.

In particolare, è definita **colpa grave** l'ipotesi in cui la violazione della norma tributaria è concretamente caratterizzata da una negligenza evidentissima e macroscopica (art. 5, comma 3).

Al di là di tale ristretta accezione, si riconducono invece alla **colpa lieve** tutte le residue ipotesi in cui la violazione della norma tributaria è realizzata con una condotta negligente.

La contestazione di una violazione tributaria quale illecito doloso o gravemente colpevole, piuttosto che caratterizzato da colpa lieve, oltre ad incidere sulla misura della sanzione irrogabile tra il minimo ed il massimo previsto dalla legge, assume grande rilievo sul piano della **motivazione** dell'atto di irrogazione della sanzione.

Onere di motivazione specifica di dolo e colpa grave

Se l'ufficio contesta infatti la violazione in quanto commessa con **dolo o colpa grave**, ha l'onere di **motivare (e provare) specificamente** la sussistenza di tale profilo soggettivo, a pena di invalidità

ISBN 978-88-495-4378-0

dell'atto di irrogazione della sanzione. Diversamente, se la violazione è contestata semplicemente per colpa lieve, la motivazione concernente la sussistenza dell'elemento oggettivo dell'illecito (violazione della norma tributaria), è sufficiente per presumere anche la sussistenza dell'elemento soggettivo in capo al trasgressore, nei termini appunto della colpa lieve.

In concreto, dunque, la motivazione dell'atto di imposizione, che implica l'indicazione delle ragioni e degli elementi per cui è contestata una pretesa tributaria dovuta e non assolta, è idonea a supportare in sé sia l'elemento oggettivo dell'illecito (violazione della norma tributaria), sia quello soggettivo (colpa lieve).

Nel caso in cui l'ufficio intenda invece contestare la violazione della norma tributaria a titolo di dolo o colpa grave, come già detto, occorrerà che il medesimo ufficio indichi gli ulteriori e specifici motivi (e le relative prove), in merito alla sussistenza dei più gravi profili soggettivi dell'illecito.

4. ***Segue*****. Ipotesi che fanno venir meno l'elemento soggettivo dell'illecito tributario: le cause di non punibilità.** – La disciplina generale sulle sanzioni tributarie (cfr. art. 6, d.lgs. n. 472/1997) prevede espressamente alcune cause di esclusione della punibilità, implicanti la non sussistenza dell'elemento soggettivo dell'illecito tributario. Le cause di non punibilità:

Le circostanze che escludono la punibilità degli illeciti tributari sono: l'errore sul fatto; la sussistenza di una condizione di obiettiva incertezza; il mancato pagamento del tributo per fatto esclusivamente addebitabile a terzi; l'ignoranza inevitabile della legge; la forza maggiore; la non offensività della violazione.

In primo luogo va chiarito che, mentre incombe sull'ufficio l'onere di motivare e provare la sussistenza dell'illecito tributario, primariamente sul piano dell'elemento oggettivo, una volta che tale onere è assolto, è il contribuente a dover addurre e provare la sussistenza di una eventuale causa di esclusione della punibilità, al fine di evitare la conseguente irrogazione della sanzione.

Ciò premesso, **l'errore sul fatto**, da intendere quale errore sul fatto costitutivo dell'illecito tributario, è in concreto essenzialmente riconducibile alle ipotesi di violazioni dipendenti da stime, ovvero dalla corretta applicazione dei principi contabili, in concreto configgenti con l'applicazione della normativa tributaria. errore sul fatto

Nel primo caso la norma reputa in ogni caso non punibili le violazioni dipendenti da valutazioni estimative che differiscono da quelle

 ISBN 978-88-495-4378-0

successivamente accertate dall'ufficio in misura non eccedente il cinque per cento.

Nel secondo caso, occorre dire che non è abitualmente ritenuta sufficiente una mera divergenza tra i risultati derivanti dal criterio contabile, pur se correttamente utilizzato, e la previsione tributaria; assume rilievo, piuttosto, l'ulteriore dimostrazione che una tale divergenza ha in concreto indotto il contribuente in errore sul fatto costitutivo dell'illecito tributario; così intesa, tuttavia, la causa di esclusione in questione non presenta significativi spazi di autonomia applicativa, finendo col ricadere nell'ambito della distinta previsione concernente la sussistenza di una obiettiva condizione di incertezza.

obiettiva incertezza

La sussistenza di una condizione di **obiettiva incertezza,** «*...sulla portata e sull'ambito di applicazione delle disposizioni...*» tributarie, rappresenta indubbiamente una delle cause di esclusione della punibilità più rilevanti sul piano applicativo.

La non punibilità, ove ricorra una tale situazione, oltre ad essere sancita nell'art. 6, comma 2, del d.lgs. n 472/1997, è in effetti ribadita sia nell'art. 10, comma 3 della l. n. 212/2000 (Statuto dei diritti dei contribuenti), sia nell'art. 8, d.lgs. n. 546/1992 (Disposizioni sul processo tributario).

Si tratta, dunque, di un'incertezza concernente l'interpretazione di una norma tributaria ad un caso concreto, tale però da presentarsi in **termini obiettivi**, come tale effettivamente idonea ad escludere colpevolezza (e sanzionabilità) in capo al trasgressore.

La giurisprudenza ha chiarito che una tale condizione, che è sempre onere del trasgressore eccepire e dimostrare, va verificata in modo rigoroso. A titolo esemplificativo, una situazione di oggettiva incertezza può essere determinata dalla sussistenza di orientamenti ufficiali divergenti, dovuta essenzialmente a difformi interpretazioni giurisprudenziali o amministrative della medesima norma, ovvero quando l'applicazione di una norma tributaria richiede, in concreto, la multipla conoscenza di norme e principi diversi – es. tributari, civilistici e contabili – tra l'altro a loro volta oggetto di contingenti modifiche e variazioni, che hanno reso in concreto obiettivamente incerto il significato della norma tributaria legato a tali sottostanti concetti (in proposito, Corte di cass., sent. n. 24670 del 28 novembre 2007).

La condizione della obiettiva incertezza, comunque, è da tenere concettualmente distinta dalle ipotesi in cui la non punibilità del contribuente dipende dalla necessità di tutelarne l'affidamento (v. articoli

ISBN 978-88-495-4378-0

10 e 11, l. n. 212/2000), così come in concreto derivante da atti di interpretazione dell'Amministrazione finanziaria (cfr. cap. 10).

In merito alla causa di non punibilità derivante dalla circostanza che il mancato pagamento del tributo è dipeso da fatto **esclusivamente addebitabile a terzi**, va detto che la norma circoscrive espressamente l'esimente in questione all'avvenuta denuncia di tale fatto all'autorità giudiziaria.

mancato pagamento del tributo per fatto esclusivamente addebitabile a terzi

In merito ai concetti di **ignoranza inevitabile della legge** e causa di **forza maggiore**, può essere invece affermato che trattasi di esimenti, da un lato già conosciute nel diritto comune, dall'altro di ridotta applicazione pratica in ambito tributario.

ignoranza inevitabile della legge; forza maggiore

In particolare, l'ipotesi dell'ignoranza inevitabile può definirsi quasi «scolastica», mentre la causa di forza maggiore assume rilievo in modo estremamente rigoroso e limitato, non essendo abitualmente ravvisabile in una mera e contingente «incapacità economica» di pagare i tributi dovuti per legge.

La **non offensività** della violazione, infine, richiamata anche nell'art. 10, comma 3, l. n. 212/2000, esclude la punibilità quando ricorrono due condizioni: (1) si è in presenza di violazione meramente formale, che non incide cioè sulla determinazione né tantomeno sul versamento del debito tributario dovuto; (2) occorre altresì che la medesima violazione (formale) non arrechi pregiudizio all'esercizio del potere di controllo in ambito tributario.

non offensività della violazione

5. Criteri di determinazione della sanzione: cumulo materiale e cumulo giuridico in caso di violazioni plurime. – L'art. 7 d.lgs. n. 472/1997 stabilisce che «*Nella determinazione della sanzione si ha riguardo alla gravità della violazione desunta anche dalla condotta dell'agente, all'opera da lui svolta per l'eliminazione o l'attenuazione delle conseguenze, nonché alla sua personalità e alle condizioni economiche e sociali*».

Pluralità di violazioni

Tale norma, pur rappresentando il naturale riflesso del carattere personale della sanzione amministrativa tributaria, non assume particolare rilievo pratico nella concreta determinazione della sanzione.

In particolare, una tale previsione non aggiunge molto a quanto già sinora detto sul piano della colpevolezza, nel senso che la contestazione di una condotta dolosa o di colpa grave, certamente più impegnativa per l'ufficio sul piano motivazionale e probatorio, è coerente con un'irrogazione della sanzione in misura superiore al minimo edittale.

 ISBN 978-88-495-4378-0

Diversamente, nel caso di colpa lieve, la determinazione della sanzione dovrebbe ragionevolmente attestarsi in misura pari al minimo edittale.

In termini altrettanto vaghi, l'art. 7, comma 4, stabilisce un'ipotesi di riduzione sino alla metà del minimo edittale previsto per legge, «*qualora concorrano circostanze che rendono manifesta la sproporzione tra l'entità del tributo cui la violazione si riferisce e la sanzione*».

È invece estremamente importante, sul piano applicativo, distinguere l'ipotesi in cui è contestata una singola violazione, rispetto a quella in cui vengono contestate **plurime violazioni tributarie**; ipotesi, quest'ultima, assolutamente fisiologica e frequente nella dinamica concreta dei poteri di controllo.

Nel caso di contestazione di plurime violazioni tributarie, in sede di irrogazione delle sanzioni sono alternativamente applicabili due criteri: il c.d. **cumulo materiale** ovvero il c.d. **cumulo giuridico** (delle sanzioni).

il cumulo materiale

La prima ipotesi consiste semplicemente nella **«sommatoria»** di tutte le sanzioni singolarmente previste per ciascuna violazione.

ed il cumulo giuridico

Diversamente, nelle ipotesi in cui la legge prevede il cumulo giuridico, pur ricorrendo plurime violazioni, si ha l'applicazione di **un'unica sanzione**, quella appunto prevista per la violazione più grave, alla quale vanno applicati gli aumenti stabiliti di volta in volta per legge.

L'applicazione del cumulo materiale ovvero del cumulo giuridico non implica alcun margine di apprezzamento in capo all'ufficio, ma unicamente la corretta applicazione della legge.

La scelta tra l'uno e l'altro criterio, infatti, è rigidamente vincolata al rispetto del ***favor rei***; in tal senso, tra i due metodi di determinazione delle sanzioni «andrà» sempre applicato quello che, in concreto, conduce ad un risultato più favorevole per il trasgressore (cfr. art. 12, comma 7, d.lgs. n. 472/1997).

Ipotesi di applicazione del cumulo giuridico:

6. *Segue.* Le ipotesi concrete di applicazione del cumulo giuridico: concorso, progressione e continuazione di illeciti tributari. – La normativa tributaria prevede l'applicazione del cumulo giuridico, sempreché ovviamente il risultato sia più favorevole rispetto all'applicazione del cumulo materiale, nelle seguenti ipotesi:

concorso di illeciti tributari

– il **concorso formale** di illeciti tributari, (art. 12, comma 1) (quando il trasgressore «...***con una sola azione od omissione***, *viola diverse di-*

ISBN 978-88-495-4378-0

sposizioni anche relative a tributi diversi...», ovvero il **concorso materiale** se («...*commette, anche* ***con più azioni od omissioni****, diverse violazioni formali della medesima disposizione*»);

– la **progressione di illeciti tributari**, concernente «...*chi, anche in tempi diversi, commette più violazioni che, nella loro progressione, pregiudicano o tendono a pregiudicare la determinazione dell'imponibile ovvero la liquidazione anche periodica del tributo*» (art. 12, comma 2); la «progressione di illeciti tributari» considera dunque un nesso «finalistico» che lega tra loro diverse violazioni tributarie (ad es. violazione relativa alla mancata emissione e registrazione di fatture concernenti operazioni attive, seguita dalla violazione concernente la mancata dichiarazione dei corrispondenti ricavi nella dichiarazione tributaria); progressione

– **la continuazione di illeciti tributari,** che si ha «...*quando violazioni della stessa indole vengono commesse in periodi di imposta diversi*» (art. 12, comma 5). continuazione

Quando sussiste una o più delle circostanze indicate, la legge prevede l'applicazione del cumulo giuridico, in alternativa al cumulo materiale delle sanzioni, predefinendo gli aumenti di volta in volta applicabili alla sanzione prevista per la violazione più grave (cfr. le maggiorazioni specificamente disciplinate nell'art. 12).

Nell'ipotesi in cui ricorra la continuazione di illeciti tributari, nel computo degli aumenti previsti dall'art. 12, può assumere altresì rilievo l'incremento di pena stabilito nell'art. 7, comma 3 del medesimo decreto n. 472, per la **recidiva**, che si applica «...*nei confronti di chi, nei tre anni precedenti, sia incorso in altra violazione della stessa indole...*»; gli effetti della recidiva vengono però meno, se la precedente violazione è stata già definita nell'ambito degli istituti deflattivi tributari (cfr. cap. 24). La recidiva

7. I soggetti passivi dell'obbligazione di pagamento della sanzione amministrativa tributaria: autore della violazione e responsabile a titolo di garanzia. – Nel vigente sistema sanzionatorio la sanzione amministrativa tributaria è tendenzialmente irrogata alla persona fisica cui è imputabile la condotta, dolosa o colposa, che ha dato luogo alla violazione (il c.d. **autore della violazione** o **trasgressore**). Una tale impostazione, infatti, rappresenta il naturale riflesso del carattere «personalistico» del modello sanzionatorio. L'autore della violazione (trasgressore)

Quanto detto vale anche nell'ipotesi in cui il trasgressore, persona fisica, abbia agito in qualità di dipendente, ovvero di rappresentante

 ISBN 978-88-495-4378-0

(negoziale o legale) di altre persone fisiche ovvero di enti privi di personalità giuridica.

ed il responsabile a titolo di garanzia

Ove ricorrano tali circostanze, tuttavia, accanto alla responsabilità del trasgressore la normativa tributaria aggiunge, **a titolo di garanzia,** quella del soggetto nell'interesse del quale l'autore della violazione ha agito.

L'art. 11 d.lgs. n. 472 /1997, in particolare, prevede che i soggetti «rappresentati» nel cui interesse è stata commessa la violazione commessa dal trasgressore, e cioè «*...la persona fisica, la società, l'associazione o l'ente nell'interesse dei quali ha agito l'autore della violazione...*», sono **obbligati solidalmente** al pagamento di una somma pari alla sanzione irrogata.

Il pagamento, da parte del trasgressore ovvero da parte del responsabile, estingue l'obbligazione di pagamento della sanzione nei confronti del Fisco (art. 11, comma 5), fatto salvo l'eventuale diritto di regresso del responsabile nei confronti del trasgressore, per la parte eventualmente pagata dal primo.

Violazioni riferibili a società ed enti dotati di personalità giuridica

Rispetto allo schema sinora descritto, vi è un'importante differenza nel caso di violazioni tributarie riferibili a società ed enti dotati di **personalità giuridica**. Per tali enti, infatti, la normativa (cfr. art. 7, d.lgs. 269/2003) dispone che **le sanzioni amministrative** previste per gli illeciti tributari sono **esclusivamente a carico della persona giuridica**; in tale ipotesi, dunque, le sanzioni tributarie non sono irrogate alle persone fisiche che hanno agito nella qualità di dipendenti, rappresentati negoziali o legali, ma direttamente in capo alla persona giuridica «rappresentata» (principio ribadito, *ex multis*, in Corte di cass., sent. n. 4775 del 11 marzo 2016).

La responsabilità solidale del cessionario d'azienda:

8. *Segue*. La responsabilità del cessionario di azienda. – Nel caso di cessione di azienda, allo scopo di evitare che il trasferimento o la dismissione dei beni aziendali possa compromettere la riscossione erariale, la normativa tributaria (cfr. art. 14 d.lgs. n. 472/1997) prevede un'ipotesi peculiare di responsabilità a titolo di garanzia del cessionario, che risponde del mancato pagamento dei debiti tributari dell'impresa cedente (nell'ambito della medesima finalità, sono altresì stabilite analoghe ipotesi di responsabilità per le operazioni di trasformazione, fusione e scissione societaria – cfr. art. 15 d.lgs. n. 472/1997).

È bene chiarire, preliminarmente, che la norma considera «estensivamente» la nozione di cessione di azienda, includendo espressa-

ISBN 978-88-495-4378-0

mente nel proprio ambito applicativo «*tutte le ipotesi di trasferimento di azienda, ivi compreso il conferimento*» (art. 14, comma 5-*ter*).

La responsabilità solidale del cessionario, che per essere azionata dal Fisco richiede espressamente la **preventiva escussione** del cedente, è normativamente limitata: i limiti

– **sul piano temporale**, essendo riferita ai debiti tributari del cedente relativi all'anno d'imposta in corso al momento della cessione ed ai due anni precedenti (anche se non ancora contestati dall'amministrazione), nonché ad imposte e sanzioni contestate nel medesimo periodo con atti di imposizione/irrogazione già comunicati, anche se riferite ad illeciti commessi in epoca anteriore al biennio precedente;

– **sul piano quantitativo,** al valore dell'azienda o del ramo aziendale acquistato.

Al fine di limitare la responsabilità del cessionario, può essere richiesto ai competenti uffici tributari un certificato sulle contestazioni fiscali in corso e sui debiti tributari relativi all'impresa cedente.

In questo caso la responsabilità del cessionario è specificamente limitata all'importo risultante dalla **certificazione** rilasciata dagli uffici. la certificazione

Il cessionario è altresì interamente liberato dalla responsabilità in questione ove l'ufficio, entro **quaranta** giorni dalla richiesta, ometta di rilasciare il certificato.

La responsabilità del cessionario è invece temporalmente e patrimonialmente **«illimitata»**, nel caso in cui l'ufficio dimostri in concreto che la cessione è stata attuata «*in frode dei crediti tributari*». Ipotesi di responsabilità illimitata del cessionario

La frode in questione si presume sussistente in capo al cessionario, in virtù di presunzione legale relativa, quando il trasferimento è effettuato entro **sei mesi** dalla constatazione di una violazione tributaria penalmente rilevante. Nel caso in cui ricorra una tale circostanza, sarà dunque onere del cessionario, per evitare la sua responsabilità illimitata per i debiti tributari del cedente, dimostrare la propria estraneità alla frode.

È utile ricordare ancora che, ferma la possibilità per l'ufficio di dimostrare in concreto la sussistenza della frode ai danni del Fisco, la descritta presunzione legale è **espressamente inapplicabile** quando la cessione d'azienda «*avviene nell'ambito di una procedura concorsuale, di un accordo di ristrutturazione dei debiti di cui all'articolo 182-*bis *del regio decreto 16 marzo 1942, n. 267, di un piano attestato ai sensi dell'articolo 67, terzo comma, lettera d), del predetto decreto o di un procedimento di composizione della crisi da sovraindebitamento o di liquidazione del patrimonio*» (art. 14, comma 5-*bis*).

 ISBN 978-88-495-4378-0

Concorso di persone nell'illecito:

9. Concorso di persone e autore mediato. – L'art. 9 del d.lgs. n. 472/1997 stabilisce che «*quando più persone concorrono in una violazione, ciascuna di esse soggiace alla sanzione per questa disposta*».

La norma in questione prevede un'ipotesi di «concorso di persone nell'illecito», di chiara ispirazione penalistica (cfr. art. 110 c.p.), che implica la partecipazione colpevole al medesimo illecito tributario di più **autori materiali,** sia pure con modalità e ruoli diversi.

pluralità di trasgressori

Il concorso di persone va nettamente distinto, sul piano concettuale, dalle ipotesi di responsabilità a titolo di garanzia (cfr. *retro* par. 7 e 8); nel caso di concorso di persone, infatti, si ha un'irrogazione di plurime sanzioni in capo a distinti trasgressori, sicché in capo a ciascuno di essi dovranno rinvenirsi imputabilità e colpevolezza (elemento soggettivo dell'illecito), relativamente all'illecito tributario concretamente sanzionato.

Diversamente, nel caso di responsabilità a titolo di garanzia, accanto all'imputazione colpevole della sanzione in capo al trasgressore, che sorregge l'irrogazione della sanzione tributaria, sussiste una distinta responsabilità di altro soggetto, a sua volta fondata su autonomi e specifici requisiti previsti dalla normativa tributaria, che non implicano la sussistenza dell'elemento soggettivo dell'illecito tributario.

Il concorso di persone va altresì distinto dalle ipotesi di concorso di illeciti tributari, progressione e continuazione (cfr. *retro* par. 6); mentre questi ultimi, infatti, disciplinano i casi di violazioni plurime e cioè di una **pluralità di illeciti tributari** in qualche modo avvinti tra loro da un nesso giuridicamente rilevante, il concorso di persone considera l'ipotesi di una **pluralità di trasgressori** per il medesimo illecito.

Ovviamente, nulla esclude la contemporanea sussistenza di tutte le situazioni considerate, e cioè il venire in essere, in concreto, di una pluralità di illeciti giuridicamente rilevante ai fini del concorso di illeciti tributari *ex* art. 12 d.lgs. 472/1997, per i quali sussista altresì la partecipazione colpevole di una pluralità di soggetti, ai sensi dell'art. 9 del medesimo decreto, nonché di concomitanti ipotesi di responsabilità a titolo di garanzia.

irrogazione della sanzione a ciascuno dei trasgressori

Tornando all'esame del concorso di persone, come già detto, la norma prevede che la sanzione è **irrogata a ciascuno degli autori materiali** dell'illecito.

Quanto detto è il riflesso del principio generale di personalità (e afflittività) della sanzione tributaria, che implica una coerente sanzionabilità di ciascun trasgressore colpevole.

ISBN 978-88-495-4378-0

Il medesimo art. 9, tuttavia, stabilisce che «...*quando la violazione consiste nell'omissione di un comportamento cui sono obbligati in solido più soggetti, è irrogata una sola sanzione e il pagamento eseguito da uno dei responsabili libera tutti gli altri, salvo il diritto di regresso*». La previsione in questione, dunque, dispone l'irrogazione (e l'adempimento) di una sola sanzione quando vi è solidarietà tributaria, paritaria o dipendente (cfr. *retro* cap. 7).

L'irrogazione di un'unica sanzione è prevista, ai sensi dell'art. 10 d.lgs. n. 472/1997, anche nel caso del c.d. autore mediato: in particolare, se l'autore materiale della violazione ha commesso la violazione in quanto indotto in errore incolpevole, ovvero con violenza o minaccia, da parte di un altro soggetto (c.d. **autore mediato**), quest'ultimo risponde della violazione «...*in luogo del suo autore materiale*». Autore mediato

Nel caso di autore mediato, peraltro, l'unicità della sanzione irrogata non è altro che il naturale riflesso del principio di personalità già descritto, laddove la non sanzionabilità dell'autore materiale è coerente con l'assenza di colpevolezza in capo a costui, così come l'applicazione della sanzione all'autore mediato risponde alla concreta colpevolezza di quest'ultimo rispetto all'illecito «incolpevolmente» realizzato dall'autore materiale.

Prima di concludere su concorso di persone e autore mediato, è utile accennare alla circostanza che entrambe le ipotesi possono essere concretamente riferibili all'attività svolta da **consulenti**. l'attività dei consulenti

In merito a tale ultimo profilo va però considerato che, ove l'attività di consulenza implichi la soluzione di problematiche di speciale difficoltà, il consulente (prestatore d'opera) risponde solo in caso di dolo o colpa grave.

Una tale limitazione è da ritenere applicabile sia all'ipotesi di concorso di persone che di autore mediato. Quanto appena detto si ricava infatti, in via generale, dall'art. 2236 c.c., nonché dall'art. 5, comma 1, secondo periodo, del d.lgs. n. 472/1997 che, con disposizione analoga alla citata norma codicistica, ne conferma lo specifico rilievo per le attività di consulenza tributaria.

10. Il procedimento di irrogazione della sanzione amministrativa tributaria. – La sanzione è abitualmente irrogata, dall'ufficio titolare del potere accertativo/liquidatorio (art. 16, comma 1, d.lgs. 472/1997), **con il medesimo atto di imposizione con cui è contestata la pretesa** tributaria dovuta e non pagata, condividendo termini e requisiti di validità di quest'ultimo (art. 17, commi 1 e 3). Procedimento di irrogazione della sanzione: con l'atto di imposizione

 ISBN 978-88-495-4378-0

In tal caso, come già detto, la motivazione e le prove dell'atto di imposizione sorreggono anche l'irrogazione della sanzione, fatte salve le eventuali imputazioni a titolo di dolo e colpa grave.

È altresì ammesso, pure se in concreto poco utilizzato, un procedimento autonomo di irrogazione della sanzione mediante la notifica di un apposito **atto di contestazione**, svincolato dall'atto di imposizione.

ovvero con apposito atto di contestazione

Ove l'ufficio utilizzi una tale modalità, l'atto di contestazione, da notificare al trasgressore entro il 31 dicembre del quinto anno successivo a quello in cui è avvenuta la violazione (o nel diverso termine previsto per l'accertamento dei singoli tributi – art. 20 d.lgs. 472/1997) dovrà in ogni caso contenere, a pena di nullità, i motivi e le prove degli addebiti imputati al trasgressore (art. 16, comma 2).

ISBN 978-88-495-4378-0

Capitolo 22

Illeciti tributari e sanzioni penali: cenni

Sommario: 1. I reati in materia tributaria: profili generali. – 2. I reati in materia di dichiarazione. I delitti di dichiarazione fraudolenta. – 3. *Segue*. I delitti di dichiarazione infedele e dichiarazione omessa. – 4. I reati in materia di documenti: i delitti di emissione di fatture false e di occultamento o distruzione di scritture contabili. – 5. I reati in materia di pagamento d'imposte: i delitti di omesso versamento e indebita compensazione. – 6. *Segue*. Il delitto di sottrazione fraudolenta al pagamento di imposte. – 7. La confisca. – 8. Cause di non punibilità e circostanze del reato. – 9. Irrogazione di sanzioni per illeciti tributari: principio di specialità e *ne bis in idem*.

1. I reati in materia tributaria: profili generali. – Come già accennato, al fine di garantire l'esatto adempimento degli obblighi tributari, oltre alla previsione di sanzioni amministrative, sono stabilite per talune ipotesi più gravi anche sanzioni di tipo penale.

Le condotte concernenti la violazione di obblighi previsti dalla normativa tributaria per le quali la legge stabilisce sanzioni penali, sono definite **«reati tributari»**. I reati tributari

L'irrogazione di una sanzione di tipo penale in ragione di un reato tributario che si assume commesso, **esula in ogni caso dai poteri di controllo** dell'amministrazione finanziaria, in quanto profilo interamente rimesso ai poteri della magistratura (penale).

La natura spiccatamente tributaria dei fatti che integrano i reati tributari, nonché implicante profili di giuridica interferenza tra illeciti tributari amministrativi e penali, rende utile una disamina della disciplina dei reati tributari nell'ambito dell'insegnamento del diritto tributario, sia pure svolta per cenni nel presente manuale.

I tributi per i quali, oltre alle sanzioni amministrative, sono stabilite anche sanzioni penali, sono le imposte sui redditi, l'Iva, i tributi doganali e le imposte di fabbricazione.

La disciplina dei reati in materia di imposte sui redditi ed Iva è contenuta nel d.lgs. n. 74 del 2000, ed è l'unica normativa cui sarà

 ISBN 978-88-495-4378-0

dedicata specifica attenzione in questa sede, in ragione della rilevanza generale delle condotte ivi considerate.

A tal proposito, è utile precisare preliminarmente che i reati previsti nel d.lgs. n. 74/2000 sono tutti «delitti», in quanto per essi è sempre prevista la sanzione della **reclusione**.

È altresì utile distinguere, sul piano descrittivo, tre gruppi di reati tributari: quelli in materia di dichiarazione (Capo I), quelli in materia di documenti e quelli in materia di pagamento di imposte (Capo II).

I delitti in materia di dichiarazione:

2. I reati in materia di dichiarazione. I delitti di dichiarazione fraudolenta. – I delitti in materia di dichiarazione sono:

1. la **dichiarazione fraudolenta mediante uso di fatture (o altri documenti) per operazioni inesistenti** (art. 2);
2. la **dichiarazione fraudolenta mediante altri artifici** (art. 3);
3. la **dichiarazione infedele** (art. 4);
4. l'**omessa dichiarazione** (art. 5).

Dichiarazione fraudolenta mediante uso di fatture (o altri documenti) per operazioni inesistenti

Il delitto di dichiarazione fraudolenta mediante uso di fatture (o altri documenti) per operazioni inesistenti, prevista dall'art. 2, è integrato quando, utilizzando **fatture o altri documenti** riferibili ad operazioni inesistenti, sono indicati **elementi passivi fittizi** nelle **dichiarazioni tributarie** previste ai fini Imposte sui redditi o Iva, al fine di evadere tali imposte.

La normativa considera quali elementi passivi tutti i componenti che incidono sulla determinazione dell'imposta sui redditi e dell'Iva, sia in termini di riduzione della base imponibile che di riduzione dell'imposta (art. 1).

la nozione di «operazione inesistente»

È utile precisare anche la nozione di **«operazione inesistente»**, così come rilevante per i reati tributari (art. 1): è tale, in particolare, ove risulti documentata in una fattura o altro documento fiscalmente rilevante sul piano probatorio:

– l'operazione che si rivela **oggettivamente inesistente**, in tutto o in parte;

– quella per la quale il **corrispettivo** indicato (o l'Iva) è in tutto o in parte fittizio;

– l'ipotesi, infine, in cui la fattura o altri documenti fiscali riferiscono l'operazione a soggetti diversi da quelli effettivi (c.d. operazione **soggettivamente inesistente**)

Per il delitto in questione è prevista la reclusione da quattro a otto anni (se l'ammontare degli elementi passivi fittizi è inferiore ad euro

ISBN 978-88-495-4378-0

centomila, si applica invece la reclusione da un anno e sei mesi a sei anni – cfr. comma 2-*bis*).

La seconda ipotesi di dichiarazione fraudolenta, per la quale è prevista la pena della reclusione da tre a otto anni, è applicabile solo ove la condotta non risulti già sanzionabile ai sensi dell'articolo 2.

Dichiarazione fraudolenta mediante altri artifici

In particolare, il delitto di **dichiarazione fraudolenta mediante altri artifici** (art. 3) è realizzato quando compiendo operazioni simulate oggettivamente o soggettivamente, ovvero avvalendosi di documenti falsi o di altri mezzi fraudolenti idonei ad ostacolare l'accertamento, sono indicati in una delle dichiarazioni relative a dette imposte **elementi attivi** per un ammontare inferiore a quello effettivo **od elementi passivi fittizi** o crediti e ritenute fittizi, al fine di evadere le imposte sui redditi o sul valore aggiunto.

L'ipotesi in questione, dunque, si differenzia dalla precedente in quanto non è limitata agli elementi passivi (fittizi) ma considera pure la mancata indicazione di elementi attivi.

È in ogni caso richiesta una condotta concretamente fraudolenta (operazioni simulatorie, documenti falsi, ecc.), volta cioè ad ostacolare il potere di controllo dell'amministrazione con modalità ingannatorie.

Non è, quindi, considerata dichiarazione fraudolenta la mera violazione dell'obbligo di fatturazione di corrispettivi imponibili e connessa omessa indicazione di tali componenti attivi in dichiarazione, purché la condotta di evasione sia priva di una connotazione fraudolenta nei termini già indicati (art. 3, comma 3).

soglia di punibilità

Va infine precisato che, diversamente dall'ipotesi prevista dall'art. 2, il delitto di dichiarazione fraudolenta mediante altri artifici prevede il superamento di una duplice **soglia di punibilità** affinché il reato sia integrato. In particolare, è richiesto che siano **congiuntamente** superati due limiti (minimi):

a) **l'imposta evasa** è superiore, con riferimento a taluna delle singole imposte (considerata distintamente per ciascun periodo d'imposta), ad euro **trentamila**;

b) l'ammontare complessivo **dell'imponibile sottratto all'imposizione** deve essere superiore al **cinque per cento** dell'ammontare complessivo degli elementi attivi indicati in dichiarazione, o comunque, superiore ad euro **un milione cinquecentomila**; il limite in esame è altresì superato qualora l'ammontare complessivo dei crediti e delle ritenute fittizie utilizzati in diminuzione dell'imposta, è superiore al cinque per cento dell'ammontare dell'imposta medesima o comunque

 ISBN 978-88-495-4378-0

a euro trentamila In proposito, si evidenzia che la Corte di cassazione (n. 6105 del 2016), ha affermato che le soglie di punibilità sono elementi costitutivi del reato e non condizioni obiettive di punibilità.

L' art. 6, comma 1, d.lgs. n. 74/2000 stabilisce che i delitti previsti dagli art. 2, 3 e 4 **non** sono comunque **punibili a titolo di tentativo;** la previsione in questione, tuttavia, non si applica qualora il reato sia compiuto anche nel territorio di altro Stato dell'UE, al fine di evadere l'imposta sul valore aggiunto per un valore complessivo non inferiore a a dieci milioni di euro (cfr. art. 6, comma 1-*bis*).

Dichiarazione infedele

3. *Segue*. I delitti di dichiarazione infedele e dichiarazione omessa. – Il reato di dichiarazione infedele (art. 4, d.lgs. n. 74/2000), per il quale è prevista la reclusione da due a quattro anni, trova applicazione solo ove la condotta non sia riconducibile a entrambe le ipotesi di dichiarazione fraudolenta già esaminate.

Ciò precisato, commette il delitto di **dichiarazione infedele** chiunque, al fine di evadere le imposte sui redditi o sul valore aggiunto, indica in una delle dichiarazioni annuali relative a dette imposte elementi attivi per un ammontare inferiore a quello effettivo od elementi passivi inesistenti, quando, **congiuntamente**, risultano superate le seguenti **soglie di punibilità**:

soglia di punibilità

a) **l'imposta evasa** è superiore, con riferimento a taluna delle singole imposte (considerata distintamente per ciascun periodo d'imposta), ad euro **centomila**;

b) l'ammontare complessivo **dell'imponibile** sottratto all'imposizione, anche mediante indicazione di elementi passivi inesistenti, è superiore **al dieci per cento** dell'ammontare complessivo degli elementi attivi indicati in dichiarazione, o, comunque, è superiore ad euro **due milioni**.

Il reato di dichiarazione infedele, ferme le soglie di punibilità, non essendo caratterizzato da specifici comportamenti fraudolenti né dall'uso di determinati documenti (fatture, ecc.), ha una portata applicativa potenzialmente molto ampia.

L'area di applicazione del reato di dichiarazione infedele è peraltro ridotta in ragione di quanto precisato nei commi 1-*bis* e 1-*ter* del medesimo art. 4:

– nel comma 1-*bis*, in particolare, è chiarito che, ai fini dell'integrazione del reato di dichiarazione infedele, non si tiene conto di violazioni fiscali derivanti dalla mera classificazione o valutazione civilistico-contabile di componenti, purché oggettivamente esistenti e semprechè i relativi criteri siano comunque indicati in bilancio; il reato

ISBN 978-88-495-4378-0

di dichiarazione infedele non è altresì integrato dalla mera violazione dei principi di competenza e inerenza, anche in questo caso a condizione che i componenti illegittimamente imputati (o non imputati) **siano reali ed oggettivamente esistenti.**

– il comma 1-*ter*, riducendo ulteriormente l'area di applicazione del reato in questione, precisa che, «*fuori dei casi di cui al comma 1-*bis, *non danno luogo a fatti punibili le valutazioni che complessivamente considerate, differiscono in misura inferiore al 10 per cento da quelle corrette. Degli importi compresi in tale percentuale non si tiene conto nella verifica del superamento delle soglie di punibilità previste dal comma 1, lettere a) e b)*».

È invece punito, con la reclusione da due anni e cinque anni, il reato di **dichiarazione omessa** (art. 5, d.lgs. n. 74/2000).

Dichiarazione omessa

Il delitto è commesso da chiunque non presenta, pur essendovi obbligato, una delle dichiarazioni relative alle imposte sui redditi o sul valore aggiunto, al fine di evadere le dette imposte, quando l'imposta evasa è superiore, anche in questo caso con riferimento a taluna delle singole imposte e distintamente per ciascun periodo d'imposta, ad euro **cinquantamila**.

soglia di punibilità

È altresì punito con la reclusione da due a cinque anni chiunque non presenta, essendovi obbligato, la dichiarazione di **sostituto d'imposta**, quando l'ammontare delle ritenute non versate è superiore ad euro **cinquantamila**.

La normativa chiarisce espressamente (comma 2) che, ai fini del reato in questione, non si considera omessa la dichiarazione presentata entro novanta giorni dalla scadenza del termine o non sottoscritta o non redatta su uno stampato conforme al modello prescritto.

4. I reati in materia di documenti: i delitti di emissione di fatture false e di occultamento o distruzione di scritture contabili. – Il reato di **emissione di fatture false** (art. 8), è punito con la reclusione da quattro a otto anni.

I delitti in materia di documenti

Tale delitto è commesso da chiunque, al fine di consentire a terzi l'evasione delle imposte sui redditi o sul valore aggiunto, mediante deduzione di costi o detrazione di Iva, emette o rilascia fatture o altri documenti riferibili ad operazioni inesistenti.

L'emissione di fatture false

In tale ipotesi, come già chiarito per il reato di dichiarazione fraudolenta, l'inesistenza delle operazioni assume rilievo penale sia quale «oggettiva inesistenza» sia quale «soggettiva inesistenza».

Salvo che il fatto costituisca un reato più grave, commette invece

 ISBN 978-88-495-4378-0

L'occultamento o distruzione di documenti contabili

il delitto di **occultamento o distruzione di documenti contabili** (art. 10) chiunque, al fine di evadere le imposte sui redditi o sul valore aggiunto, ovvero di consentire l'evasione a terzi, occulta o distrugge, anche parzialmente, le scritture contabili o i documenti di cui è obbligatoria la conservazione, in modo da ostacolare e non consentire la ricostruzione dei redditi o del volume di affari ai fini Iva.

Il reato in questione è punito con la reclusione da tre a sette anni.

I delitti in materia di pagamento d'imposte

L'omesso versamento di ritenute dovute o certificate

5. I reati in materia di pagamento d'imposte: i delitti di omesso versamento e indebita compensazione. – L'art. 10-*bis* del d.lgs. n. 74/2000 punisce il delitto di **omesso versamento di ritenute dovute o certificate** con la reclusione da sei mesi a due anni. Il reato è commesso da chiunque non versa entro il termine previsto per la presentazione della dichiarazione annuale di sostituto di imposta ritenute dovute sulla base della stessa dichiarazione o risultanti dalla certificazione rilasciata ai sostituiti, per un ammontare superiore a **centocinquantamila** euro per ciascun periodo d'imposta.

soglia di punibilità

L'omesso versamento di Iva

L'art. 10-*ter*, con analoga previsione sanzionatoria (reclusione da sei mesi a due anni) disciplina il delitto di **omesso versamento di Iva**. Tale reato è integrato da chi non versa, entro il termine per il versamento dell'acconto relativo al periodo d'imposta successivo, l'imposta sul valore aggiunto dovuta in base alla dichiarazione annuale, per un ammontare superiore a euro **duecentocinquantamila** per ciascun periodo d'imposta.

soglia di punibilità

L'indebita compensazione

L'art. 10-*quater*, invece, comminando sempre la pena della reclusione da sei mesi a due anni, prevede il delitto di **indebita compensazione**. Il reato di indebita compensazione è commesso da chiunque non versa le somme dovute, utilizzando in compensazione **crediti non spettanti**, per un importo annuo superiore a **cinquantamila** euro.

soglia di punibilità

Nel comma 2 del medesimo art. 10-*ter*, infine, è stabilita una pena più grave (reclusione da un anno e sei mesi a sei anni) ove il delitto di indebita compensazione sia realizzato utilizzando in compensazione **crediti inesistenti** per un importo annuo superiore ai **cinquantamila** euro.

I delitti di omessi versamenti di ritenute e Iva, nonché quello di indebita compensazione, che non essendo caratterizzati da specifici comportamenti fraudolenti presentano un'area di applicabilità molto estesa.

6. *Segue*. Il delitto di sottrazione fraudolenta al pagamento di imposte. – L'ultima ipotesi di reato tributario, prevista dall'art. 11 del

ISBN 978-88-495-4378-0

d.lgs. n. 74/2000, è la **sottrazione fraudolenta al pagamento di imposte**, punita con la reclusione da sei mesi a quattro anni.

La sottrazione fraudolenta al pagamento di imposte

La condotta punita è integrata da chiunque, al fine di sottrarsi al pagamento di imposte sui redditi o sul valore aggiunto ovvero di interessi o sanzioni amministrative relativi a dette imposte di ammontare complessivo superiore ad euro **cinquantamila**, aliena simulatamente o compie altri atti fraudolenti sui propri o su altrui beni idonei a rendere in tutto o in parte inefficace la procedura di riscossione coattiva (la reclusione è stabilita da un anno a sei anni se l'ammontare delle imposte, sanzioni ed interessi è superiore ad euro duecentomila).

soglia di punibilità

Tale reato, dunque, pur essendo riferibile ai delitti in materia di pagamenti di imposte, si distingue nettamente dalle altre ipotesi già esaminate nel paragrafo precedente.

Esso, infatti, da un lato è pacificamente configurato quale **reato di pericolo,** dall'altro prevede una condotta tipica specificamente caratterizzata in termini di **fraudolenza.**

Da notare, inoltre, che la soglia di punibilità nel reato in questione, diversamente da tutte le ipotesi esaminate in precedenza, è computata **sull'ammontare complessivo** delle somme riferibili ad imposte sui redditi e Iva.

Il comma 2 dell'art. 10 disciplina un'ulteriore ipotesi di reato, punendo con la reclusione da sei mesi a quattro anni chiunque, al fine di ottenere per sé o per altri un pagamento parziale dei tributi e relativi accessori, indica nella documentazione presentata ai fini della procedura di **transazione fiscale** elementi attivi per un ammontare inferiore a quello effettivo od elementi passivi fittizi per un ammontare complessivo superiore ad euro **cinquantamila.**

La sottrazione fraudolenta mediante transazione fiscale soglia di punibilità

7. La confisca. – Per i reati tributari, l'art. 12-*bis* del d.lgs. n. 74/2000 prevede un'ipotesi di **confisca** dei beni che costituiscono il **prezzo o il profitto del reato**, ovvero la confisca di beni, di cui il reo ha la disponibilità, per un **valore equivalente** a tale prezzo o profitto (c.d. **confisca per equivalente**). L'ammontare cui commisurare la confisca corrisponde **all'intero importo dell'imposta evasa** (in proposito, la Corte di cass. ha precisato che il profitto è dato dall'intero importo evaso e non solo dalla differenza rispetto alla soglia di punibilità sancita: sent. n. 6705 del 16 febbario 2015).

La confisca...

... per equivalente

La confisca per i reati tributari, che è ordinariamente preceduta dal **sequestro preventivo** (art. 321, comma 2, c.p.p.), ha dunque una finalità essenzialmente **restitutoria** e si applica obbligatoriamente nel

Il sequestro preventivo

ISBN 978-88-495-4378-0

caso di condanna (o di applicazione della pena su richiesta delle parti a norma dell'articolo 444 del codice di procedura penale) per uno dei reati tributari previsti dal d.lgs. n. 74 del 2000.

Di particolare rilievo la disposizione contenuta nel comma 2 dell'art. 12-*bis*, ove è stabilito che la confisca non opera per le somme che il contribuente si impegna a versare all'erario, anche nell'ambito di procedure di pagamento rateizzato dei debiti tributari. Nel caso tuttavia di mancato versamento dei debiti rateizzati, la confisca è sempre disposta.

La previsione appena esaminata (comma 2) stabilisce un opportuno coordinamento della confisca prevista in sede penale con il procedimento amministrativo di controllo; infatti, attesa la finalità restitutoria, la norma in questione impedisce che possa realizzarsi un'incoerente duplicazione di «strumenti restitutori» del tributo evaso, evitando l'applicazione della confisca nel caso in cui il contribuente provveda a pagare tali debiti tributari nell'ambito del procedimenti amministrativi di controllo.

La confisca allargata o per sproporzione

L'art. 12-*ter* prevede inoltre, in caso di condanna (o patteggiamento della pena), l'applicazione della confisca di cui all'art. 240-*bis* cod. pen. (c.d. **confisca allargata o per sproporzione**) per i seguenti delitti tributari:

– dichiarazione fraudolenta di cui all'art. 2, quando l'ammontare degli elementi fittizi è superiore ad euro duecentomila;

– dichiarazione fraudolenta di cui all'art. 3, quando l'imposta evasa è superiore ad euro centomila;

– emissione di fatture o documenti inesistenti di cui all'art. 8, quando l'importo fittizio indicato è superiore ad euro duecentomila;

– sottrazione fraudolenta, quando l'ammontare complessivo dei debiti tributari è superiore ad euro centomila (art. 11, comma 1), ovvero quando gli elementi attivi sottratti e passivi fittizi, in caso di transazione fiscale (art. 11, comma 2), sono complessivamente superiori ad euro duecentomila.

A tal proposito, è utile ricordare che nell'ipotesi di confisca allargata (art. 240-*bis* c.p.) è prevista la possibilità di confiscare denaro, beni o altre utilità di cui il condannato non è in grado di giustificare la provenienza e di cui, **anche per interposta persona fisica o giuridica**, risulta essere titolare o avere la disponibilità a qualsiasi titolo in valore **sproporzionato** rispetto al proprio reddito, così come dichiarato ai fini delle imposte sul reddito, ovvero con riferimento all'attività economica svolta.

ISBN 978-88-495-4378-0

8. Cause di non punibilità e circostanze del reato. – L'art. 13 prevede alcune specifiche **cause di non punibilità**, correlate all'adempimento del contribuente in sede di procedimento amministrativo di controllo.

Cause «specifiche» di non punibilità

In particolare, i reati di omesso versamento e indebita compensazione non sono punibili se, prima della dichiarazione di apertura del dibattimento di primo grado, i debiti tributari, comprese sanzioni amministrative e interessi, sono stati estinti mediante integrale pagamento degli importi dovuti, anche a seguito delle speciali procedure conciliative e di adesione all'accertamento previste dalle norme tributarie, nonché del ravvedimento operoso (art. 13, comma 1).

Il pagamento integrale per i reati di pagamento

I reati di dichiarazione fraudolenta, infedele e omessa dichiarazione non sono punibili, invece, se i debiti tributari, comprese sanzioni e interessi, sono stati estinti mediante integrale pagamento degli importi dovuti, a seguito del ravvedimento operoso entro il termine di presentazione della dichiarazione relativa al periodo d'imposta successivo; la causa di non punibilità in questione, tuttavia, produce i suoi effetti sempreché il ravvedimento o la presentazione siano intervenuti prima che l'autore del reato abbia avuto formale conoscenza di accessi, ispezioni, verifiche o dell'inizio di qualunque attività di accertamento amministrativo o di procedimenti penali (art. 13, comma 2).

e per i reati di dichiarazione

Fuori dai casi previsti dall'art. 13, l'art. 13-*bis*, comma 1, disciplina alcune **circostanze attenuanti** del reato in caso di pagamento del contribuente in sede amministrativa, che non fanno venire meno la punibilità ma determinano solo una riduzione della misura della reclusione e la mancata applicazione di sanzioni accessorie.

Specifiche circostanze attenuanti

Il comma 3 dell'articolo 13-*bis* stabilisce invece una **circostanza aggravante** dei reati tributari, con aumento delle pene stabilite, ove i medesimi delitti siano commessi, in concorso di persone, da un **professionista** o da un **intermediario finanziario o bancario**, nell'esercizio di attività di **consulenza fiscale**.

Specifica circostanza aggravante

9. Irrogazione di sanzioni per illeciti tributari: principio di specialità e *ne bis in idem*. – In base al **principio di specialità**, sancito per gli illeciti tributari nell'art. 19 del d.lgs. n. 74 del 2000, quando uno stesso fatto è punito sia con una sanzione penale sia con una sanzione amministrativa, si applica unicamente la disposizione sanzionatoria che assume tratti di «specialità» rispetto all'altra.

Principio di specialità

Quello di specialità, dunque, è espressione del principio più ge-

 ISBN 978-88-495-4378-0

nerale del ***ne bis in idem***, rilevante anche in ambito europeo, ed è rivolto ad evitare che, in ragione della commissione di un medesimo fatto, si determini una duplicazione di sanzioni in capo alla stessa persona in virtù dell'operare concomitante di più disposizioni sanzionatorie.

Con riferimento agli illeciti tributari, va ordinariamente considerata quale disposizione «speciale» quella che prevede la **sanzione penale**, in ragione della fisiologica sussistenza di elementi che caratterizzano gli illeciti penali tributari in termini di «specialità» rispetto agli illeciti amministrativi (ad es. il dolo, le soglie di punibilità, ecc.).

Quanto appena affermato, trova indiretta conferma nella disposizione che stabilisce la non eseguibilità delle sanzioni amministrative tributarie ove per le medesime violazioni sono state trasmesse notizie di reato, sino alla conclusione del procedimento penale (art. 21, d.lgs. n 74/2000).

Quindi, ferma **l'autonomia** dei rispettivi procedimenti di irrogazione delle sanzioni in sede amministrativa ed in sede penale, la sanzione amministrativa è in concreto eseguibile nei confronti della persona per la quale è pendente anche l'irrogazione di una sanzione penale per un reato tributario, solo nel caso in cui l'applicazione di quest'ultima risulti definitivamente esclusa.

In caso contrario, è da ritenere prioritaria, in ambito tributario, l'applicazione della sanzione penale rispetto a quella amministrativa, in ragione della specialità della prima rispetto alla seconda.

È il caso di precisare tuttavia che, in virtù di quanto sancito dall'art. 19, comma 2, il principio di specialità non impedisce l'esecuzione della sanzione amministrativa nei confronti dei soggetti responsabili per il pagamento della sanzione, previsti dall'art. 11 d.lgs. n. 472/1997.

violazioni tributarie relative ad enti

Quanto detto implica che nelle ipotesi di **violazioni tributarie** relative ad **enti** (ad es. società), l'irrogazione della **sanzione penale in capo alla persona fisica** cui è imputabile penalmente il reato tributario (ad es. legale rappresentante della società), non preclude l'esecuzione della **sanzione amministrativa nei confronti dell'ente** che ha beneficiato della violazione tributaria commessa.

Tale potenziale duplicazione sanzionatoria, si realizza sia nelle ipotesi in cui l'ente sia direttamente destinatario della sanzione amministrativa tributaria (persone giuridiche), sia nelle ipotesi in cui risponda del pagamento della sanzione tributaria in qualità di responsabile.

ISBN 978-88-495-4378-0

Capitolo 23

Poteri di controllo ed applicazione di misure cautelari a garanzia del credito erariale

Le misure cautelari a garanzia del credito erariale

1. Misure cautelari a garanzia del credito erariale: premessa. – Gli strumenti che contribuiscono «in senso lato» a garantire l'adempimento dei crediti tributari sono molteplici e possono essere attivati sin dalla fase di avvio dei poteri di controllo (a valle, cioè, dell'esercizio dei poteri amministrativi di acquisizione di dati e notizie), sia nel corso di svolgimento dei poteri di tipo accertativo-liquidatorio sia, infine, durante lo svolgimento della riscossione amministrativa da inadempimento.

Privilegiando un profilo più «stringente» sul piano della classificazione giuridica, si reputa preferibile limitare tale categoria agli istituti che assolvono alla funzione, **propriamente «cautelare»**, di preservare le garanzie patrimoniali a favore del Fisco dopo l'esercizio dei poteri istruttori, distinguendo da essi gli strumenti tipici della riscossione amministrativa (i quali, come si vedrà – cfr. cap. 25, par. 8 – hanno spesso una funzione mista: conservativa della garanzia erariale, ma al contempo propriamente finalizzata all'imminente esecuzione forzata).

Si definiscono quindi **misure cautelari dei crediti erariali**, gli strumenti di cui l'amministrazione può disporre per evitare che i beni del debitore siano sottratti alle pretese tributarie emerse durante l'esercizio dei poteri di controllo, prima ancora che sia azionata la successiva fase di riscossione coattiva tributaria.

I procedimenti di applicazione di tali misure, pertanto, operano prima della fase di riscossione coattiva tributaria e fuori da essa, pure se in funzione del buon esito della stessa.

Nell'accezione indicata sono riconducibili alla nozione di misure

 ISBN 978-88-495-4378-0

cautelari dei crediti tributari: l'ipoteca ed il sequestro conservativo (art. 22 d.lgs. n. 472/1997), la sospensione dei rimborsi (art. 23 d.lgs. n. 472/1997), ed infine il fermo amministrativo dei pagamenti (art. 69 r.d. n. 2440 del 1923).

Misure cautelari di tipo giudiziale:

2. Misure cautelari di tipo giudiziale: ipoteca e sequestro conservativo. – Qualora l'ufficio abbia fondato timore di perdere la garanzia del proprio credito, può chiedere al presidente della commissione tributaria provinciale l'iscrizione di **ipoteca cautelare** sui beni del trasgressore e dei soggetti obbligati in solido, e l'autorizzazione a procedere, a mezzo di ufficiale giudiziario, al **sequestro conservativo** dei loro beni, compresa l'azienda (art. 22 d.lgs n. 472/1997 e art. 27, comma 5, d.l. n. 185 del 2008).

Ipoteca cautelare

e sequestro conservativo

Il procedimento per la richiesta di iscrizione di ipoteca o per il sequestro conservativo può essere avviato dall'ufficio, a pena di invalidità, **solo dopo la comunicazione al contribuente**: dell'atto di imposizione del tributo, dell'atto di irrogazione della sanzione, ovvero dopo la redazione e consegna del processo verbale di constatazione che conclude le attività di ispezione e verifica.

l'istanza dell'ufficio

L'istanza per l'iscrizione di ipoteca o per il sequestro conservativo, deve essere **motivata**, ed in particolare l'ufficio, oltre ad esporre i motivi delle proprie ragioni di credito, dovrà dimostrare la sussistenza del c.d. ***periculum in mora*** e, cioè, l'incombente pericolo di perdere le garanzie patrimoniali su cui far valere la futura attività di riscossione.

Il *periculum in mora*

A tal fine assumono decisivo rilievo, oltre all'entità del credito vantato rispetto al patrimonio del contribuente, l'eventuale avvio da parte di quest'ultimo di atti volti a dismettere i propri beni ovvero a sottrarli alla futura riscossione coattiva tributaria.

L'istanza per l'iscrizione di ipoteca o per il sequestro conservativo, può essere inoltrata al presidente della commissione tributaria provinciale anche dal comandante provinciale della Guardia di finanza, nel caso di esercizio dei poteri istruttori fiscali da parte di propri reparti, conclusi con relativo processo verbale di constatazione; della presentazione di tale istanza dovrà essere tempestivamente informata l'Agenzia delle entrate, che formulerà le proprie osservazioni. Decorso il termine di venti giorni, si intende acquisito il conforme parere dell'Agenzia delle entrate (art. 22, comma 1-*bis*).

Le istanze cautelari devono essere altresì notificate dall'amministrazione alle parti interessate, le quali, entro il termine di venti giorni

ISBN 978-88-495-4378-0

dalla notifica, possono depositare in giudizio apposite memorie e documenti difensivi, sia in merito alla non sussistenza delle ragioni creditorie erariali, sia negando la sussistenza di pericolo per la futura riscossione.

La commissione tributaria decide con sentenza (art. 22, comma 3), ma ove l'ufficio dimostri una **particolare urgenza**, le misure possono essere provvisoriamente concesse con decreto del presidente della commissione assunte sommarie informazioni. Successivamente all'eventuale concessione con decreto presidenziale, la commissione in composizione collegiale valuterà con ordinanza se confermare, ridurre o revocare le misure concesse provvisoriamente con il decreto presidenziale (art. 22, comma 4).

la particolare urgenza

Il contribuente, oltre alle proprie **deduzioni difensive**, ove ne ravvisi l'interesse può presentare in giudizio **idonea garanzia** ai sensi dell'art. 69 d.lgs. n. 546/1992 (art. 22, comma 6); in tal caso, il giudice tributario dinanzi al quale è in corso il procedimento per l'applicazione della misura cautelare può, anche in base alla garanzia presentata, decidere di non adottare ovvero di adottare solo parzialmente il provvedimento cautelare richiesto dall'ufficio.

deduzioni difensive e possibilità di prestare idonea garanzia

L'ipoteca cautelare ed il sequestro conservativo, in ragione del procedimento che ne regola l'applicazione, sono dunque riconducibili **a misure cautelari di tipo giudiziale**.

I provvedimenti cautelari eventualmente adottati su decisione del giudice tributario **perdono efficacia** (art. 22, comma 7):

cause di perdita di efficacia delle misure

a) se non sono eseguiti nel termine di sessanta giorni dalla comunicazione;

b) se, nel termine di centoventi giorni dalla loro adozione, non viene notificato dall'ufficio l'atto di imposizione o di irrogazione; in tal caso, il presidente della commissione tributaria su istanza di parte e sentito l'ufficio o l'ente richiedente, ne dispone la cancellazione (in proposito, Corte di cass., sent. n. 8665 del 15 aprile 2011, ove si sottolinea come, la *ratio* del fatto che in tale eventualità si verifica la perdita di efficacia del provvedimento cautelare già emesso, risiede nell'inopportunità che il vincolo sui beni del contribuente permanga per più di centoventi giorni senza che questi riceva un atto che lo investa formalmente di ciò di cui viene chiamato a rispondere e contro il quale può difendersi giudizialmente);

c) a seguito della sentenza, anche non passata in giudicato, che accoglie il ricorso avverso gli atti di cui alla lettera b). La sentenza costituisce titolo per la cancellazione dell'ipoteca e del sequestro con-

 ISBN 978-88-495-4378-0

servativo. In caso di accoglimento parziale, su istanza di parte, il giudice che ha pronunciato la sentenza riduce proporzionalmente l'entità dell'iscrizione o del sequestro; se la sentenza è pronunciata dalla Corte di cassazione, provvede il giudice la cui sentenza è stata impugnata con ricorso per cassazione.

Misure cautelari di tipo amministrativo:

3. Misure cautelari di tipo amministrativo: sospensione del rimborso e fermo amministrativo dei pagamenti. – Nel caso in cui i soggetti passivi obbligati al pagamento di somme tributarie vantino a loro volta un credito nei confronti dell'amministrazione finanziaria (cfr. *retro* cap. 13), il pagamento dei crediti tributari a favore dei contribuenti può essere direttamente sospeso dall'ufficio se è stato notificato al medesimo contribuente un atto di imposizione o di irrogazione della sanzione (art. 23 d.lgs. n. 472 del 1997).

Sospensione del rimborso

La **sospensione del rimborso** è un atto di natura provvedimentale che deve essere comunicato al contribuente (ed ai coobbligati in solido), ed è impugnabile innanzi al giudice tributario.

Anche se la norma non lo prevede espressamente, è da ritenere che il provvedimento di sospensione del rimborso vada motivato in maniera analoga a quanto già indicato per l'istanza di iscrizione di ipoteca e di sequestro conservativo.

Se l'atto di imposizione (o di irrogazione della sanzione), a cautela della cui pretesa impositiva è stata disposta la sospensione del rimborso, diviene **definitivo**, l'ufficio competente per il medesimo rimborso pronuncia la **compensazione «obbligatoria»** del debito tributario per l'importo corrispondente al credito vantato dal contribuente e già oggetto di sospensione (art. 23, comma 2).

compensazione «obbligatoria» in caso di definitività della pretesa

Se invece gli importi richiesti originariamente con l'atto di imposizione dell'ufficio vengono successivamente ridotti in tutto o in parte in virtù di procedimenti amministrativi (ad es. accertamento con adesione regolarmente perfezionato) o giurisdizionali (ad es. sentenza della commissione tributaria provinciale che accoglie il ricorso del contribuente), ancorché non definitivi, il provvedimento cautelare di sospensione del rimborso si riduce automaticamente ad una somma corrispondente agli importi rettificati amministrativamente o giudizialmente.

Fermo amministrativo dei pagamenti...

Il **fermo amministrativo dei pagamenti**, opera anch'esso quando i soggetti passivi di debiti tributari vantino proprie ragioni creditorie, ma in questo caso nei confronti di ogni amministrazione pubblica.

ISBN 978-88-495-4378-0

In particolare, l'art. 69, comma 5, r.d. n. 2440 del 1923 stabilisce che ogni amministrazione dello Stato, compresi gli uffici finanziari, al fine di cautelare le proprie ragioni creditorie possa richiedere alle altre amministrazioni di sospendere i pagamenti di queste ultime nei confronti dei propri debitori.

La norma in questione, che risponde a finalità analoghe a quelle previste dall'art. 23, ha peraltro portata assai più estesa nonché modalità applicative **meno garantiste** per il contribuente (in proposito, Corte di cass., sent. n. 11962 del 13 luglio 2012, ove si è affermato che «*In sostanza, l'istituto del fermo ... può essere utilizzato dall'amministrazione anche a difesa di un proprio credito che non sia nè liquido nè esigibile, ma unicamente assistito dal «fumus boni iuris» in relazione alla pendenza di un qualsiasi procedimento dal cui esito deriverà il suo accertamento*»).

Desta serie perplessità, in particolare, la previsione testuale che «obbliga» le amministrazioni a sospendere i pagamenti «*in attesa del provvedimento **definitivo***».

... che perdura sino al provvedimento definitivo

In tal modo, infatti, il fermo amministrativo continua ad operare nella misura originariamente disposta anche dopo che gli importi dovuti sull'atto di imposizione siano stati eventualmente ridotti o annullati con successivi provvedimenti giudiziali, sino a quando, cioè, le decisioni giudiziali di riduzione o annullamento non siano divenute definitive.

opportunità di un'interpretazione sistematica

Al di là di quanto letteralmente indicato nell'art. 69, comma 5, tuttavia, un'interpretazione sistematica e costituzionalmente orientata di tale disposizione indurrebbe a privilegiarne un'applicazione conforme a quella stabilita nel più recente art. 23 del d.lgs. n. 472/1997 per l'analogo istituto della sospensione dei rimborsi, riducendo cioè automaticamente l'importo del fermo ad una somma corrispondente agli importi rettificati amministrativamente o giudizialmente.

 ISBN 978-88-495-4378-0

Capitolo 24

Gli istituti di «definizione» dei procedimenti tributari di controllo

1. Gli istituti «deflattivi» tributari: premessa. – È oggettivamente riscontrabile come le dinamiche dei poteri di controllo in ambito tributario, per l'ampiezza dei destinatari e l'incisività delle conseguenze, possano dare luogo, in concreto, ad una diffusa «litigiosità» tra amministrazione finanziaria e contribuenti.

Gli istituti deflattivi tributari

La riduzione del contenzioso tributario rappresenta dunque un obiettivo «fisiologico» del legislatore fiscale, al fine primario di consolidare un'attività di controllo sempre più accurata, nonché per favorire modalità di adempimento del tributo che riducano la contrapposizione tra Fisco e contribuenti.

Una tale finalità «deflattiva», ove cioè intesa in senso lato e generale, è direttamente riconducibile all'attuazione dell'articolo 97 della Costituzione, ed in particolare all'esigenza di attuare l'attività (amministrativa) di controllo in ambito tributario in modo sempre più efficiente ed imparziale.

In tal senso, peraltro, lo «scopo deflattivo» si riflette pressoché indistintamente sull'ambito di operatività di tutti i poteri di controllo, coinvolgendo anche istituti che accentuano la collaborazione tra amministrazione e contribuenti quali «interpello» (cfr. *retro* cap. 10), «autotutela» (cfr. retro cap. 14, par. 5) e «contraddittorio endoprocedimentale» (cfr. cap. 14, par. 3 e 4).

La finalità deflattiva «in senso ampio»

Nei termini già descritti, tuttavia, la finalità deflattiva perde di rilievo sul piano strettamente definitorio, in quanto può essere rilevata,

 ISBN 978-88-495-4378-0

più o meno intensamente, nell'ambito di tutti gli strumenti di attuazione del tributo.

Sul piano sistematico, ed in particolare al fine di definire una categoria di istituti deflattivi in ambito tributario, si reputa dunque preferibile precisare un perimetro più ristretto di tali ipotesi, che consenta cioè di attribuire alle stesse dei tratti comuni nonché giuridicamente «caratterizzanti».

Caratteristiche degli istituti deflattivi in senso stretto

Ciò premesso, si definiscono **«istituti deflattivi tributari»** unicamente quelle ipotesi che:

– consentono la definizione (anche parziale) di un **procedimento di controllo tributario** (già instaurato, ovvero *in fieri*);

– prevedono uno specifico **«effetto premiale»**, in termini di riduzione delle sanzioni tributarie.

Elencazione degli istituti deflattivi aventi tali caratteristiche

Nei termini così definiti, appartengono alla categoria degli istituti deflattivi tributari: il **ravvedimento operoso** (art. 13 d.lgs. n. 472/1997), la **definizione delle sole sanzioni** (art. 17, comma 3, d.lgs. n. 472/1997), **l'accertamento con adesione** (art. 1 e seg. d.lgs., 218/1997), **l'acquiescenza «qualificata»** (art. 15 d.lgs. n. 218/1997), **il reclamo/mediazione** (art. 17-*bis* del d.lgs. n. 546/1992) e la **conciliazione giudiziale**, prevista dagli articoli 48, 48-*bis* e 48-*ter* del d.lgs. n. 546/1992.

Alla categoria così descritta, sia pure con spiccate peculiarità in ragione del contesto normativo in cui opera (Legge fallimentare), può essere ricondotta anche la **transazione fiscale** (art. 182-*ter* della Legge fallimentare). Anche tale istituto, infatti, può consentire la definizione di un procedimento tributario con un abbattimento di sanzioni ed eventualmente anche di quota parte di imposte e interessi dovuti.

Prima ancora di esaminare la disciplina di ciascuna ipotesi, è utile però esprimere alcune ulteriori considerazioni generali.

In primo luogo, si rileva che nell'ambito della categoria degli «strumenti deflattivi tributari» così come definiti, alcuni di essi, pur implicando la definizione di un procedimento di controllo, sono disciplinati secondo modelli processuali.

Ciò è agevolmente rilevabile per la conciliazione giudiziale, ma vale per molti versi, anche per il reclamo/mediazione. Tale ultimo istituto, infatti, pur essendo certamente riferibile alla fase amministrativo-procedimentale, è già strutturato in funzione della fase processuale, tant'è che la relativa disciplina è collocata nell'ambito della normativa di cui al d.lgs. n. 546/1992, contenente appunto le disposizioni sul processo tributario.

Considerazioni in parte simili possono essere espresse per la **tran-**

ISBN 978-88-495-4378-0

sazione fiscale che, presupponendo l'insolvenza o lo stato di crisi del contribuente, oltre che peculiarmente caratterizzata nell'ambito della legge fallimentare, è inevitabilmente correlata alla fase della riscossione tributaria da inadempimento.

In virtù di tali complessive ragioni, fermo quanto chiarito in termini di classificazione generale degli istituti deflattivi tributari, nel presente capitolo saranno unicamente trattati il ravvedimento operoso, l'accertamento con adesione, l'acquiescenza qualificata e la definizione delle sole sanzioni, rinviando, l'approfondimento di ricorso/reclamo e conciliazione giudiziale al capitolo 26, riferito alla disciplina del processo tributario; l'esame della transazione fiscale, invece, è rinviato al capitolo 25, concernente la riscossione tributaria da inadempimento.

2. Istituti deflattivi di tipo «automatico». Il ravvedimento operoso. – Per istituti deflattivi di tipo automatico si intendono quelli caratterizzati da modalità che consentono al contribuente, al compimento di determinati adempimenti, **la definizione «automatica»** di procedimenti di controllo già in essere ovvero ancora *in fieri*, ottenendo *ex lege* e senza alcun coinvolgimento o partecipazione consensuale dell'ufficio, **un beneficio premiale** in termini di riduzione delle sanzioni.

Istituti deflattivi di tipo automatico: definizione automatica in presenza dei requisiti

La normativa tributaria, in particolare, concede al contribuente la possibilità di un **ravvedimento operoso**, regolarizzando le violazioni tributarie già realizzate con il pagamento spontaneo di imposte e interessi dovuti, nonché della relativa sanzione, che in questo caso risulterà **automaticamente** applicabile in misura ridotta (art. 13 d.lgs. n. 472 del 1997).

Il ravvedimento operoso

L'art. 13, in particolare, stabilisce riduzioni sanzionatorie differenziate in ragione del tempo entro il quale avviene il ravvedimento (tendenzialmente quanto prima interviene la regolarizzazione tanto più forte sarà la riduzione della sanzione applicabile) nonché della tipologia di violazione commessa.

riduzioni sanzionatorie differenziate in ragione del momento del pagamento

Il ravvedimento operoso era originariamente disciplinato quale definizione «strettamente spontanea» delle violazioni commesse, tant'è che l'istituto era in ogni caso precluso ove le violazioni fossero state già constatate ovvero in caso di avvio di attività istruttorie formalmente comunicate al contribuente (comma 1).

La disciplina vigente, invece, per la generalità dei tributi amministrati da Agenzia delle entrate e da Agenzia delle dogane (cfr. art. 13,

 ISBN 978-88-495-4378-0

comma 1-*ter*), consente al contribuente/trasgressore di applicare l'istituto del ravvedimento anche dopo l'avvio o la conclusione di attività istruttorie poste in essere nei suoi confronti.

Ferma la definizione delle violazioni regolarizzate *ex* art. 13, l'applicazione del ravvedimento non impedisce in ogni caso la continuazione ovvero l'avvio delle attività istruttorie nei confronti del medesimo contribuente (art. 13, comma 1-*quater*; la Corte di cass., sent. n. 6108 del 30 marzo 2016, nel ribadire che il «*ravvedimento operoso ... non produce alcun effetto preclusivo in ordine ad un eventuale accertamento da parte dell'Ufficio*», sottolinea come «*è precluso al contribuente, ... la ripetizione di quanto versato, con conseguente inammissibilità della relativa istanza, salvo il caso di errori formali essenziali e riconoscibili*»).

i casi di preclusione

Sono invece **preclusi** gli **effetti premiali** e **la regolarizzazione** prevista dal ravvedimento operoso, per quelle violazioni tributarie (art. 13, comma 1-*ter*):

– contestate con **atti di imposizione** già notificati ai contribuenti/trasgressori;

– nonché quando siano state già ricevute dai contribuenti le **comunicazioni di irregolarità** previste dai controlli di tipo automatizzato o formale.

3. *Segue*. **Acquiescenza «qualificata» e definizione delle sole sanzioni.** – Tra gli strumenti deflattivi tributari di tipo «automatico» è certamente riconducibile la specifica ipotesi di **acquiescenza «qualificata»**, così come disciplinata nell'art. 15 del d.lgs. n. 218/1997. Tale disposizione, infatti, nel caso in cui il contribuente abbia ricevuto la notifica di un avviso di accertamento (o di un avviso di liquidazione), stabilisce che le sanzioni sono «automaticamente» ridotte **ad un terzo,** se il contribuente pone in essere le seguenti circostanze:

L'acquiescenza «qualificata»

i requisiti applicativi:

– **rinuncia** all'impugnazione dell'atto di imposizione nonché a formulare istanza di accertamento con adesione;

– **paga le somme dovute** in base al provvedimento dell'amministrazione finanziaria entro il termine per la proposizione del ricorso (fatta salva la scelta del pagamento rateale).

Non è quindi sufficiente una «mera e generica» acquiescenza del contribuente all'atto di imposizione dell'ufficio per determinare l'effetto premiale della riduzione delle sanzioni, laddove il perfezionamento di tale fattispecie nei termini di istituto deflattivo richiede, oltre alla mancata presentazione del ricorso di impugnazione dell'atto

ISBN 978-88-495-4378-0

ovvero dell'istanza di accertamento con adesione, anche il pagamento delle somme dovute entro il termine per impugnare.

Realizzati i presupposti previsti nella norma (rinuncia all'impugnativa ed all'istanza di accertamento con adesione, nonché puntuale pagamento degli importi richiesti nell'atto – imposte, interessi e sanzioni ridotte), gli effetti premiali (riduzione delle sanzioni ad un terzo) si realizzano automaticamente *ex lege*.

pagamento delle somme dovute, nonché rinuncia ad impugnare l'atto ed a formulare ist. di acc. con adesione

Nel concludere la disamina su tale istituto, è utile ricordare che un'ipotesi concettualmente affine di acquiescenza qualificata è prevista anche nell'ambito dei poteri di controllo di tipo liquidatorio, ove risulta disciplinata in seguito alla comunicazione di irregolarità (cfr. art. 2, d.lgs. n. 462/1997, già richiamato *retro* cap. 13, par. 4).

Concettualmente affine all'ipotesi di acquiescenza appena descritta è anche quella prevista dall'art. 17, comma 3, d.lgs. n. 472/1997, che prevede la possibilità di definire le sole sanzioni amministrative tributarie (c.d. **definizione delle sole sanzioni**).

La definizione delle sole sanzioni

L'effetto premiale derivante dall'applicazione di questo istituto deflattivo si ottiene mediante il pagamento, entro il termine previsto per la proposizione del ricorso, di un importo pari **ad un terzo** della sanzione irrogata e comunque non inferiore ad un terzo dei minimi edittali previsti per le violazioni più gravi relative a ciascun tributo.

l'effetto premiale: riduzione della sanzione ad un terzo

Diversamente dall'ipotesi prevista dall'art. 15 del d.lgs. n. 218/1997, la definizione delle sanzioni ai sensi dell'art. 17, comma 3, non è preclusa dalla presentazione di istanza di accertamento con adesione, né dall'eventuale impugnativa parziale dell'atto; il trasgressore, cioè, procedendo al pagamento delle sanzioni ridotte ad un terzo *ex* art. 17 entro il termine per proporre ricorso, ottiene «automaticamente» l'effetto premiale rinunciando unicamente ad impugnare il provvedimento di irrogazione della sanzione, ma non perde il diritto ad impugnare il medesimo atto di imposizione relativamente alla pretesa tributaria concernente imposta ed interessi (l'eventuale successivo esito favorevole di tale giudizio, non legittima tuttavia il rimborso delle sanzioni già definite in via agevolata: Corte di cass., sent. n. 25493 del 13 novembre 2013).

non preclude ist. di acc. con adesione ed impugnativa parziale (relativamente a tributi ed interessi)

4. Istituti deflattivi di tipo «consensuale». Il reclamo/mediazione, la conciliazione giudiziale e la transazione fiscale: rinvio. L'accertamento con adesione: avvio del procedimento. – Per istituti deflattivi di tipo «consensuale» si intendono modalità definitorie che consentono di definire un procedimento di controllo solo se sui ter-

Istituti deflattivi di tipo «consensuale»

 ISBN 978-88-495-4378-0

definizione consensuale

mini concreti di tale definizione sussiste sia il consenso dell'ufficio che quello del contribuente; il perfezionamento di tali ipotesi, quindi, al di là dei requisiti legali richiesti, implica sempre, imprescindibilmente, la volontà di entrambe le parti (ufficio e contribuente) di definire in un determinato modo il procedimento di controllo fiscale.

Preliminarmente è il caso di chiarire, in termini generali per tali istituti, che il «consenso» dell'ufficio può sussistere, legittimamente, se compatibile con il c.d. principio di indisponibilità dell'obbligazione tributaria; fermo tale profilo, si è anche peraltro chiarito che nell'accertare l'obbligazione tributaria effettivamente dovuta per legge, l'amministrazione deve giungere a tale «verità» in modo ragionevole, auspicabilmente in contraddittorio con il contribuente, nonché senza ostacolare il buon funzionamento degli istituti deflattivi, laddove questi ultimi assumono fondamentale importanza per il buon funzionamento dell'intero ordinamento tributario (cfr. retro cap. 5, par. 4); profilo fondamentale per valutare la legittimità del consenso, è dunque la **motivazione** addotta dall'amministrazione nell'atto di definizione.

Agli istituti deflattivi di tipo consensuale sono riconducibili l'accertamento con adesione, il reclamo/mediazione, la conciliazione giudiziale e la transazione fiscale.

Nel presente capitolo, come già detto in premessa, sarà però trattato unicamente l'accertamento con adesione, rinviando ai successivi capitoli 25 e 26 l'esame degli altri istituti deflattivi di tipo consensuale.

L'accertamento con adesione

Il procedimento di **accertamento con adesione** è disciplinato nel d.lgs. n. 218/1997 ed è riferibile alla generalità dei tributi erariali (imposte sui redditi, Iva, Irap, imposta di registro, sulle successioni e donazioni, ipotecarie e catastali), nonché ai tributi locali ove l'ente territoriale ne abbia deciso l'applicazione con proprio regolamento.

La procedura in esame «può» essere avviata sia su iniziativa dell'ufficio sia su iniziativa del contribuente.

invito da parte dell'ufficio

Nel primo caso (cfr. artt. 5 e 11 d.lgs. n. 218/1997), l'ufficio **titolare del potere di accertamento** invia al contribuente un **«invito a comparire»**, nel quale sono indicati:

a) i periodi d'imposta suscettibili di accertamento, ovvero, nel caso di imposte indirette sui trasferimenti, gli elementi identificativi dell'atto, della denuncia o della dichiarazione cui si riferisce l'accertamento suscettibile di adesione;

b) il giorno e il luogo della comparizione per definire l'accertamento con adesione;

ISBN 978-88-495-4378-0

c) le maggiori somme che l'ufficio ritiene dovute, comprensive di interessi e sanzioni;

d) i motivi che inducono l'ufficio a ritenere dovute le maggiori somme di cui alla lettera c).

Da notare che, qualora tra la data di comparizione indicata nell'avviso e quella di decadenza dell'amministrazione dal potere di notificazione dell'atto impositivo intercorrano meno di novanta giorni, il termine di decadenza per la notificazione dell'atto impositivo è automaticamente prorogato di centoventi giorni, in deroga al termine ordinario (cfr. art. 5, comma 3 bis, introdotto dal d.l. 30 aprile 2019, n. 34, conv. con l. 28 giugno 2019, n. 34).

Quando non è avviato su iniziativa dell'ufficio, il procedimento di accertamento con adesione può essere avviato in seguito ad una **apposita istanza** (cfr. artt. 6 e 12 d.lgs. n. 218/1997) formulata dal contribuente, da inoltrare al medesimo ufficio titolare del potere di accertamento. È necessario precisare, tuttavia, che l'istanza in questione può essere validamente presentata solo da contribuenti già destinatari di attività istruttorie di accesso, ispezione e verifica, nonché da contribuenti che abbiano ricevuto la notifica di un atto di accertamento **non** preceduto dallo specifico invito a comparire per l'avvio del procedimento di accertamento con adesione.

istanza
del contribuente...

Nella seconda delle circostanze indicate e, cioè, quando il contribuente presenta istanza di accertamento con adesione successivamente alla notifica di un atto di accertamento non preceduto da invito al contraddittorio, dalla data di presentazione all'ufficio della medesima istanza è **sospeso,** per un periodo di **novanta giorni,** il termine previsto per l'impugnazione dell'atto di accertamento (sessanta giorni), decorrente dalla data di notifica al contribuente; per il medesimo periodo di novanta giorni non possono essere avviate le attività di riscossione tributaria conseguenti al medesimo atto di accertamento.

e sospensione
dei termini

L'eventuale impugnazione dell'atto di accertamento, comporta automaticamente rinuncia all'istanza di accertamento con adesione.

5. *Segue.* Svolgimento del procedimento ed eventuale perfezionamento dell'accertamento con adesione. – Una volta correttamente avviato nei modi previsti per legge, il procedimento di accertamento con adesione è incentrato sul **contraddittorio** tra contribuente ed ufficio, affinché quest'ultimo possa eventualmente riconsiderare le pretese tributarie in ragione di quanto dedotto e documentato dal contribuente nell'ambito della procedura in oggetto.

il contraddittorio

 ISBN 978-88-495-4378-0

È bene chiarire che né l'ufficio né tantomeno il contribuente sono tenuti a concludere positivamente una procedura di adesione già correttamente avviata.

Laddove invece entrambe le parti giungano ad una soluzione condivisa della pretesa tributaria accertabile, si procede alla redazione **dell'atto di accertamento con adesione,** che è sottoscritto sia da parte dell'ufficio sia da parte del contribuente (anche per il tramite di un suo procuratore speciale – cfr. art. 7, comma 1 e comma 1-*bis*, d.lgs. n. 218/1997).

sottoscrizione dell'atto di accertamento con adesione

In concreto, ove la procedura sia stata avviata su istanza del contribuente dopo la notifica di un atto di accertamento, la sottoscrizione dell'atto di adesione non può intervenire oltre i centocinquanta giorni (sessanta più novanta) dalla notifica dell'atto di accertamento originario; una volta decorso il termine di sessanta giorni dalla notifica, sospeso per ulteriori 90 giorni dopo l'avvio della procedura di adesione, l'atto di accertamento originariamente notificato diventa infatti definitivo, fatta salva l'eventuale impugnazione (ovvero la proposizione del reclamo/mediazione).

La **natura giuridica** dell'atto di accertamento con adesione è fortemente dibattuta nella dottrina tributaria, che in taluni casi privilegia una prospettiva più strettamente amministrativistica e rigidamente vincolata al principio di indisponibilità, in altri propende per un inquadramento più vicino ad ipotesi transattive.

Evitando l'approfondimento dei diversi e complessi argomenti addotti a sostegno dell'una o dell'altra tesi, si reputa preferibile rinviare, sul punto, a quanto già sinteticamente precisato in tema di indisponibilità dell'obbligazione tributaria rispetto al potere di accertamento (cfr. *retro* cap. 5, par. 5).

accertamento con adesione ed indisponibilità dell'obbligazione

L'atto di accertamento con adesione deve indicare separatamente per ciascun tributo la motivazione su cui è fondato, nonché una liquidazione di imposte sanzioni ed interessi dovuti, che può essere prevista anche in forma rateale.

Il **pagamento** di quanto dovuto, ovvero della prima rata, deve avvenire entro **venti giorni** dalla sottoscrizione dell'atto di adesione ed il contribuente fa pervenire all'ufficio apposita quietanza entro i dieci giorni successivi all'avvenuto versamento (cfr. art. 8 d.lgs. n. 218/1997).

È importante precisare che l'atto di accertamento con adesione, pur se già sottoscritto da entrambe le parti, si **perfeziona giuridicamente** solo con il **pagamento** della prima o unica rata da parte del contribuente (cfr. art. 9. d.lgs. n. 218/1997).

il perfezionamento della procedura con il pagamento

ISBN 978-88-495-4378-0

Se, quindi, alla sottoscrizione dell'atto di adesione non segue il pagamento dell'intero importo ovvero della prima rata, l'atto di adesione non è produttivo di alcun effetto. Nell'ipotesi invece di mancato pagamento delle rate successive, l'atto di adesione rimane valido ma l'inadempimento del contribuente comporta la decadenza dal beneficio della rateazione e l'ufficio potrà riscuotere coattivamente gli interi importi residui, applicando inoltre una specifica sanzione pari al 60% del residuo importo dovuto a titolo di imposta (cfr. art. 8 d.lgs. n. 218/1997 e art. 15-*ter* d.P.R. n. 602/1973).

Una volta perfezionato l'atto di accertamento con adesione, essendo in sé un accertamento **«definitivo»**, in quanto «condiviso» dall'ufficio con il contribuente, esso produce specifici e peculiari effetti (Corte di cass., sent. n. 29587 del 29 dicembre 2011, che nel ribadire la «definitività» dell'accertamento con adesione perfezionato, esclude la proponibilità di istanze di rimborso di quanto versato per perfezionare l'accordo).

In primo luogo, un tale atto **non è impugnabile** dal contribuente, né tantomeno può essere **«integrato»** o **«modificato»** da parte dell'ufficio (cfr. art. 2 d.lgs. n. 218/1997).

È quindi esclusa l'ulteriore azione di accertamento per l'ufficio sui presupposti già definiti nell'ambito di un accertamento con adesione validamente perfezionato, fatte salve le seguenti ipotesi (art. 2, comma 4):

a) se sopravviene la conoscenza di **nuovi elementi**, in base ai quali è possibile accertare un maggior reddito, **superiore al cinquanta per cento del reddito definito** e comunque non inferiore a € 77.468,53;

b) se la definizione riguarda **accertamenti parziali**;

c) se la definizione riguarda i redditi derivanti da partecipazione nelle società di persone o nelle associazioni professionali ovvero in aziende coniugali non gestite in forma societaria;

d) se l'azione accertatrice è esercitata nei confronti delle società di persone o associazioni o dell'azienda coniugale di cui alla lettera c), alle quali partecipa il contribuente nei cui riguardi è intervenuta la definizione.

Oltre alla definizione dell'accertamento tributario nei termini già descritti, dal perfezionamento dell'accertamento con adesione scaturisce un **effetto «premiale»** per il contribuente: le **sanzioni tributarie,** infatti, sono «automaticamente» **ridotte in misura pari ad un terzo** del minimo previsto per legge, quest'ultimo rapportato al ***quantum* del tributo** «dovuto», così come consensualmente definito nell'accertamento con adesione. l'effetto premiale

 ISBN 978-88-495-4378-0

Capitolo 25

Poteri di controllo fiscale e riscossione tributaria da inadempimento

Sommario: 1. I soggetti titolari dei poteri amministrativi nella riscossione tributaria da inadempimento. – 2. Gli atti amministrativi costituenti il titolo esecutivo ed il precetto della riscossione da inadempimento. L'accertamento esecutivo. – 3. *Segue*. L'iscrizione a ruolo. – 4. *Segue*. La cartella di pagamento: notificazione e motivazione. – 5. *Segue*. L'ingiunzione fiscale: cenni. – 6. Dilazione di pagamento, sospensione amministrativa della riscossione e disciplina degli interessi. – 7. La transazione fiscale: cenni. – 8. Titoli di prelazione e misure conservative a tutela della riscossione tributaria da inadempimento: privilegi, ipoteca «esattoriale» e fermo dei beni mobili registrati. – 9. L'esecuzione forzata tributaria: cenni. – 10. La prescrizione dei crediti tributari.

1. I soggetti titolari dei poteri amministrativi nella riscossione tributaria da inadempimento. – La riscossione tributaria, come già detto in termini generali, è riferibile alle attività e modalità con le quali ha luogo l'incasso delle somme dovute a titolo di tributi, sanzioni e interessi a favore dell'ente impositore (cfr. *retro* cap. 12).

Si è altresì chiarito che le modalità della riscossione tributaria sono tassativamente predeterminate sul piano normativo.

Ciò premesso, la disciplina inerente alla **riscossione spontanea** è stata esaminata nell'ambito degli adempimenti concernenti la dichiarazione tributaria, dal momento che tale modalità non implica l'esercizio di poteri amministrativi di controllo, essendo piuttosto riferibile, concettualmente, alle modalità ed agli obblighi di **autoliquidazione** dei tributi rimessi ai contribuenti.

Diversamente può dirsi per la disciplina della **riscossione tributaria da inadempimento**, che opera direttamente quale riflesso della funzione di controllo dell'amministrazione finanziaria. La riscossione da inadempimento

La riscossione da inadempimento, dunque, implica l'esercizio di poteri amministrativi ed è prevista nelle ipotesi in cui è contestata una pretesa tributaria **dovuta e non versata spontaneamente** dal contribuente.

 ISBN 978-88-495-4378-0

Preliminarmente, può essere quindi precisato che l'esercizio di una tale attività di riscossione è naturalmente e coerentemente riferibile alle Agenzia fiscali ed agli Enti locali titolari del potere di controllo fiscale, fatte salve specifiche previsioni normative concernenti ulteriori possibilità di svolgimento di tale funzione.

I soggetti titolari del potere di riscossione da inadempimento

I **soggetti titolari** del potere (amministrativo) di riscossione da inadempimento sono dunque tipicamente le **Agenzia fiscali** e gli **Enti territoriali locali**.

Accanto ad essi, tuttavia, si distinguono, alcuni ulteriori «soggetti tipici dell'attività di riscossione», che possono cioè, sia pure eventualmente, assumere un ruolo nello svolgimento di tale funzione amministrativa: si tratta in particolare di Agenti e Concessionari della riscossione.

Gli Agenti e Concessionari della riscossione

L'Agente della riscossione (oggi **Agenzia delle Entrate-Riscossione)**, è un ente pubblico statale cui è specificamente demandata dalla legge la funzione di riscossione tributaria (ma anche di altre entrate, quali contributi previdenziali, sanzioni per violazione del codice della strada, ecc.).

I Concessionari della riscossione sono invece soggetti privati incaricati della riscossione tributaria sulla base di una **concessione amministrativa**. Tali figure sono spesso concretamente rinvenibili nella riscossione delle entrate locali.

2. Gli atti amministrativi costituenti il titolo esecutivo ed il precetto della riscossione da inadempimento. L'accertamento esecutivo – Quando si è descritto l'atto di accertamento, è stato già chiarito che esso, unitamente alla funzione primaria di atto di imposizione, può assumere anche la funzione di atto della riscossione da inadempimento (cfr. *retro* cap. 16, Par. 5).

L'avviso di accertamento, quale titolo esecutivo e atto di precetto

Ciò accade per i principali tributi erariali (imposte sui redditi Iva e Irap), nonché per i tributi locali, ove **l'atto di accertamento** può dirsi cioè **esecutivo**, costituendo *ex lege* **titolo esecutivo** e **atto di precetto** per la riscossione coattiva da inadempimento (cfr. art. 29, comma 1, lett. a, d.l. n. 78/2010 e art. 9, comma 3-*bis*, d.l. 2 marzo 2012, n. 16, per i tributi rimessi all'Agenzia delle Dogane; art. 1, comma 792, l. n. 160 del 2019, per i tributi locali).

l'intimazione ad adempiere

Nelle ipotesi descritte, gli accertamenti devono quindi «*contenere anche **l'intimazione ad adempiere**, entro il termine di presentazione del ricorso, all'obbligo di pagamento degli importi negli stessi indicati*» (art. 29, comma 1, lett. a).

ISBN 978-88-495-4378-0

Decorsi ulteriori trenta giorni dal termine di presentazione del ricorso, gli importi da riscuotere coattivamente sono affidati in carico all'Agente della riscossione, affinché proceda con l'esecuzione forzata. In concreto, tuttavia, **l'esecuzione forzata** sui beni del contribuente può iniziare solo dopo che siano decorsi ulteriori 180 giorni dall'affidamento (art. 29, comma 1, lett. b).

Nel caso in cui l'accertamento esecutivo sia impugnato dal contribuente e non sussista fondato e grave pericolo per la riscossione, l'ufficio non può riscuotere immediatamente l'intero importo delle somme che assume dovute (imposte, sanzioni e interessi), ma unicamente un terzo della maggiore imposta accertata, maggiorato dei relativi interessi (cfr. art. 29, comma 1, lett. a), ove si fa rinvio agli «...*importi stabiliti dall'articolo 15 del decreto del Presidente della Repubblica 29 settembre 1973, n. 602*»). Successivamente, la riscossione tributaria seguirà le sorti del processo innanzi al giudice tributario, in ragione della normativa ivi prevista (cfr. art. 68 d.lgs. n. 546/1992).

3. ***Segue*. L'iscrizione a ruolo.** – Con l'istituzione degli accertamenti esecutivi, indubbiamente, è stata significativamente ridimensionata la portata applicativa dell'iscrizione a ruolo quale strumento della riscossione coattiva dei tributi.

Ciò nondimeno, fuori dalle ipotesi in cui trova applicazione l'accertamento esecutivo, è **l'iscrizione a ruolo** il principale atto amministrativo della riscossione tributaria da inadempimento.

L'iscrizione a ruolo

È utile altresì ricordare che l'iscrizione a ruolo è tuttora abitualmente prevista quale modalità di riscossione coattiva anche di somme non aventi natura tributaria (ad es. contributi previdenziali e relative sanzioni e interessi; somme dovute a titolo di sanzioni per la violazione del codice della strada, ecc.).

Ferme tali premesse, le ipotesi più rilevanti in cui la riscossione tributaria da inadempimento è effettuata con l'iscrizione a ruolo, che assume propriamente la funzione di **titolo esecutivo**, sono:

Il ruolo quale titolo esecutivo

le ipotesi applicative

– la **liquidazione automatica ed il controllo formale**, rispettivamente previsti dagli articoli 36-*bis* e 36-*ter* del d.P.R. n. 600/1973 (ipotesi nelle quali, come già detto, l'iscrizione a ruolo assume sia la funzione di atto di imposizione che di titolo esecutivo);

– i procedimenti di controllo relativi alle imposte indirette diverse dall'Iva (ad. **imposta di registro, successioni e donazioni**, ecc.);

– i procedimenti di controllo dei **tributi locali**, limitatamente alle ipotesi in cui gli enti locali abbiano scelto tale modalità procedurale

 ISBN 978-88-495-4378-0

per la riscossione delle proprie entrate tributarie (cfr. art. 103, d.P.R. n. 602/1973).

Il ruolo quale atto collettivo

Il «ruolo» consiste in un elenco di debitori e delle somme da essi dovute, formato dall'ufficio ai fini della riscossione. Il ruolo è quindi un **atto collettivo**, contenente le somme dovute da più debitori (art. 10, d.P.R. n. 602/1973).

In particolare, nei ruoli sono iscritte le imposte, le sanzioni e gli interessi, che l'ufficio assume dovuti, sempreché, come già detto, tali importi non risultino versati spontaneamente.

iscrizione a ruolo a titolo provvisorio

Come già anticipato in tema di accertamenti esecutivi, tuttavia, ove l'atto di accertamento (non esecutivo) su cui è fondata la successiva riscossione non sia definitivo, in quanto impugnato dal contribuente, l'ufficio, in pendenza della decisione del giudice di primo grado, non può iscrivere a ruolo l'intero importo delle somme che assume dovute (imposte, sanzioni e interessi), ma unicamente un terzo della maggiore imposta accertata, maggiorato dei relativi interessi (art. 15, d.P.R. n. 602/1973, concernente **l'iscrizione a ruolo a titolo provvisorio** in base ad accertamenti non definitivi).

iscrizione a ruolo a titolo definitivo

Diversamente, l'ufficio può iscrivere a ruolo l'intero importo delle somme che assume dovute per imposte sanzioni e interessi, sia nel caso di accertamenti divenuti definitivi, sia nel caso di liquidazione automatica e controllo formale (art. 14 d.P.R. n. 602/1973, concernente la c.d. **iscrizione a ruolo a titolo definitivo**).

iscrizione nei ruoli straordinari

Accanto all'iscrizione a ruolo c.d. «ordinaria» nei termini sinora esposti, è prevista l'iscrizione nei **ruoli straordinari**.

Caratteristica dei ruoli straordinari è la circostanza che essi possono essere formati solo quando vi è **fondato pericolo per la riscossione** (art. 11, d.P.R. n. 602/1973); in tale ipotesi sono iscritte a ruolo, per l'intero, le somme risultanti dagli atti di accertamento (come già rilevato per gli accertamenti esecutivi) anche ove gli stessi non siano definitivi.

la compensazione «volontaria»

Un cenno può essere infine fatto alla specifica ipotesi di compensazione applicabile nel caso di rimborsi da erogare a favore del contribuente in presenza di somme iscritte a ruolo. L'art. 28-*ter* del d.P.R. n. 602/1973, in particolare, prevede che in sede di erogazione di un rimborso d'imposta, l'Agenzia delle entrate verifica se il beneficiario risulta iscritto a ruolo e, in caso affermativo, comunica tale circostanza all'Agente della Riscossione affinché invii al contribuente una proposta di **compensazione «volontaria»**.

Una volta che la proposta di compensazione è comunicata al con-

ISBN 978-88-495-4378-0

tribuente, questi ha sessanta giorni per comunicare la sua accettazione ovvero il rifiuto (il silenzio equivale al dissenso), durante i quali la riscossione coattiva è sospesa.

4. ***Segue.*** **La cartella di pagamento: notificazione e motivazione.** – Il contenuto dell'iscrizione a ruolo è reso noto al contribuente attraverso la notifica della **cartella di pagamento**, contenente le iscrizioni a ruolo a lui riferibili (art. 26 d.P.R. n. 602/1973, che prevede la notifica anche a mezzo posta elettronica certificata).

La cartella di pagamento

La cartella di pagamento è atto proprio dell'Agente della riscossione, che è tenuto a notificare al contribuente tale atto entro i diversi termini stabiliti, a pena di **decadenza,** nell'art. 25 del d.P.R. n. 602/1973. In particolare, è utile ricordare che la notifica deve avvenire entro il 31 dicembre del terzo o del quarto anno successivo a quello di presentazione della dichiarazione, rispettivamente nel caso di liquidazione automatica e controllo formale *ex* artt. 36-*bis* e 36-*ter* del d.P.R. n. 600/1973 (cfr. *retro* cap. 17, par. 4); nel caso invece di accertamento (non esecutivo) divenuto definitivo, la notifica della cartella di pagamento deve avere luogo entro il termine del 31 dicembre del secondo anno successivo a quello in cui l'accertamento è appunto divenuto definitivo.

notifica nei termini di decadenza

La cartella di pagamento assume quindi la funzione di **atto di precetto** della riscossione tributaria da inadempimento, ed a tal fine «*contiene l'intimazione ad adempiere l'obbligo risultante dal ruolo entro il termine di sessanta giorni dalla notificazione, con l'avvertimento che, in mancanza, si procederà ad esecuzione forzata*» (art. 25, comma 2, d.P.R. n. 602/1973).

La funzione di atto di precetto e l'intimazione ad adempiere

Nel portare a conoscenza del contribuente le iscrizioni a ruolo a lui riferibili, occorre che siano chiare le ragioni per cui si procede esecutivamente. A tal fine l'art. 7, comma 3, dello Statuto dei diritti del contribuente (l. n. 212/2000), stabilisce in via generale che: «*Sul titolo esecutivo va riportato il* ***riferimento all'eventuale precedente atto di accertamento*** *ovvero, in mancanza, la* ***motivazione*** *della pretesa tributaria*».

la motivazione

Vanno nettamente distinte, dunque, le ipotesi in cui l'iscrizione a ruolo, comunicata con la cartella di pagamento, costituisce il titolo esecutivo di una pretesa tributaria già motivata e comunicata con un precedente atto di accertamento non esecutivo (ipotesi oggi più marginale), dai casi in cui tale atto assume invece anche la funzione di atto di imposizione.

 ISBN 978-88-495-4378-0

Nell'ipotesi descritta da ultimo, essenzialmente riferibile alla liquidazione automatica ed al controllo formale, è necessaria quindi una motivazione della pretesa tributaria in senso stretto, a pena di invalidità dell'iscrizione a ruolo in quanto atto di imposizione; diversamente, nel caso in cui la cartella di pagamento e l'iscrizione a ruolo in essa recata operano unicamente quali atti della riscossione, sarà sufficiente un mero rinvio all'atto di accertamento (o alla sentenza) da cui trae origine l'iscrizione a ruolo.

A ben vedere, dunque, pure se la motivazione è materialmente contenuta nella cartella di pagamento, essa non concerne propriamente tale atto né è riferibile all'Agente della riscossione che l'ha redatto, essendo in effetti correlata all'iscrizione a ruolo ed all'ufficio a ciò preposto (ad es. Agenzia delle entrate, ovvero ente locale).

5. *Segue*. L'ingiunzione fiscale: cenni. – Tra gli atti costituenti titolo esecutivo e precetto della riscossione tributaria da inadempimento, è utile menzionare anche **l'ingiunzione fiscale** prevista dall'art. 2 del r.d. n. 639 del 1910. Tale atto, la cui natura è complessa e controversa, può assumere residualmente funzione di atto di imposizione e/o di titolo esecutivo e precetto in ambito tributario, essenzialmente in materia di tributi locali la cui riscossione non è affidata all'Agente della Riscossione (per la natura complessa, di titolo esecutivo e precetto, *ex multis*, Corte di cass, sent. n. 15617 del 26 luglio 2005).

L'ingiunzione fiscale

6. Dilazione di pagamento, sospensione amministrativa della riscossione e disciplina degli interessi. – Su richiesta del contribuente, «*che dichiara di versare in temporanea situazione di obiettiva difficoltà*», può essere concessa una **rateizzazione (amministrativa)** del pagamento delle somme iscritte a ruolo, fino ad un massimo di settantadue rate mensili (art. 19, comma 1, d.P.R. n. 602/1973), eventualmente prorogabile per ulteriori settantadue mesi «*in caso di comprovato peggioramento della situazione*» economica del contribuente (art. 19, comma 1-*bis*, d.P.R. n. 602/1973). Se le somme iscritte a ruolo eccedono i 60.000 euro, la temporanea situazione di obiettiva difficoltà deve essere documentalmente riscontrabile.

Riscossione e rateizzazione amministrativa del pagamento

Il medesimo art. 19, comma 1-*quinques*, stabilisce altresì che la rateazione prevista dai commi 1 e 1-*bis*, «*ove il debitore si trovi, per ragioni estranee alla propria responsabilità, in una* ***comprovata e grave situazione di difficoltà*** *legata alla congiuntura economica, può essere*

ISBN 978-88-495-4378-0

aumentata fino a centoventi rate mensili. Ai fini della concessione di tale maggiore rateazione, si intende per comprovata e grave situazione di difficoltà quella in cui ricorrono congiuntamente le seguenti condizioni:

a) accertata impossibilità per il contribuente di eseguire il pagamento del credito tributario secondo un piano di rateazione ordinario;

b) solvibilità del contribuente, valutata in relazione al piano di rateazione concedibile ai sensi del presente comma».

Il contribuente, oltre alla dilazione di pagamento, può chiedere anche la **sospensione (amministrativa)** della riscossione all'ufficio tributario che ha emanato l'atto di imposizione, il quale può eventualmente concederla quale espressione peculiare del proprio potere di autotutela (per l'iscrizione a ruolo si veda anche l'art. 39 d.P.R. n. 602/1973).

Sospensione amministrativa della riscossione

Il contribuente può altresì richiedere la **sospensione giudiziale** dell'esecuzione dell'atto impugnato, con istanza formulata al giudice tributario (su tali profili processuali si rinvia ai cap. 26, par. 2.11 e 2.11.1).

In merito alla disciplina degli interessi, si precisa infine che:

Disciplina degli interessi: interessi per ritardato pagamento

sono dovuti **interessi per ritardato pagamento,** ad un tasso legale annuale predeterminato (cfr. art. 20 d.P.R. n. 602/1973), con decorrenza dal momento in cui i tributi andavano versati spontaneamente e sino al momento in cui, dopo l'intimazione ad adempiere, vi è l'affidamento all'Agente della riscossione per l'esecuzione forzata; gli **interessi per ritardato pagamento** maturano unicamente **sui tributi** e **non sulle sanzioni.**

Sono dovuti invece **interessi di mora**, ad un tasso semestrale variabile in ragione dell'andamento dei tassi bancari attivi, decorrenti dal momento in cui le somme da riscuotere sono affidate all'Agente della riscossione e sino a quando non siano effettivamente riscosse; gli **interessi di mora** maturano su **tutte le somme affidate per l'esecuzione forzata** (art. 30 d.P.R. n. 602/1973).

interessi di mora

Sono infine dovuti specifici **interessi per dilazione di pagamento,** ad un tasso annuo predeterminato, nel caso in cui sia concessa, sia amministrativamente che giudizialmente, una dilazione ovvero una sospensione della riscossione tributaria (art. 21 d.P.R. n. 602/1973). Gli interessi per **dilazione di pagamento da «rateizzazione ovvero da sospensione»** maturano su **tutte le somme per le quali è sospesa la riscossione** ovvero è concessa **la dilazione di pagamento.**

interessi per dilazione di pagamento

ISBN 978-88-495-4378-0

La transazione fiscale

7. La transazione fiscale: cenni. – Come si è già accennato nell'ambito della classificazione degli strumenti deflattivi di tipo «consensuale», il contribuente che versa in una situazione di insolvenza o in uno stato di crisi, può proporre all'ufficio la sottoscrizione di una transazione fiscale, contenente una determinata definizione dei propri debiti erariali.

È corretto affermare, quindi, che la **transazione fiscale** consiste in «*...una peculiare procedura transattiva tra il contribuente e il fisco*» (così definita da Corte cost. sentenza n. 225 del 2014), applicabile nei confronti dei contribuenti in difficoltà, ma solo in determinate e tassative circostanze nonché con le modalità puntualmente disciplinate nella Legge fallimentare (art. 182-*ter* del r.d. 16/3/1942 n. 267).

Esclusivamente con la procedura suddetta, nel rispetto delle regole e dei criteri normativi previsti dall'art. 182-*ter* nonché di una articolata dinamica procedimentale, il contribuente può proporre **la falcidia** ovvero **la dilazione** dei debiti tributari (e contributivi) dovuti e non versati, **in deroga** sia agli ordinari limiti concernenti la c.d. indisponibilità del credito tributario (andando quindi oltre ciò che è possibile ottenere con gli ordinari strumenti deflattivi in ambito tributario – *infra* cap. 5, par. 4 e cap. 24), sia alla disciplina tributaria in tema di dilazione di pagamento già esaminata nel paragrafo precedente.

la convenienza economica per l'amministrazione

Ai fini della legittimità della transazione fiscale, in particolare, assume primario rilievo il profilo della **«concreta riscuotibilità»** dei tributi, e, quindi, la **convenienza economica** dell'amministrazione a «transigere», rinunciando a parte delle somme dovute per legge ma, purtuttavia, ottenendo la possibilità di riscuotere concretamente di più rispetto a quanto ragionevolmente ottenibile da una liquidazione fallimentare del patrimonio del fallito.

Nel caso in cui la proposta di transazione fiscale sia accettata dall'ufficio, e poi correttamente adempiuta dal contribuente, essa determina la definizione «consensuale» dei procedimenti di controllo cui è riferibile, nei termini stabiliti nella medesima transazione fiscale.

le ipotesi di applicabilità

La proposta di transazione fiscale implica il deposito di domanda e relativa documentazione sia presso il Tribunale sia presso l'ufficio fiscale competente; essa può essere **esclusivamente** attivata nell'ambito di una procedura di **concordato preventivo** (art. 160 l.f.) ovvero nell'ambito delle trattative che precedono la stipulazione **dell'accordo di ristrutturazione** di cui all'articolo 182-*bis* della medesima legge fallimentare. In tale ultima ipotesi «*l'attestazione sulla fat-*

ISBN 978-88-495-4378-0

*tibilità del piano, di cui al citato articolo 182-*bis, *primo comma, relativamente ai crediti fiscali deve inerire anche alla convenienza del trattamento proposto rispetto alle alternative concretamente praticabili*» (cfr. art. 182-*ter*, comma 5).

A finalità analoghe a quelle perseguite con la transazione fiscale può giungersi anche nell'ambito delle speciali procedure previste dagli articoli 6 e seg. della l. 27/1/2012, n. 3, concernenti le c.dd. procedure di gestione della **crisi da sovraindebitamento,** (per approfondimenti applicativi si veda Circ. Agenzia Entrate n. 19/E del 6/5/2015).

Procedure di gestione della crisi da sovraindebitamento

È utile infine ricordare, come già accennato (*infra* cap. 22 par. 6), che tra i «delitti in materia di pagamento di imposte» è prevista una specifica ipotesi correlata alla presentazione della domanda di transazione fiscale (art. 11, comma 2, d.lgs. n. 74/2000).

8. Titoli di prelazione e misure conservative a tutela della riscossione tributaria da inadempimento: privilegi, ipoteca «esattoriale» e fermo dei beni mobili registrati. – In linea generale, come è noto, tutti i creditori devono essere soddisfatti in eguale misura dal patrimonio del debitore inadempiente, fatte salve le cause legittime di prelazione.

I **privilegi** costituiscono appunto cause legittime di prelazione, unitamente a pegno e ipoteca (art. 2741 c.c.).

Nel codice civile sono stabilite numerose ipotesi di **privilegio a favore dei crediti tributari**:

Privilegi a favore dei crediti tributari

– privilegio generale sui beni mobili del debitore, per imposte e sanzioni relativamente ad imposte sui redditi, Iva, Irap e tributi locali (art. 2752 c.c.);

– privilegi speciali sui beni mobili del debitore, per le imposte indirette, nonché per i crediti di rivalsa in ambito Iva (art. 2758 c.c.);

– privilegio speciale immobiliare per determinati crediti tributari in ambito imposte indirette (art. 2772 c.c.)

Si è già detto che l'ufficio titolare dei poteri di controllo può inoltrare, al presidente della commissione tributaria provinciale, istanza di iscrizione di ipoteca (giudiziale) con funzione strettamente cautelare, ai sensi dell'art. 22 del d.lgs. n. 472/1997 (*retro* cap. 23, par. 2).

È prevista, peraltro, un'ulteriore ipotesi di ipoteca a tutela dei crediti tributari, specificamente afferente la riscossione da inadempimento ed attivabile (amministrativamente) dall'Agente della riscossione. L'art. 77 del d.P.R. n. 602/1973, in particolare, stabilisce che decorsi inutil-

 ISBN 978-88-495-4378-0

mente i termini previsti nell'intimazione ad adempiere, l'Agente della riscossione, nell'ambito dei propri **poteri amministrativi**, può iscrivere ipoteca sugli immobili del debitore (e dei coobbligati) per un importo pari al doppio dell'importo complessivo del credito per cui si procede (c.d. **ipoteca «amministrativa esattoriale»**).

Ipoteca «esattoriale»

le finalità

L'ipoteca in questione ha funzione **conservativa** delle garanzie patrimoniali a favore dell'amministrazione, ma, essendo precedente all'espropriazione e vendita dei beni del debitore, opera anche quale strumento di persuasione del debitore all'adempimento. In ogni caso, l'ipoteca *ex* art. 77 non può essere iscritta per crediti di importo complessivamente inferiore ad € 20.000,00, né sui beni insuscettibili di esecuzione forzata (ad es. la casa di abitazione).

il contraddittorio

La giurisprudenza, con orientamento oramai consolidato, ha affermato la nullità dell'iscrizione ipotecaria amministrativa esattoriale ove essa non sia preceduta dall'invito al **contraddittorio** con il contribuente (cfr. da ultimo Corte di cass., sent. n. 4587 del 22 febbraio 2017).

Fermo dei beni mobili registrati

Analoga funzione di strumento di persuasione all'adempimento è svolta dal **fermo dei beni mobili registrati**, previsto dall'art. 86 del d.P.R. n. 602/1973.

L'Agente della riscossione, in particolare, dopo averne dato notizia al contribuente, può disporre il fermo dei beni mobili del debitore (o dei coobbligati) iscritti nei pubblici registri (**veicoli, imbarcazioni**, ecc.). L'iscrizione del fermo comporta il divieto di circolazione del veicolo, nonché, in caso di violazione del divieto, l'irrogazione di una sanzione pecuniaria e la confisca del medesimo veicolo. Il fermo non può essere eseguito ove il contribuente dimostri che il veicolo è strumentale all'esercizio dell'attività d'impresa o professionale.

L'esecuzione forzata tributaria

9. L'esecuzione forzata tributaria: cenni. – L'espropriazione forzata fiscale sui beni del debitore inadempiente è disciplinata dal d.P.R. n. 602/1973 (artt. 49 e seg.) ovvero residualmente dal c.p.c.

È controversa la natura amministrativa o giudiziale di tale procedura, anche se l'opinione prevalente privilegia il carattere amministrativo di tale procedimento.

Ai fini delle presenti lezioni, per esigenze di semplificazione e coerenza degli argomenti trattati, non si reputa tuttavia utile un approfondimento di tale tematica, laddove è pacifico che gli effetti lesivi direttamente derivanti dagli atti dell'esecuzione forzata tributaria e la tutela avverso gli stessi, pur essendo per taluni versi riferibili alla

ISBN 978-88-495-4378-0

materia tributaria, esulano dalla giurisdizione rimessa al giudice tributario (art. 2, comma 1, ultimo periodo. d.lgs. n. 546/1992; con riguardo a tali profili inerenti alla giurisdizione, si rinvia al cap. 26, par. 2.2).

10. La prescrizione dei crediti tributari. – Nell'esaminare la disciplina dei poteri di controllo, si è rilevato che la contestazione di crediti tributari non pagati spontaneamente dal contribuente, che purtuttavia l'ufficio assume come dovuti, implica sempre la comunicazione al medesimo contribuente di un atto di imposizione entro perentori termini di **decadenza** stabiliti dalla normativa tributaria.

Se ciò non accade, allo spirare del termine di decadenza per la comunicazione dell'atto di imposizione, viene meno in primo luogo il potere amministrativo di imposizione dell'ufficio e, con esso, il correlato potere amministrativo di riscossione coattiva.

In taluni casi, inoltre, accanto al termine di **decadenza per l'esercizio del potere di imposizione**, la normativa tributaria prevede ulteriori e perentori **termini di decadenza** per l'avvio del potere **amministrativo di riscossione**; in tali specifiche ipotesi, lo spirare del termine di decadenza per la comunicazione dell'atto di riscossione, preclude l'esercizio del potere amministrativo di riscossione coattiva (v. ad esempio il termine di decadenza biennale per la notifica della cartella di pagamento, che decorre dalla data in cui è divenuto definitivo un accertamento tributario non esecutivo – art. 25, comma 1, lett. c, d.P.R. n. 602/1973).

Fermo quanto rilevato in merito allo spirare dei termini di decadenza concernenti l'esercizio del potere amministrativo di imposizione (o, eventualmente, di riscossione), l'inerzia del creditore/Fisco nella fase di riscossione può comportare, **in via generale**, l'estinzione del credito tributario e, con esso, del diritto/potere di riscuoterlo coattivamente, ove risulti inutilmente decorso il termine di **prescrizione**.

Estinzione del credito tributario per prescrizione

Ai crediti tributari, similmente ai crediti d'imposta eventualmente sorti a favore del contribuente, infatti, si applica il regime ordinario di **prescrizione decennale** di cui all'art. 2946 c.c., fatta salva, ovviamente, l'applicazione di norme tributarie che stabiliscono ipotesi specifiche di prescrizione (si veda ad es. l'art. 20 del d.lgs. n. 472/1997 che prevede un termine di prescrizione quinquennale per la riscossione delle sanzioni irrogate).

termini di prescrizione

A tal proposito è utile ricordare che tale termine si applica tendenzialmente anche alle imposte periodiche, laddove per esse l'inter-

 ISBN 978-88-495-4378-0

vallo temporale assume giuridicamente rilievo solo al fine della compiuta definizione del presupposto, mentre la sottostante obbligazione tributaria, autonoma per ogni periodo di riferimento, **non attiene ad un rapporto di durata** (*ex multis*, Corte di cass., sent. n. 24322 del 14 novembre 2014). Da ciò consegue che, per le obbligazioni tributarie nascenti dalle imposte periodiche, non va tendenzialmente considerato il termine di **prescrizione quinquennale,** previsto dall'art. 2948, n. 4 c.c. per le obbligazioni di durata, ma quello **ordinario decennale** di cui all'art. 2946 c.c., applicabile alla generalità delle obbligazioni tributarie, fatte salve eventuali diverse indicazioni espressamente rinvenibili nella normativa tributaria.

ISBN 978-88-495-4378-0

CAPITOLO 26

Il processo tributario: cenni

SOMMARIO: 1. L'organizzazione della giustizia tributaria (d.lgs. n. 545/1992). – 2. Il processo tributario (d.lgs. n. 546/1992). - 2.1. La normativa disciplinante il processo tributario (art. 1). - 2.2. L'oggetto della giurisdizione tributaria (art. 2). - 2.3. Competenza per territorio delle commissioni tributarie (art. 4). - 2.4. I poteri istruttori delle commissioni tributarie e le prove (art. 7). - 2.5. Le parti e l'assistenza tecnica (artt. 10, 11, 12). - 2.6. Litisconsorzio ed intervento (art. 14; artt. 103 e 104 c.p.c.). - 2.7. Il procedimento dinanzi alla commissione tributaria provinciale. - 2.7.1. Il ricorso (art. 18). - 2.7.2. Il reclamo e la mediazione (art. 17-*bis*). - 2.7.3. Gli atti impugnabili (art. 19). - 2.7.4. Dalla notifica del ricorso al deposito della sentenza (artt. da 20 a 37). - 2.8. Il riparto dell'onere della prova (art. 2697 c.c.). - 2.9. Sospensione e interruzione del processo (artt. da 39 a 43). - 2.10. Estinzione del processo (artt. 44, 45 e 46). - 2.11. La sospensione cautelare e la conciliazione giudiziale. - 2.11.1. La sospensione cautelare (artt. 47, 52 e 62-*bis*). - 2.11.2. La conciliazione (artt. 48, 48-*bis*, 48-*ter*). - 2.12. Le impugnazioni. Cenni. - 2.12.1. L'appello (artt. da 52 a 61). - 2.12.2. Il ricorso per cassazione ed il giudizio di rinvio (artt. 62 e 63). - 2.12.3. La revocazione (artt. da 64 a 67). - 2.13. L'esecuzione delle sentenze (artt. 67-*bis*, 68, 69). - 2.13.1. Il giudizio di ottemperanza (art. 70).

1. L'organizzazione della giustizia tributaria (d.lgs. n. 545 del 1992). – La giurisdizione tributaria è esercitata dalle **commissioni tributarie (c.d. giudice speciale tributario,** cfr. il successivo par. 2.2), che sono disciplinate dal d.lgs. n. 545 del 31 dicembre del 1992, e dalla Corte di Cassazione per le sole questioni di legittimità.

Le commissioni tributarie

Le commissioni tributarie, precisamente, sono **provinciali**, aventi sede nel capoluogo di ogni provincia, e **regionali**, aventi sede nel capoluogo di ogni regione (art. 1 d.lgs. n. 545). Le commissioni tributarie (provinciali e regionali) sono organizzate in sezioni.

Ogni collegio giudicante è presieduto dal presidente della sezione o dal vicepresidente e giudica con numero invariabile di tre componenti, compreso colui che presiede.

i componenti

I componenti delle commissioni tributarie sono **selezionati in base**

 ISBN 978-88-495-4378-0

ai titoli e sono nominati con decreto del Presidente della Repubblica su proposta del Ministro delle finanze, previa deliberazione del Consiglio di presidenza della Giustizia tributaria. Si evidenzia, a titolo esemplificativo, che possono far parte della commissione provinciale, i magistrati, i dipendenti civili dello Stato o di altre amministrazioni pubbliche che hanno prestato servizio per almeno dieci anni, gli ufficiali della Guardia di finanza cessati dalla posizione di servizio permanente effettivo prestato per almeno dieci anni, coloro che sono iscritti negli albi dei ragionieri e dei periti commerciali ed hanno esercitato per almeno dieci anni le rispettive professioni, ragionieri o periti commerciali che hanno svolto per almeno dieci anni, alle dipendenze di terzi, attività nelle materie tributarie ed amministrativo-contabili, coloro che hanno conseguito da almeno due anni il diploma di laurea in giurisprudenza o in economia e commercio, gli iscritti negli albi degli ingegneri, degli architetti, dei geometri, dei periti edili, dei periti industriali, dei dottori agronomi, degli agrotecnici e dei periti agrari che hanno esercitato per almeno dieci anni le rispettive professioni, etc. (art. 4). Possono far parte delle commissioni tributarie regionali, sempre a titolo esemplificativo: i magistrati, i docenti di ruolo universitari o delle scuole secondarie di secondo grado ed i ricercatori in materie giuridiche, economiche e tecnico-ragionieristiche, i dipendenti civili dello Stato o di altre amministrazioni pubbliche in possesso dei requisiti specificati, gli ufficiali della Guardia di finanza cessati dalla posizione di servizio permanente effettivo, i notai e coloro che sono iscritti negli albi professionali degli avvocati o dei dottori commercialisti ed hanno esercitato per almeno dieci anni le rispettive professioni, etc. (art. 5).

Le incompatibilità

Il medesimo d.lgs. n. 545, poi, espressamente prevede, all'art. 8, una serie di situazioni di **incompatibilità** con la carica di componente di commissione tributaria: non possono, ad esempio, essere componenti delle commissioni tributarie, i membri del Parlamento nazionale e del Parlamento europeo, i consiglieri regionali, provinciali, comunali e circoscrizionali, i dipendenti dell'Amministrazione finanziaria che prestano servizio presso gli uffici delle Agenzie delle entrate, delle dogane e del territorio, gli appartenenti al Corpo della Guardia di finanza, «*coloro che in qualsiasi forma, anche se in modo saltuario ... esercitano l'attività di consulenza tributaria, detengono le scritture contabili e redigono i bilanci, ovvero svolgono attività di consulenza, assistenza o di rappresentanza, a qualsiasi titolo e anche nelle controversie di carattere tributario, di contribuenti singoli o associa-*

ISBN 978-88-495-4378-0

zioni di contribuenti, di società di riscossione dei tributi o di altri enti impositori» (lett. i), i coniugi, i conviventi e i parenti fino al secondo grado, gli affini in primo grado di coloro che, iscritti in albi professionali, esercitano, anche in forma non individuale, le attività individuate nella lettera i).

2. Il processo tributario (d.lgs. n. 546/1992). – Il già richiamato d.lgs. n. 545 contiene esclusivamente la disciplina dell'organizzazione delle commissioni tributarie; il **d.lgs. n. 546** del 31.12.1992, invece, raccoglie le disposizioni, di seguito sinteticamente analizzate, che regolano lo svolgimento del **processo tributario**.

La disciplina del processo tributario

2.1. La normativa disciplinante il processo tributario (art. 1). – Con riguardo alla normativa disciplinante il processo tributario, il d.lgs. n. 546, all'art. 1, comma 2, prevede che «*I giudici tributari applicano le norme del presente decreto e, per quanto da esse non disposto e con esse compatibili,* ***le norme del codice di procedura civile***». Dunque, la disciplina del processo tributario, contenuta nel d.lgs. n. 546, può essere integrata dalle disposizioni del codice di procedura civile, ma solo al ricorrere delle seguenti **due condizioni** indispensabili:

L'applicabilità (residuale) del c.p.c.

– mancanza di una previsione specifica nel d.lgs. n. 546;
– compatibilità sistematica tra la disposizione del c.p.c. che si vuol applicare e quelle del decreto n. 546.

Ferma la problematicità di una simile previsione, considerato che non è poi sempre semplice, in concreto, verificare quando effettivamente ricorrano tali condizioni, si segnalano, a titolo meramente esemplificativo, alcuni istituti del c.p.c. che la giurisprudenza ritiene applicabili al processo tributario: l'art. 105 c.p.c. sull'intervento volontario, gli artt. 115 e 116 c.p.c. sulla valutazione delle prove da parte del giudice, l'art. 156, comma 3, c.p.c. sulla sanatoria delle nullità per raggiungimento dello scopo.

La giurisdizione tributaria...

2.2. L'oggetto della giurisdizione tributaria (art. 2). – L'art. 2 del d.lgs. n. 546 del 1992 definisce l'oggetto della giurisdizione tributaria, *rectius* **l'ambito della cognizione giurisdizionale devoluta al giudice tributario.**

Ai sensi del comma 1, prima parte, di tale diposizione «*Appartengono alla giurisdizione tributaria tutte le controversie aventi ad oggetto* ***i tributi di ogni genere e specie comunque denominati****, com-*

 ISBN 978-88-495-4378-0

presi quelli regionali, provinciali e comunali e il contributo per il Servizio sanitario nazionale, le sovrimposte e le addizionali, le relative sanzioni nonché gli interessi e ogni altro accessorio».

... generale ed esclusiva...

È evidente, dunque, dal tenore letterale di tale disposizione, che il legislatore ha inteso devolvere alla cognizione del giudice tributario l'intera materia tributaria (**giurisdizione tributaria di tipo «generale ed esclusivo»**).

Tutte le controversie concernenti i «tributi», quindi, sia espressamente denominati tali dal legislatore (ad esempio imposte sui redditi, iva, imu, ecc.), sia relative ad ogni altra «entrata» che presenti le caratteristiche sostanziali del «tributo», a prescindere dal *nomen iuris* utilizzato dal legislatore, sono devolute a tale giurisdizione, *ex* art. 2 d.lgs. n. 546 del 1992.

... ma circoscritta alla natura «sostanziale» di tributo

La Corte costituzionale ha altresì chiarito che, pur rientrando nelle scelte discrezionali del legislatore il consolidamento, generale ed esclusivo, delle controversie concernenti i tributi (comprensive di sanzioni tributarie e interessi) innanzi al «giudice speciale tributario» (commissioni tributarie provinciali e regionali), non è invece ammissibile devolvere alle medesime commissioni tributarie controversie concernenti «entrate» prive dei requisiti sostanziali del «tributo», dal momento che una tale attribuzione sarebbe in contrasto con l'art. 102, comma 2, della Costituzione che vieta l'istituzione di nuovi giudici speciali (in proposito, *ex multis*, Corte cost., sent. n. 64 del 2008, nonché n. 130 del 14 maggio 2008; n. 39 dell'11 febbraio 2010).

La prima difficoltà, pertanto, per quelle ipotesi di «entrata» con incerta classificazione, è rappresentata dal comprendere quando una controversia può essere definita «tributaria», considerato anche che nel nostro ordinamento non esiste una espressa definizione legislativa di tributo (cfr. su tali profili *retro* cap. 2).

La giurisdizione del G.O. per gli atti dell'esecuzione forzata

Sono poi espressamente escluse dalla giurisdizione tributaria «*le controversie riguardanti* ***gli atti della esecuzione forzata tributaria*** *successivi alla notifica della cartella di pagamento e, ove previsto, dell'avviso di cui all'articolo 50 del decreto del Presidente della Repubblica 29 settembre 1973, n. 602, per le quali continuano ad applicarsi le disposizioni del medesimo decreto del Presidente della Repubblica*» (art. 2, comma 1, seconda parte). Tali controversie sono dunque devolute alla **cognizione del giudice ordinario.**

gli aspetti problematici

Un secondo aspetto problematico, sul piano della giurisdizione, concerne proprio le vicende correlate all'esecuzione forzata tributaria, laddove in tale ambito vi può essere una commistione tra atti im-

ISBN 978-88-495-4378-0

pugnabili innanzi al giudice tributario (ad es. l'iscrizione di ipoteca esattoriale *ex* art. 77 d.P.R. 602/73, ovvero il fermo dei beni mobili registrati *ex* art. 86 d.P.R. 602/73 – cfr. *retro* cap. 25) ed atti riferibili invece alla giurisdizione del giudice ordinario. In proposito si segnala la sentenza della Corte di cass., SS.UU., n. 34447 del 24 dicembre 2019, la quale, precisando che l'oggetto proprio della controversia tributaria concerne l'esistenza dell'obbligazione tributaria, ha stabilito la giurisdizione del giudice ordinario quando la controversia si riferisca alla «*...prescrizione del credito tributario maturata successivamente alla cartella di pagamento, che segna il consolidamento della pretesa fiscale e l'esaurimento del potere impositivo...*»

Ferme tali delimitazioni della giurisdizione tributaria (natura sostanziale di tributo ed atti dell'esecuzione forzata tributaria), si sottolinea sin d'ora che la giurisdizione tributaria è comunque «vincolata», nei termini che si specificheranno, all'impugnazione di uno degli atti di cui all'art. 19 del d.lgs. n. 546. In concreto, per adire la commissione tributaria è necessario non solo che la questione sottostante sia «tributaria», ma anche che l'atto sia impugnabile *ex* art. 19.

Il difetto di giurisdizione

Il difetto di giurisdizione delle commissioni tributarie può essere rilevato, anche d'ufficio, in ogni stato e grado del processo; è ammesso il **regolamento preventivo di giurisdizione** come previsto dal codice di procedura civile (art. 3).

2.3. Competenza per territorio delle commissioni tributarie (art. 4). – Ai sensi dell'art. 4 comma 1 del d.lgs. n. 546, le **commissioni tributarie provinciali** sono competenti per le controversie proposte nei confronti degli uffici tributari «*che hanno sede nella loro circoscrizione*». La «circoscrizione» coincide con la provincia e, pertanto, ogni commissione provinciale è competente a giudicare sugli atti emessi dagli uffici aventi sede nella propria provincia.

La competenza

Con riguardo, poi, alle **commissioni tributarie regionali**, queste sono competenti per le impugnazioni avverso le decisioni delle commissioni tributarie provinciali, che hanno sede nel territorio regionale (art. 4, comma 2).

2.4. I poteri istruttori delle commissioni tributarie e le prove (art. 7). – Con riguardo ai poteri istruttori delle Commissioni tributarie, l'art. 7 del d.lgs. n. 546 del 1992 stabilisce al comma 1 che queste «*nei limiti dei fatti dedotti dalle parti, esercitano* ***tutte le facoltà di accesso, di richiesta di dati, di informazioni e chiarimenti***

Poteri istruttori delle commissioni tributarie...

 ISBN 978-88-495-4378-0

***conferite agli uffici** tributari ed all'ente locale da ciascuna legge d'imposta»*.

Inoltre, «*quando occorre acquisire elementi conoscitivi di particolare complessità*» i giudici tributari possono, di propria iniziativa, «*richiedere apposite **relazioni** ad organi tecnici dell'amministrazione dello Stato o di altri enti pubblici compreso il Corpo della Guardia di finanza*», nonché «***disporre consulenza tecnica***».

È importante precisare che il giudice tributario, come regola generale, dispone degli enunciati poteri istruttori limitatamente ai «*fatti dedotti dalle parti*» (c.d. **principio dispositivo in senso processuale**): è, cioè, tendenzialmente preclusa la possibilità per il giudice tributario di indagare su fatti diversi da quelli esposti dalle parti.

… e principio dispositivo

La **controversia** concretamente **devoluta al giudice tributario adito**, entro la quale quest'ultimo può eventualmente esercitare i propri poteri istruttori *ex* art. 7, è dunque essenzialmente delineata, per un verso, dalle ragioni espresse dall'ufficio nella **motivazione dell'atto impositivo**, per altro verso, dai **motivi di ricorso** addotti dal contribuente (cfr. anche il successivo par. 2.8 sull'onere della prova).

La non ammissibilità di giuramento e prova testimoniale

Nel processo tributario, poi, sono espressamente esclusi alcuni mezzi di prova; precisamente, ai sensi del comma 4 del medesimo art. 7 in parola, «*non sono ammessi il **giuramento** e la **prova testimoniale***» e ciò in virtù della natura essenzialmente documentale di tale processo. Con riguardo, in particolare, al divieto di prova testimoniale, si sottolinea come sia stato riconosciuto che tale divieto non preclude al giudice di attribuire rilievo alle **dichiarazioni scritte provenienti da terzi**: queste però, rileveranno come semplici indizi, elementi cioè da soli non sufficienti a fondare la decisione del giudice (Corte cost., sent. n. 18 del 21 gennaio 2000).

Sono, inoltre, inutilizzabili nel processo tributario le prove acquisite in violazione delle norme sui poteri amministrativi di tipo istruttorio (cfr. retro cap. 15).

Giudicato penale e «doppio binario»

Con riguardo, poi, alle **sentenze penali passate in giudicato** concernenti reati tributari, è consolidato in giurisprudenza il principio in base al quale esse non vincolano il giudice tributario (c.d. principio del **«doppio binario»** tra il processo penale ed il processo tributario), che può dunque valutarle liberamente; ciò, essenzialmente, in virtù del differente regime delle prove esistente tra i due processi (in proposito, *ex multis*, Corte dic ass., ord. 30941 del 27 novembre 2019 ove si afferma «*In materia di contenzioso tributario, nessuna automatica autorità di cosa giudicata può attribuirsi alla sentenza penale irrevocabile,*

ISBN 978-88-495-4378-0

di condanna o assoluzione, emessa in materia di reati fiscali, ancorché i fatti esaminati in sede penale siano gli stessi che fondano l'accertamento degli uffici finanziari, dal momento che nel processo tributario vigono i limiti in tema di prova posti dall'art. 7, comma 4, del d. lgs. n. 546 del 1992, e trovano ingresso, invece, anche presunzioni, di per sé inidonee a supportare una pronuncia penale di condanna»).

2.5. Le parti e l'assistenza tecnica (artt. 10, 11, 12). – Sono parti del processo tributario il **ricorrente** e l'**ufficio** (**resistente**) **che ha emesso l'atto** che si impugna (relativo all'esercizio dei poteri tributari amministrativi di accertamento e liquidazione, sanzionatori, ovvero di riscossione coattiva – si vedano i capitoli relativi alla Parte terza) o non ha emesso l'atto richiesto (ad es. in caso di diniego «tacito» di rimborso o agevolazione fiscale – art. 10 d.lgs. n. 546). Le parti del processo tributario

Con riguardo al ricorrente, questi deve essere assistito in giudizio da un **difensore abilitato**. Nel processo tributario, sono abilitati all'assistenza tecnica non solo gli avvocati, ma anche ulteriori figure professionali, tra le quali, a titolo di esempio, i dottori commercialisti, i consulenti del lavoro. L'assistenza tecnica in giudizio

L'obbligo della difesa tecnica non sussiste sia per le **controversie di valore fino a tremila euro** (ai fini di tale valore, si intende l'importo del tributo al netto degli interessi e delle eventuali sanzioni) ed in tal caso, infatti, la parte può stare in giudizio senza assistenza tecnica, sia per quelle promosse dai soggetti che, in possesso dei requisiti richiesti nei commi 3, 5 e 6 dell'art. 12, **possono stare in giudizio personalmente** (con le limitazioni all'oggetto della loro attività ivi previste).

2.6. Litisconsorzio ed intervento (art. 14; artt. 103 e 104 c.p.c.). – Ai sensi dell'art. 14 del d.lgs. n. 546, «*Se l'oggetto del ricorso riguarda inscindibilmente più soggetti, questi devono essere tutti parte nello stesso processo e la controversia non può essere decisa limitatamente ad alcuni di essi*» (comma 1). Ricorre, dunque, un'ipotesi di **litisconsorzio necessario** quando l'oggetto del ricorso riguarda inscindibilmente più soggetti: se il ricorso non è proposto da, o nei confronti di, tutti i litisconsorti e, quindi, il contraddittorio non risulta integrato sin dall'inizio, «deve» esserne disposta con ordinanza della Commissione l'**integrazione**: l'ordinanza intimerà alla parte ricorrente di chiamare in causa i litisconsorti pretermessi, fissando a tal fine un termine a pena di decadenza. Litisconsorzio necessario...

 ISBN 978-88-495-4378-0

Ferma la esposta nozione legislativa, non è affatto semplice stabilire quando sussiste in concreto un'ipotesi di litisconsorzio necessario.

In giurisprudenza, ad esempio, si reputa sussistente un'ipotesi di litisconsorzio necessario tra società di persone e soci della stessa (insieme, ovviamente, all'ufficio che ha emesso l'atto impugnabile), quando è posto in essere un accertamento sui redditi derivanti dalla partecipazione in tali società. In tal caso, il ricorso proposto da uno dei soci o dalla società di persone avverso un avviso di rettifica, riguardando inscindibilmente la società ed i soci, comporta che tutti devono essere parte nello stesso processo e la controversia non può essere decisa limitatamente ad alcuni soltanto di essi (*ex multis*, Corte di Cass., sent. n. 22438 del 4 novembre 2016; sent., n. 3763 del 17 febbraio 2010, ove si afferma che «*l'unitarietà dell'accertamento che è alla base della rettifica delle dichiarazioni dei redditi delle società di persone … e dei soci delle stesse e la conseguente automatica imputazione dei redditi a ciascun socio, proporzionalmente alla quota di partecipazione agli utili ed indipendentemente dalla percezione degli stessi, comporta che il ricorso tributario proposto, anche avverso un solo avviso di rettifica, da uno dei soci o dalla società riguarda inscindibilmente sia la società che tutti i soci – salvo il caso in cui questi prospettino questioni personali – sicché tutti questi soggetti devono essere parte dello stesso procedimento e la controversia non può essere decisa limitatamente ad alcuni soltanto di essi;…*»).

e lesione del contraddittorio processuale

È utile precisare che la decisione giudiziale eventualmente assunta in violazione del litisconsorzio necessario, implicando una lesione del **contraddittorio processuale**, è radicalmente nulla, e tale vizio può essere rilevato in ogni stato e grado del giudizio.

Litisconsorzio facoltativo

Oltre al litisconsorzio necessario (comma 1), il successivo comma 3 del medesimo art. 14, disciplina un'ipotesi di **litisconsorzio facoltativo**, prevedendo che «*Possono intervenire volontariamente o essere chiamati in giudizio i soggetti che, insieme al ricorrente, sono destinatari dell'atto impugnato o parti del rapporto tributario controverso*».

Tale disposizione, dunque, prevede l'instaurazione di un litisconsorzio facoltativo **successivo**, attraverso **l'intervento volontario** (su iniziativa dello stesso interveniente) **o della chiamata in giudizio** (su iniziativa di parte o per ordine del giudice), limitandone l'operatività ai soli casi in cui i litisconsorti siano anch'essi, come il ricorrente, **destinatari dell'atto impugnato o parti del rapporto tributario controverso.**

Diversamente dall'ipotesi di litisconsorzio necessario, nel litiscon-

ISBN 978-88-495-4378-0

sorzio facoltativo l'esercizio di più azioni nel medesimo processo risponde essenzialmente a ragioni di convenienza pratica, per cui la mancata integrazione di esso non incide sull'integrità del contraddittorio processuale.

Da questa ipotesi di litisconsorzio facoltativo successivo, deve essere distinta quella del **litisconsorzio facoltativo originario**. Si ritiene infatti tendenzialmente applicabile nel processo tributario sia l'art. 103 del c.p.c., ed è quindi ammesso il ricorso proposto da più soggetti che impugnano uno stesso atto (**ricorso collettivo**), che l'art. 104 c.p.c., che prevede il ricorso proposto da un contribuente avverso più atti connessi (**ricorso cumulativo**).

Il giudizio di I grado

2.7. Il procedimento dinanzi alla commissione tributaria provinciale. – Si analizzeranno, di seguito, alcuni profili del procedimento che si svolge innanzi alla **Commissione tributaria provinciale**, dalla presentazione del ricorso all'eventuale deposito della sentenza conclusiva del giudizio di primo grado.

Il ricorso quale atto introduttivo del giudizio tributario

2.7.1. Il ricorso (art. 18). – L'atto con il quale prende avvio il processo tributario è il **ricorso**, da **notificare alla controparte** (al soggetto, cioè, che ha emanato l'atto che si impugna) e **depositare successivamente alla commissione tributaria** provinciale competente (nei modi che si esporranno).

i requisiti di ammissibilità

Tale atto, ai sensi dell'art. 18, **deve contenere**:

a) la commissione tributaria adita;

b) l'indicazione del ricorrente e del suo legale rappresentante, della relativa residenza o sede legale o del domicilio eventualmente eletto nel territorio dello Stato, nonché del codice fiscale e dell'indirizzo di posta elettronica certificata;

c) dell'ufficio nei cui confronti il ricorso è proposto;

d) dell'atto impugnato e dell'oggetto della domanda;

e) dei motivi.

Il ricorso deve essere sottoscritto dal difensore (o dalla parte, nel caso in cui sta in giudizio personalmente, ove consentito).

Il ricorso è **inammissibile** se non è sottoscritto o è privo di uno degli elementi elencati (ad eccezione del codice fiscale e dell'indirizzo di posta elettronica certificata).

Nel ricorso deve anche essere indicato il valore della controversia, per determinare il contributo unificato; è necessaria anche la dichiarazione di conformità all'originale che deve essere apposta sulla

 ISBN 978-88-495-4378-0

copia di ricorso che si deposita in giudizio, quando la notifica è avvenuta per spedizione postale o per consegna diretta.

Nel ricorso può formularsi anche l'istanza di pubblica udienza; in caso contrario, la trattazione della causa avverrà in camera di consiglio, (quest'ultima, infatti, è, ai sensi dell'art. 33, la modalità ordinaria), fatta salva l'eventuale successiva istanza di pubblica udienza richiesta da una delle parti; può inoltre chiedersi la sospensione dell'atto impugnato (in proposito si rinvia al par. 2.11.1).

2.7.2. Il reclamo e la mediazione (art. 17-*bis*). – Il legislatore ha introdotto nel 2011 l'istituto del reclamo e della mediazione *ex* art. 17-*bis*, così prevedendo un'ulteriore possibilità di «dialogo» tra Ente impositore e contribuente, per la **composizione della controversia**. Con la chiara **finalità deflativa** del contenzioso tributario, è previsto, infatti, che per le controversie tributarie di valore *«non superiore a cinquantamila euro»* il ricorso produce anche gli effetti di un **reclamo** e, cioè, di **un'istanza di annullamento**, *in toto* o in parte, dell'atto che si impugna.

l'istanza di reclamo...

Il ricorrente «può», nel medesimo ricorso-reclamo, avanzare anche una **proposta di mediazione**; l'Ente destinatario, se non intende accogliere il reclamo o l'eventuale proposta di mediazione della parte, può formulare una propria proposta di mediazione. La disposizione in parola espressamente prevede che gli Enti impositori provvedono all'esame del reclamo e della proposta di mediazione mediante apposite strutture, diverse ed autonome da quelle che hanno direttamente curato la predisposizione dell'atto impugnato.

... e la proposta di mediazione

Decorsi novanta giorni dalla data di notifica del ricorso-reclamo senza che al contribuente sia notificato l'accoglimento del reclamo e senza che sia raggiunto un accordo in mediazione, il reclamo «si converte» in ricorso ed il contribuente potrà, ed al contempo dovrà, **costituirsi in giudizio**. In altre parole, a decorrere dallo scadere dei novanta giorni, il contribuente avrà trenta giorni per costituirsi in giudizio.

Se la controversia ha per oggetto un atto impositivo o di riscossione, la mediazione **si perfeziona** con il versamento, entro il termine di venti giorni dalla data di sottoscrizione dell'accordo, delle somme dovute ovvero della prima rata. Se la controversia, invece, ha per oggetto la restituzione di somme a favore del contribuente (diniego espresso o tacito di rimborso), la mediazione si perfeziona con la sottoscrizione di un accordo nel quale sono indicate le somme dovute con i termini e le modalità di pagamento. L'accordo costi-

la natura deflattiva della mediazione

ISBN 978-88-495-4378-0

tuisce titolo per il pagamento delle somme dovute al contribuente (comma 6).

In caso di perfezionamento della mediazione (che è riconducibile agli istituti deflattivi di tipo «consensuale» – cfr. retro cap. 24), le **sanzioni amministrative** si applicano nella misura del trentacinque per cento del minimo previsto dalla legge (comma 7).

2.7.3. Gli atti impugnabili (art. 19). – Preliminarmente occorre precisare che il processo tributario è essenzialmente strutturato quale processo **di impugnazione** di atti dell'amministrazione finanziaria, nel quale sono pertanto precluse azioni di «mero» accertamento negativo della pretesa erariale (per l'inammissibilità di simili azioni, cfr., *ex multis*, Cass., sez. un., n. 24011/2007; Cass., sez. un., n. 10999/1993; Cass., sez. un., n. 5841/1993); così come sono inammissibili azioni cautelari *ante causam*, finalizzate ad inibire o sindacare un'attività amministrativa prima che questa si sia tradotta nell'emanazione di un atto impugnabile.

La struttura impugnatoria del processo tributario

L'art. 19 del d.lgs. n. 546 elenca **gli atti impugnabili** con ricorso innanzi alla commissione tributaria provinciale, quali, precisamente:

L'elenco degli atti impugnabili

a) l'avviso di accertamento;

b) l'avviso di liquidazione;

c) il provvedimento che irroga le sanzioni;

d) il ruolo e la cartella di pagamento;

e) l'avviso di mora;

e-*bis*) l'iscrizione di ipoteca sugli immobili di cui all'art. 77 del d.P.R. 29 settembre 1973, n. 602;

e-*ter*) il fermo di beni mobili registrati di cui all'art. 86 del d.P.R. 29 settembre 1973, n. 602;

f) gli atti relativi alle operazioni catastali indicate nell'art. 2, comma 2;

g) il rifiuto espresso o tacito della restituzione di tributi, sanzioni pecuniarie ed interessi o altri accessori non dovuti;

h) il diniego o la revoca di agevolazioni o il rigetto di domande di definizione agevolata di rapporti tributari;

h-*bis*) la decisione di rigetto dell'istanza di apertura di procedura amichevole presentata ai sensi della direttiva (UE) 2017/1852 del Consiglio del 10 ottobre 2017 o ai sensi degli Accordi e delle Convenzioni internazionali per evitare le doppie imposizioni di cui l'Italia è parte ovvero ai sensi della Convenzione relativa all'eliminazione delle doppie imposizioni in caso di rettifica degli utili di imprese associate n. 90/436/CEE;

 ISBN 978-88-495-4378-0

i) ogni altro atto per il quale la legge ne preveda l'autonoma impugnabilità davanti alle commissioni tributarie.

Impugnabilità autonoma...

Tali atti possono essere impugnati **autonomamente** (entro 60 giorni dalla notifica, pena la definitività dell'atto stesso) e solo per lamentare «*vizi propri*» di ciascun atto concretamente impugnato (comma 3, secondo periodo); invece, «*gli atti diversi da quelli indicati* ***non sono impugnabili autonomamente***» (comma 3, primo periodo): ove concretamente «lesivi» della sfera giuridica del contribuente (interesse ad agire), tali ulteriori atti saranno eventualmente impugnabili **«in modo differito»**, e, precisamente, insieme con l'atto, compreso tra quelli elencati, che sarà successivamente notificato al contribuente.

... e differita

È evidente, dunque, fermo il carattere impugnatorio del giudizio tributario, che il legislatore ha inteso delimitare gli atti tributari **immediatamente sottoponibili al «controllo giudiziale»,** escludendo, per converso, una generalizzata possibilità di impugnare autonomamente tutti gli atti tributari, pur se ritenuti dal contribuente concretamente lesivi della propria sfera giuridica.

Dal dettato normativo emerge, dunque, la volontà legislativa di delineare un elenco chiuso, almeno tendenzialmente, di atti impugnabili.

In proposito è però opportuno fare alcune importanti precisazioni, alla luce di quanto affermato dalla giurisprudenza negli ultimi anni.

In primis, è necessario rilevare che il progressivo ampliamento dell'oggetto della giurisdizione tributaria (art. 2) ed il carattere tendenzialmente esclusivo della stessa, ha contribuito a rendere problematica e non più esaustiva l'elencazione tassativa degli atti impugnabili contenuta nell'art. 19 in parola. Ciò ha indotto la giurisprudenza di legittimità, anche per evitare un *vulnus* alla tutela giurisdizionale garantita *ex* art. 24 Cost., ad ammettere **un'interpretazione estensiva degli atti** ivi elencati, così da ritenere impugnabili anche atti per funzione e sostanza riconducibili a quelli espressamente elencati, sebbene identificati da un *nomen iuris* diverso (in proposito, *ex multis*, Cass. n. 17526 del 9 agosto 2007 e n. 25591 del 17 dicembre 2010 che hanno riconosciuto l'impugnabilità, rispettivamente, delle fatture emesse per la riscossione della tariffa sui rifiuti e del bollettino di conto corrente postale relativo al versamento dell'imposta sulla pubblicità).

Interpretazione estensiva degli atti autonomamente impugnabili

Con riguardo, infine, ai **regolamenti o agli atti amministrativi** generali non ricompresi in tale elenco *ex* art. 19 (si pensi, ad es., ai regolamenti governativi, ministeriali, degli enti locali) e quindi non impugnabili innanzi alle Commissioni tributarie, questi saranno im-

ISBN 978-88-495-4378-0

pugnabili innanzi al **giudice amministrativo**. Tali atti, precisamente, potranno tuttavia essere **disapplicati dal giudice tributario,** laddove l'illegittimità dell'atto impositivo discenda a sua volta dall'illegittimità di un sovraordinato atto regolamentare: «*Le commissioni tributarie, se ritengono illegittimo un regolamento o un atto generale rilevante ai fini della decisione, non lo applicano, in relazione all'oggetto dedotto in giudizio, salva l'eventuale impugnazione nella diversa sede competente*» (art. 7, comma 5).

La disapplicazione di regolamenti e atti generali

2.7.4. Dalla notifica del ricorso al deposito della sentenza. – Il ricorso è proposto mediante **notifica** dello stesso alla controparte. La notificazione, che è il procedimento per portare a conoscenza dell'amministrazione contro la quale si agisce ciò che si chiede al giudice, deve avvenire nei tempi e nei modi previsti dalla legge.

La notifica del ricorso

La notifica del ricorso tributario è effettuata esclusivamente in **modalità telematica** (art. 16-*bis*, comma 3). Per i (soli) contribuenti che stanno in giudizio personalmente, nel caso di liti di valore fino a € 3.000,00 (art. 12, comma 2), l'utilizzo della modalità telematica è una facoltà e non un obbligo (art. 16-*bis*, comma 3-*bis*); in tal caso, gli atti processuali potranno eventualmente continuare ad essere notificati e depositati in modalità analogica.

i termini

Il ricorso deve essere notificato, a **pena di inammissibilità**, entro **60 giorni** decorrenti dalla notifica dell'atto contro il quale si agisce (*ex* art. 21).

Nel caso, invece, di **«rifiuto tacito» dell'Amministrazione ad una istanza di rimborso** avanzata dal contribuente, questi potrà presentare ricorso (avverso, appunto, a tale rifiuto) solo dopo il decorso di 90 giorni, dalla presentazione dell'istanza in parola e fino a quando il diritto alla restituzione non è prescritto (comma 2 dell'art. 21).

Il termine per presentare il ricorso è sospeso dal 1 al 31 agosto (sospensione feriale), nonché, in caso di presentazione dell'istanza di accertamento con adesione, per 90 giorni.

La costituzione in giudizio del ricorrente

Perfezionata la notifica, il ricorrente dovrà **costituirsi in giudizio: entro 30 giorni** decorrenti dalla notifica del ricorso, dovrà, pertanto, **a pena d'inammissibilità**, depositare in modalità telematica il suo fascicolo (ricorso con i documenti prodotti, tra cui la prova dell'avvenuta notifica del ricorso) alla commissione tributaria adita (art. 22). Solo in casi eccezionali: «*il Presidente della Commissione tributaria o il Presidente di sezione, se il ricorso è già iscritto a ruolo, ovvero il collegio se la questione sorge in udienza, con provvedimento motivato*

 ISBN 978-88-495-4378-0

possono autorizzare il deposito con modalità diverse da quelle telematiche» (art. 16-*bis*, comma 3)

In caso di ricorso-reclamo *ex* art. 17-*bis*, come già detto, il termine per la costituzione in giudizio del ricorrente decorre dalla scadenza del termine di novanta giorni, entro il quale deve essere conclusa la procedura di reclamo-mediazione.

La costituzione in giudizio) dell'Ufficio

Anche l'**ufficio** contro cui si agisce potrà **costituirsi in giudizio,** entro il termine (non perentorio) di sessanta giorni da quello in cui è stato notificato il ricorso, «*mediante deposito presso la segreteria della commissione adita del proprio fascicolo contenente* ***le controdeduzioni ... e i documenti***», al fine di esporre le proprie difese, prendere posizione sui fatti dedotti dal ricorrente, etc. (art. 23).

Il Presidente della commissione assegna il ricorso ad una delle sezioni (art. 26); esamina preliminarmente il ricorso e, se non riscontra uno dei casi di inammissibilità «manifesta» (art. 27), fissa la data dell'udienza di cui sarà data comunicazione alle parti (art. 30). La segreteria della commissione comunica alle parti costituite **la data dell'udienza.**

deposito di documenti memorie

Le parti possono poi produrre **documenti fino a venti giorni liberi prima dell'udienza fissata** e **memorie fino a dieci giorni liberi prima della medesima data** (art. 32).

La trattazione dell'udienza, come accennato, avverrà in **pubblica udienza** se è stato richiesto da una delle parti, altrimenti si svolgerà in camera di consiglio (art. 33).

Solo nell'eventualità di trattazione della controversia in camera di consiglio è poi possibile effettuare brevi repliche scritte fino a cinque giorni liberi prima della data della camera di consiglio (art. 31, comma 3).

Il giudizio è deciso con **sentenza** che sarà resa pubblica, nel testo integrale, con il deposito presso la segreteria della Commissione. Il dispositivo della sentenza sarà poi comunicato alle parti costituite (artt. 36 e 37).

Onere della prova tra contribuente ed amministrazione

2.8. Il riparto dell'onere della prova (art. 2697 c.c.). – Nel processo tributario, con riguardo al **riparto dell'onere della prova** tra contribuente ed amministrazione, trova applicazione **l'art. 2697 c.c** secondo il quale «*Chi vuol far valere un diritto in giudizio deve provare i fatti che ne costituiscono il fondamento. Chi eccepisce l'inefficacia di tali fatti ovvero eccepisce che il diritto si è modificato o estinto deve provare i fatti su cui l'eccezione si fonda*». Ne discende che, ordinariamente, **incombe sull'Amministrazione l'onere di provare gli**

ISBN 978-88-495-4378-0

elementi costitutivi della pretesa tributaria contenuta nell'atto impositivo, nei limiti delle ragioni giuridiche già espresse con la **motivazione** di questo. A tal proposito, è importante ricordare che tutti gli elementi della motivazione devono sussistere sin dall'emanazione dell'avviso di accertamento (sull'acquisizione e valutazione delle prove nell'ambito del procedimento amministrativo di controllo, cfr. *retro* Cap. 15, par. 1 e Cap. 19, par. 3), disconoscendosi oramai fermamente la possibilità di integrare successivamente la motivazione in sede processuale, cfr., *ex multis*, Cass., SS.UU. n. 19854/2004, n. 3414/2017, 24024/2015).

Spetta al **contribuente** provare i **fatti modificativi o estintivi** della obbligazione tributaria.

In ossequio al medesimo principio generale di ripartizione dell'onere della prova, nelle controversie da rimborso (ma anche in quelle concernenti la spettanza di agevolazioni fiscali), incombe invece sul contribuente l'onere di provare i fatti costitutivi del suo diritto al rimborso.

2.9. Sospensione e interruzione del processo (artt. da 39 a 43). – Ai sensi dell'art. 39, la **sospensione del processo tributario** è espressamente prevista quando:

Le ipotesi di sospensione del processo

– «*...è presentata* ***querela di falso*** *o deve essere decisa in via pregiudiziale una* ***questione sullo stato o la capacità delle persone****, salvo che si tratti della capacità di stare in giudizio*» (comma 1);

– «*La commissione tributaria dispone la sospensione del processo in ogni altro caso in cui essa stessa o altra commissione tributaria deve risolvere una* ***controversia dalla cui definizione dipende la decisione della causa***» (comma 1-*bis*); diversamente da quella prevista nel comma 1, dunque, solo se la questione pregiudiziale ha natura tributaria (e non civile o amministrativa o penale) ed è pendente, pertanto, dinanzi ad un giudice tributario, dovrà essere sospeso il processo tributario ai sensi del comma 1-*bis* (ad esempio, nel caso di accertamento in capo al socio di utili occultamente percepiti da società di capitali, quando è pendente presso altro giudice tributario la decisione concernente l'accertamento del reddito in capo alla società);

– «***su richiesta conforme delle parti****, nel caso in cui sia iniziata una* ***procedura amichevole*** *ai sensi delle Convenzioni internazionali per evitare le doppie imposizioni...*» *ovvero* «*su richiesta del contribuente, nel caso in cui sia stata presentata un'istanza di apertura di procedura*

 ISBN 978-88-495-4378-0

amichevole ai sensi della direttiva (UE) 2017/1852 del Consiglio 10 ottobre 2017».

Vi sono poi altre disposizioni di legge, applicabili anche al processo tributario, che individuano ulteriori ipotesi di sospensione del processo, quali, ad esempio, la rimessione alla Corte costituzionale di una questione di legittimità costituzionale (art. 23 l. 11 marzo 1953, n. 87), il rinvio pregiudiziale alla Corte UE *ex* art. 267 del Trattato sul funzionamento dell'Unione europea TFUE, la ricusazione del giudice (art. 52, comma 3, c.p.c.).

Le ipotesi di interruzione del processo

Si ha, invece, **interruzione del processo**, ai sensi dell'art. 40, quando, dopo la proposizione del ricorso, si verificano determinati eventi, quali, la morte, la perdita della capacità di stare in giudizio, **del contribuente/ricorrente** o del suo **rappresentante legale** (comma 1, lett. a), ovvero la morte, radiazione o sospensione dall'albo del suo **difensore** (comma 1, lett. b).

L'interruzione si ha quando si verifica l'evento, se la parte sta in giudizio personalmente e, nei casi di cui alla lettera b); in ogni altro caso, l'interruzione si ha al momento in cui l'evento è dichiarato dal difensore (in pubblica udienza o con apposita comunicazione scritta).

Se uno degli accadimenti previsti alla lettera a) si verifica durante il termine per proporre il ricorso, tale termine è prorogato di sei mesi a decorrere dalla data dell'evento (comma 3).

La sospensione è disposta e l'interruzione è dichiarata dal presidente della sezione con decreto o dalla commissione con ordinanza (art. 41)

Gli effetti della sospensione e dell'interruzione

Gli **effetti della sospensione e dell'interruzione** sono gli stessi: durante la sospensione e l'interruzione non possono essere compiuti atti del processo e i termini in corso sono interrotti, ricominciando a decorrere dalla presentazione dell'istanza per la ripresa del processo (art. 42)

Dopo che è **cessata** la causa di sospensione, occorre che una delle parti presenti istanza di trattazione della causa entro sei mesi da tale data (art. 43, comma 1); entro il medesimo termine di sei mesi, ma da quando è stata **dichiarata** l'interruzione del processo, la parte colpita dall'evento o i suoi successori dovranno invece presentare istanza di trattazione della causa (art. 43, comma 2).

Il processo continua se è **presentata tempestivamente l'istanza per trattazione della causa** nel caso di processo sospeso o interrotto, in caso contrario il processo si **estingue** (art. 45).

ISBN 978-88-495-4378-0

2.10. Estinzione del processo (artt. 44, 45 e 46). – Il processo si **estingue** per **rinuncia al ricorso** (salvo che la rinuncia non sia accettata «*dalle parti costituite che abbiano effettivo interesse alla prosecuzione del processo*» – art. 44); per **inattività delle parti** che non hanno provveduto a far proseguire, riassumere o integrare il giudizio entro il termine perentorio stabilito (art. 45); per **cessazione della materia del contendere** (art. 46), ipotesi che ricorre, ad esempio, in caso di avvenuta conciliazione tra le parti, o di autotutela dell'ufficio (che ritira l'atto impugnato dal contribuente).

L'estinzione del processo

Le ipotesi di estinzione del processo

2.11. La sospensione cautelare e la conciliazione giudiziale. – Tanto l'istituto della sospensione cautelare, quanto quello della conciliazione giudiziale, sono stati oggetto di **importanti modifiche normative** rispetto alla stesura originaria del d.lgs. n. 546 del 1992. Come si vedrà nei successivi paragrafi, la **sospensione cautelare** si caratterizza oggi per una disciplina più dettagliata rispetto al passato e, soprattutto, è stata **estesa a tutti i gradi del processo**, in conformità con gli indirizzi progressivamente elaborati dalla giurisprudenza. Anche la **conciliazione giudiziale** vanta oggi una disciplina più organica, dettata al fine di superare alcune criticità che hanno comportato lo scarso utilizzo di tale istituto, auspicando così di potenziarne gli effetti **deflattivi** sul contenzioso tributario pendente.

2.11.1. La sospensione cautelare (artt. 47, 52 e 62-*bis*). – L'istituto della sospensione cautelare, in linea con gli indirizzi giurisprudenziali progressivamente emersi, è oggi **applicabile a tutti i gradi del processo tributario**, nei termini che si dirà.

La sospensione cautelare

La proposizione del ricorso non ha di per sé effetto sospensivo degli effetti esecutivi dell'atto impugnato (considerato che l'Amministrazione finanziaria può comunque riscuotere «provvisoriamente» il tributo, nella misura prevista per legge – ad es., un terzo della maggiore imposta accertata, nel caso di accertamento esecutivo – cfr. retro cap. 25, par. 2); il contribuente, peraltro, può chiedere **alla commissione provinciale** la **sospensione dell'esecuzione dell'atto impugnato**, presentando un'**apposita istanza** (contenuta nel medesimo ricorso introduttivo del giudizio o, successivamente, con atto separato, debitamente notificato a controparte e depositato), ai sensi dell'art. 47.

La **finalità** della sospensione dell'atto impugnato è quella di paralizzare temporaneamente gli effetti pregiudizievoli dello stesso, in attesa della sentenza di primo grado.

 ISBN 978-88-495-4378-0

I **presupposti** per la concessione della sospensione cautelare, che il giudice deve vagliare, sebbene con una sommaria delibazione, sono:

il *fumus boni iuris* ed il *periculum in mora*

– il ***fumus boni iuris***, ossia la fondatezza, *prima facie*, del ricorso;
– il ***periculum in mora***, ossia il pericolo di un **danno grave ed irreparabile** che potrebbe derivare al contribuente dall'esecuzione dell'atto, nelle more del giudizio.

L'istanza è trattata in camera di consiglio e il collegio, sentite le parti, decide con **ordinanza motivata non impugnabile.**

In caso di **eccezionale urgenza,** il presidente, previa delibazione del merito, può disporre, con decreto motivato, la provvisoria sospensione dell'esecuzione fino alla pronuncia del collegio.

La sospensione, ove concessa, può anche essere parziale, nonché eventualmente subordinata alla prestazione della garanzia di cui all'art. 69, comma 2 (ad es. fideiussione bancaria o assicurativa).

Gli effetti della sospensione, se concessa, cessano dalla data di pubblicazione della sentenza di primo grado.

La sospensione cautelare in secondo grado

Come si accennava, è oggi possibile presentare istanza di sospensione cautelare anche in **appello**. Precisamente, l'art. 52 prevede che l'appellante, può chiedere **alla commissione tributaria regionale** di **sospendere in tutto o in parte l'esecutività della sentenza impugnata**, se sussistono gravi e fondati motivi. In ogni caso il contribuente può comunque chiedere la **sospensione dell'esecuzione dell'atto** se da questa gli deriva un danno grave e irreparabile. Al di là dei dubbi interpretativi che il tenore letterale di tale disposizione ha ingenerato e sui quali non è possibile in questa sede soffermarsi, si sottolinea solo come, secondo quanto illustrato dall'Agenzia delle Entrate (circolare n. 38/E del 29 dicembre 2015), tale disposizione consentirebbe all'appellante di chiedere alla commissione regionale di sospendere la sentenza impugnata, limitatamente ai capi ad esso sfavorevoli, «se sussistono gravi e fondati motivi» (tale locuzione, come sottolineato dalla medesima circolare, farebbe riferimento, secondo l'orientamento prevalente in giurisprudenza, ai consueti presupposti del *fumus boni iuris* e del *periculum in mora*); ed in ogni caso sarebbe riconosciuta al contribuente la possibilità di chiedere comunque la sospensione dell'esecuzione dell'atto, «*in un'ottica di rafforzamento della tutela della parte*» (così la citata circolare che sul punto aggiunge: «*Al contribuente è quindi consentito ottenere la sospensione degli effetti dell'atto impugnato anche quando questo sia confermato da una sentenza di merito*»).

ISBN 978-88-495-4378-0

Infine, la parte che ha proposto **ricorso per cassazione** può chiedere **alla commissione tributaria regionale** che ha emanato la sentenza impugnata «*di sospenderne in tutto o in parte* ***l'esecutività*** *allo scopo di evitare un danno grave e irreparabile*». Anche in tal caso, il contribuente può comunque chiedere «***la sospensione dell'esecuzione dell'atto*** *se da questa può derivargli un danno grave e irreparabile*» (art. 62-*bis*).

... in pendenza del ricorso per cassazione

Le regole «procedurali» previste per la sospensione cautelare sia in appello che in pendenza del ricorso per cassazione, sono analoghe a quanto previsto per il primo grado: l'istanza cautelare, infatti, è anche in tali casi decisa dal collegio, con ordinanza motivata non impugnabile; in caso di eccezionale urgenza, può disporre direttamente il presidente, con decreto motivato, previa delibazione del merito, fino alla pronuncia del collegio.

2.11.2. La conciliazione (artt. 48, 48-*bis*, 48-*ter*). – La disciplina della conciliazione giudiziale è contenuta negli artt. 48, 48-*bis* e 48-*ter*: precisamente, gli artt. 48 e 48-*bis* disciplinano le due modalità di conciliazione quali, rispettivamente, quella «fuori udienza» e «in udienza»; l'articolo 48-*ter*, invece, detta disposizioni, inerenti alla definizione ed al pagamento delle somme dovute, comuni alle due tipologie di conciliazione.

La conciliazione giudiziale

Un'importante novità rispetto alla precedente disciplina è rappresentata dal fatto che oggi la conciliazione **è possibile anche in appello**, oltre che in primo grado.

La **conciliazione «fuori udienza»** prevede che le parti, raggiunto un accordo per la definizione totale o parziale della controversia, procedano poi al **deposito**, ad opera di una qualunque delle parti (contribuente o ufficio), **in giudizio** (o in primo grado o in secondo grado), di tale «*istanza* ***congiunta*** *sottoscritta personalmente o dai difensori per la definizione ... della controversia*» (art. 48, comma 1). La citata circolare n. 38/E del 2015 precisa in proposito che, pur non prevedendo più la normativa un termine per il deposito della conciliazione «*il deposito della proposta preconcordata deve avvenire non oltre l'ultima udienza di trattazione ... del giudizio di primo o di secondo grado*», e ciò perché, se così non fosse, sarebbe frustrata la sottostante finalità deflattiva del contenzioso.

la conciliazione «fuori udienza»

Se sussistono le condizioni di **ammissibilità** dell'istanza di conciliazione (come già detto per l'accertamento con adesione, il consenso dell'ufficio ad una definizione consensuale deve essere compatibile

la valutazione di ammissibilità del giudice tributario

 ISBN 978-88-495-4378-0

con il principio di indisponibilità dell'obbligazione tributaria – cfr. cap. 24, par. 4) e la data di trattazione è già fissata, la commissione pronuncerà sentenza di cessazione della materia del contendere, oppure, se l'accordo conciliativo raggiunto è soltanto parziale, dichiarerà con ordinanza la cessazione parziale della materia del contendere e procederà alla ulteriore trattazione della causa. Se, invece, la data di trattazione non è ancora fissata, provvede con decreto il presidente della sezione.

Il perfezionamento

La conciliazione si **perfeziona** con la **sottoscrizione dell'accordo**.

la conciliazione «in udienza»

L'altra modalità e cioè **la conciliazione «in udienza»** prevede che la parte (ufficio o contribuente) può presentare, entro il termine previsto per il deposito di memorie illustrative (art. 32, comma 2) l'istanza di conciliazione. All'udienza, la commissione invita le parti alla conciliazione rinviando eventualmente la causa alla successiva udienza per il perfezionamento dell'accordo conciliativo. La conciliazione si **perfeziona con la redazione del processo verbale** nel quale sono indicate le somme dovute con i termini e le modalità di pagamento. La commissione dichiara con sentenza l'estinzione del giudizio per cessazione della materia del contendere.

gli effetti «premiali» della conciliazione giudiziale

La conciliazione (sia «in udienza» che «fuori udienza») comporta una **riduzione delle sanzioni amministrative** (effetto premiale). Precisamente, si applicheranno «...***nella misura del quaranta per cento del minimo previsto dalla legge***, *in caso di perfezionamento della conciliazione nel corso del primo grado di giudizio e nella misura del* ***cinquanta per cento del minimo previsto dalla legge***, *in caso di perfezionamento nel corso del secondo grado di giudizio*» (art. 48-*ter*, comma 1).

Entro venti giorni dalla data di sottoscrizione dell'accordo o di redazione del processo verbale, deve essere effettuato **il versamento** dell'intero importo dovuto o, in caso di rateizzazione, della prima rata. Si sottolinea come in caso di mancata effettuazione di tale pagamento, l'ufficio procederà all'**iscrizione a ruolo delle somme dovute in esito all'avvenuta conciliazione** (non viene, dunque, meno l'accordo conciliativo posto in essere) ed all'applicazione del conseguente regime sanzionatorio per l'omesso versamento (in tal senso la circolare citata n. 38/E del 2015).

Le impugnazioni:

2.12. Le impugnazioni. Cenni. – Alle impugnazioni delle sentenze delle commissioni tributarie si applicano le disposizioni del **codice di procedura civile, fatto salvo quanto disposto dal d.lgs. n. 546 del 1992**. Tale decreto, all'art. 50, espressamente prevede che nel

ISBN 978-88-495-4378-0

processo tributario, i mezzi di impugnazione sono: l'**appello** alla commissione tributaria regionale; il **ricorso per cassazione**; la **revocazione**.

2.12.1. L'appello (artt. da 52 a 61). – **L'appello** è il mezzo per impugnare le sentenze della commissione tributaria provinciale.

L'appello

Tale atto di appello deve essere proposto innanzi alla **commissione regionale competente, entro 60 giorni dalla notificazione della sentenza** avvenuta su istanza di parte (cd. «*termine breve*», *ex* art. 51 del d.lgs. n. 546) oppure, in assenza di tale notificazione della sentenza, entro **sei mesi decorrenti dalla data di deposito** della stessa («**termine lungo**», *ex* art. 327 c.p.c.).

i termini

L'appello **deve contenere**, a pena di inammissibilità, l'indicazione della commissione tributaria regionale adita, dell'appellante e delle altre parti nei cui confronti è proposto, gli estremi della sentenza che si impugna, l'esposizione dei fatti, l'oggetto della domanda, i motivi specifici dell'impugnazione, la sottoscrizione.

La parte appellata si costituisce depositando le proprie controdeduzioni, nei tempi e nei modi previsti per la **costituzione in giudizio della parte resistente** in primo grado (cfr. *retro* par. 2.7.4.).

la costituzione in giudizio della parte resistente...

Con il medesimo, atto la parte appellata può anche proporre **appello incidentale** (in questo caso il termine previsto per la costituzione in giudizio è stabilito a pena di inammissibilità): tale eventualità ricorre laddove entrambe le parti abbiano interesse ad impugnare la sentenza, perché vi è stata una parziale soccombenza reciproca in esito al giudizio di primo grado. In tal caso, l'impugnazione proposta per prima sarà l'appello principale; sarà, invece, «incidentale» quella proposta successivamente, nell'atto di controdeduzioni.

e l'appello incidentale

In appello, le **questioni ed eccezioni** sollevate dalle parti nel giudizio di primo grado e **non accolte** nella sentenza della commissione provinciale, che non sono specificamente riproposte, s'intendono rinunciate (art. 56).

preclusioni e divieti in appello

Nell'ambito di tale giudizio di secondo grado, **non possono proporsi domande nuove, né tantomeno possono proporsi nuove eccezioni**, salvo che siano rilevabili anche dal giudice d'ufficio (art. 57; sono rilevabili d'ufficio, ad es., i vizi concernenti l'inammissibilità del ricorso).

Infine, **non sono ammesse prove nuove in appello** (art. 58), ma tale divieto prevede le seguenti deroghe:

– il giudice di secondo grado può disporre nuove prove che ritiene necessarie per la decisione;

 ISBN 978-88-495-4378-0

– le prove nuove possono essere ammesse ove la parte dimostri di non averle potute fornire in primo grado, per causa ad essa non imputabile;

i nuovi documenti

– ma soprattutto, è sempre ammessa la possibilità per le parti di produrre **nuovi documenti** in appello, sia nel senso di documenti venuti in essere o acquisiti solo successivamente al giudizio di primo grado, sia nel caso di documenti già esistenti ma purtuttavia non prodotti dalle parti nel giudizio di primo grado (art. 58, comma 2).

Il ricorso per cassazione

2.12.2. Il ricorso per cassazione ed il giudizio di rinvio (artt. 62 e 63). – Avverso la sentenza della commissione tributaria regionale può essere proposto **ricorso per cassazione** per i motivi di cui ai numeri da 1 a 5 dell'art. 360, comma 1, del codice di procedura civile (art. 62, comma 1). Ai sensi del comma 2-*bis* dell'art. 62 è inoltre possibile, previo accordo delle parti, proporre ricorso per cassazione avverso la sentenza della commissione tributaria provinciale, unicamente per il motivo di cui all'art. 360, comma 1, n. 3, omettendo l'appello (c.d. ricorso *per saltum*).

A tale giudizio si applicano le norme dettate dal codice di procedura civile, in quanto compatibili con quelle del d.lgs. n. 546 del 1992

i motivi

Per completezza, si ricordano i motivi di cui ai numeri da 1 a 5 dell'art. 360, primo comma, del c.p.c.:

1) motivi attinenti alla giurisdizione;

2) violazione delle norme sulla competenza, quando non è prescritto il regolamento di competenza;

3) violazione o falsa applicazione di norme di diritto e dei contratti e accordi collettivi nazionali di lavoro;

4) nullità della sentenza o del procedimento;

5) omesso esame circa un fatto decisivo per il giudizio che è stato oggetto di discussione tra le parti.

i termini

Il ricorso per cassazione deve essere proposto **entro 60 giorni dalla notificazione della sentenza** di secondo grado avvenuta su istanza di parte oppure, in assenza di tale notificazione, **entro sei mesi decorrenti dalla data di deposito** della stessa.

Quando la Corte di cassazione, in accoglimento del ricorso, rinvia la causa alla commissione tributaria provinciale o regionale, la

riassunzione...

riassunzione deve essere fatta nei confronti di tutte le parti personalmente entro il termine perentorio di sei mesi dalla pubblicazione della sentenza, nelle forme rispettivamente previste per i giudizi di primo e di secondo grado (art. 63, comma 1).

ISBN 978-88-495-4378-0

Nel **giudizio di rinvio**, per il quale, si osservano le norme stabilite per il procedimento davanti alla commissione tributaria a cui il processo è stato rinviato, deve essere prodotta a pena d'inammissibilità copia autentica della sentenza di cassazione; le parti conservano la medesima posizione processuale che avevano nel giudizio in cui è stata pronunciata sentenza cassata e non possono formulare richieste diverse da quelle prese in tale procedimento, salvi gli adeguamenti scaturenti dalla sentenza di cassazione.

e giudizio di rinvio

Se la riassunzione non è effettuata nel termine indicato, si estingue (per intero) il processo tributario già avviato con il ricorso introduttivo di primo grado.

2.12.3. La revocazione (artt. da 64 a 67). – Le sentenze pronunciate in grado d'appello o in unico grado dalle commissioni tributarie possono essere impugnate per **revocazione** ai sensi dell'art. 395 del c.p.c. e, dunque, nei seguenti casi:

La revocazione

1) se sono l'effetto del dolo di una delle parti in danno dell'altra;

2) se si è giudicato in base a prove riconosciute o comunque dichiarate false dopo la sentenza oppure che la parte soccombente ignorava essere state riconosciute o dichiarate tali prima della sentenza;

3) se dopo la sentenza sono stati trovati uno o più documenti decisivi che la parte non aveva potuto produrre in giudizio per causa di forza maggiore o per fatto dell'avversario;

4) se la sentenza è l'effetto di un errore di fatto risultante dagli atti o documenti della causa. Vi è questo errore quando la decisione è fondata sulla supposizione di un fatto la cui verità è incontrastabilmente esclusa, oppure quando è supposta l'inesistenza di un fatto la cui verità è positivamente stabilita, e tanto nell'uno quanto nell'altro caso se il fatto non costituì un punto controverso sul quale la sentenza ebbe a pronunciare;

5) se la sentenza è contraria ad altra precedente avente fra le parti autorità di cosa giudicata, purché non abbia pronunciato sulla relativa eccezione;

6) se la sentenza è effetto del dolo del giudice, accertato con sentenza passata in giudicato.

Si distingue tra revocazione «**ordinaria**» e «**straordinaria**».

«ordinaria» e «straordinaria»

La prima è ammessa al ricorrere dei vizi di cui ai **nn. 4 e 5 dell'art. 395 del c.p.c.** e deve essere proposta entro 60 giorni dalla notificazione della sentenza (termine «breve») o entro 6 mesi dal deposito della stessa (termine «lungo»).

 ISBN 978-88-495-4378-0

La seconda, invece, è possibile per i vizi di cui a **nn. 1, 2, 3, 6 dell'art. 395 del c.p.c.** e può essere proposta entro 60 giorni che decorrono, rispettivamente, dalla scoperta del dolo o dalla dichiarazione di falsità delle prove, dal recupero del documento o dal passaggio in giudicato della sentenza che accerta il dolo del giudice.

Il ricorso per revocazione deve essere proposto **alla stessa commissione tributaria che ha pronunciato la sentenza impugnata** e deve contenere, a pena di inammissibilità, gli elementi previsti dall'art. 53, comma 1 per il ricorso in appello, nonché «***la specifica indicazione del motivo di revocazione e della prova dei fatti di cui ai numeri 1, 2, 3 e 6 dell'art. 395*** *del c.p.c., nonché del giorno della scoperta o della falsità dichiarata o del recupero del documento*» (art. 65, comma 2).

L'esecuzione delle sentenze

2.13. L'esecuzione delle sentenze (artt. 67-*bis*, 68, 69) – Le sentenze emesse dalle commissioni tributarie sono provvisoriamente esecutive (art. 67-*bis*), fatti salvi gli effetti sospensivi ottenibili con la tutela cautelare.

In particolare, l'art. 68 regola l'esecuzione provvisoria nel caso di sentenza favorevole all'amministrazione, stabilendo una gradualità crescente del pagamento dei debiti tributari in pendenza di giudizio:

– per i due terzi, dopo la sentenza della commissione provinciale che respinge il ricorso, ovvero, se lo accoglie solo parzialmente, per l'ammontare stabilito nella sentenza ma non oltre i due terzi;

– per il residuo ammontare stabilito nella sentenza della commissione regionale;

Se il ricorso o l'appello del contribuente vengono accolti, i debiti tributari corrisposti in eccedenza rispetto a quanto stabilito nella sentenza devono essere rimborsati dall'amministrazione entro novanta giorni; in caso di mancata esecuzione il contribuente può richiedere l'ottemperanza della sentenza a norma dell'art. 70 (art. 68, comma 2).

Nel caso di ricorso proposto dal contribuente per ottenere il rimborso di crediti tributari, la sentenza di condanna al pagamento è immediatamente esecutiva nei confronti dell'amministrazione, ma laddove le somme superano i diecimila euro, il pagamento a favore del contribuente può essere subordinato dal giudice alla prestazione di idonea garanzia (art. 69, comma 1); se l'amministrazione non esegue quanto stabilito nella sentenza, il contribuente può richiedere l'ottemperanza a norma dell'art. 70 (art. 69, comma 5).

ISBN 978-88-495-4378-0

2.13.1. Il giudizio di ottemperanza (art. 70). – Il giudizio di ottemperanza può essere promosso **dal contribuente** per ottenere **l'esecuzione, da parte della controparte, degli obblighi derivanti dalla sentenza.**

Il giudizio di ottemperanza

La Corte di Cassazione ha chiarito che tale giudizio presenta «*connotati del tutto diversi rispetto al corrispondente giudizio esecutivo civile, dal quale si differenzia, perché il suo scopo non è quello di ottenere l'esecuzione coattiva del comando contenuto nella decisione passata in giudicato, quanto piuttosto quello di dare concreta attuazione a quel comando, anche se questo non contenga un precetto dotato dei caratteri propri del titolo esecutivo … Da tali considerazioni discende che, anche a fronte di comandi* ***privi dei caratteri di puntualità e precisione*** *– come una pronuncia che* ***riconosce il diritto al rimborso senza provvedere alla sua quantificazione*** *– è comunque ammissibile il ricorso al giudice dell'ottemperanza che dovrà interpretare il comando per poi addivenire ad un'integrazione di questo attraverso la determinazione del* quantum *e del* quomodo *della statuizione ineseguita* (cfr. Cass. n. 16569/2019).

Il suo «peculiare» contenuto

Ciò premesso sull'oggetto di tale giudizio, la parte che ha interesse, può proporre **ricorso per l'ottemperanza** dopo che è trascorso il termine per l'adempimento degli obblighi discendenti, a carico dell'amministrazione, dalla sentenza **passata in giudicato**; in mancanza di tale termine, il ricorso può essere proposto dopo **trenta giorni da un atto di messa in mora,** comunicato all'ufficio a mezzo di ufficiale giudiziario, e fino a quando l'obbligo non sia estinto.

Il ricorso per l'ottemperanza...

... preceduto dall'atto di messa in mora

Il ricorso per l'ottemperanza, oltre che per le sentenze definitive, può essere altresì proposto per ottenere l'esecuzione provvisoria delle sentenze favorevoli al contribuente, pure se ancora non passate in giudicato (cfr. art. 68, comma 2 e art. 69, comma 5).

Tale ricorso è indirizzato al presidente della commissione tributaria e **depositato in doppio originale;** esso **deve contenere**, oltre alla sommaria esposizione dei fatti che giustificano la proposizione, la precisa indicazione, a pena di inammissibilità, della sentenza di cui si chiede l'ottemperanza, che deve essere prodotta in copia unitamente all'atto di messa in mora. La **segreteria della Commissione**, provvede poi a comunicare all'ufficio il ricorso mediante l'invio di una delle due copie originali depositate dal contribuente (commi 1 e 4).

il deposito in doppio originale

L'ufficio può, nel termine di venti giorni decorrenti dalla comunicazione della Commissione, trasmettere le proprie osservazioni alla medesima commissione tributaria (allegando anche la documentazione

 ISBN 978-88-495-4378-0

dell'eventuale adempimento); scaduto tale termine, il presidente della commissione tributaria assegna il ricorso alla sezione che ha pronunciato la sentenza.

Il collegio di tale sezione, sentite le parti in contraddittorio ed acquisita la documentazione necessaria, adotta i provvedimenti indispensabili per l'ottemperanza in luogo dell'ufficio che li ha omessi.

il commissario *ad acta*

Il collegio, se lo ritiene opportuno, può **delegare un proprio componente** o **nominare un commissario *ad acta*,** al quale fissa un termine congruo per i necessari provvedimenti attuativi.

ISBN 978-88-495-4378-0

LA BUONA STAMPA

Questo volume è stato impresso
nel mese di novembre dell'anno 2020
per le Edizioni Scientifiche Italiane s.p.a., Napoli
Stampato in Italia / Printed in Italy
red.nignat - ftc.desgiu